Pamela Druckerman

Vierzig werden à la parisienne

mosaik

Pamela Druckerman

VIERZIG
WERDEN
à la parisienne

Hommage ans
Erwachsensein

Aus dem Amerikanischen
von Christiane Burkhardt und Henriette Zeltner

mosaik

 Dieses Buch ist auch als E-Book erhältlich.

MIX
Papier aus verantwor-
tungsvollen Quellen
FSC
www.fsc.org   FSC® C083411

Verlagsgruppe Random House FSC® N001967

1. Auflage
Deutsche Erstausgabe April 2019
Mosaik Verlag in der Verlagsgruppe Random House GmbH
Copyright © 2019 der deutschsprachigen Ausgabe:
Wilhelm Goldmann Verlag, München, in der Verlagsgruppe Random House GmbH,
Neumarkter Str. 28, 81673 München
Copyright © 2018 der Originalausgabe: Pamela Druckerman
Umschlag: *zeichenpool, München
Covermotiv: Nathalie Jomard
Illustrationen/Umschlaginnenklappen: shutterstock
Redaktion: Birthe Vogelmann
Satz: Uhl + Massopust, Aalen
Druck und Bindung: CPI books GmbH, Leck
Printed in Germany
KW · Herstellung: IH
ISBN 978-3-442-39293-3

www.mosaik-verlag.de

Inhalt

Vierzig ist ein gruseliges Alter.
Denn dann werden wir die, die wir sind.

Charles Péguy

Einleitung

BONJOUR, MADAME

Wenn Sie wissen wollen, wie alt Sie aussehen, müssen Sie nur ein französisches Café betreten. Es ist eine Art Volksentscheid über Ihr Gesicht.

Als ich mit Anfang dreißig nach Paris zog, nannten mich die Kellner *mademoiselle*. »*Bonjour, mademoiselle*«, hieß es, sobald ich hereinkam und »*Voilà, mademoiselle*«, wenn man mir den Kaffee hinstellte. In den ersten Jahren habe ich viel Zeit in Cafés verbracht – ich hatte kein Büro, also habe ich dort geschrieben – und überall war ich *mademoiselle* (was streng genommen »unverheiratete Frau« bedeutet, aber inzwischen vor allem »junge Frau«).

Als ich vierzig werde, ändert sich das. Die Kellner fangen an, mich *madame* zu nennen, wenn auch übertrieben formell oder mit einem ironischen Augenzwinkern. Ganz so, als wäre das mit dem *madame* bloß ein Spiel. Ab und zu streuen sie immer noch ein *mademoiselle* ein.

Doch bald bleiben die scherzhaften *mademoiselles* aus, und die *madames* sind nicht mehr ironisch gemeint. Man könnte meinen, sämtliche Kellner von Paris (fast immer Männer) hätten einmütig beschlossen, dass ich die Schwelle von »junger Frau« zu »Frau mittleren Alters« überschritten habe.

Interessant! Verabreden sich die Kellner nach der Arbeit auf ein Glas Sancerre, um bei einer Diashow zu beschließen, welcher weibliche Gast abgewertet wird? (Gemeinerweise bleiben Männer für immer *monsieurs*.)

Natürlich bin ich mit dem Alterungsprozess vertraut. Ich habe miterlebt, wie Fältchen und Furchen auf den Gesichtern Gleichaltriger erschienen sind. Bei manchen Bekannten kann ich schon mit Anfang vierzig ungefähr erkennen, wie sie mit siebzig aussehen werden.

Ich habe bloß nicht damit gerechnet, dass das mit der »*madame*« auch mir passieren würde – zumindest nicht ohne meine vorherige Zustimmung. Obwohl ich nie schön war, entdeckte ich mit zwanzig meine geheime Superkraft: Ich wirkte jünger, besaß nach wie vor die Haut eines Teenagers. Die Leute konnten nicht sagen, ob ich sechzehn oder sechsundzwanzig war. Einmal wartete ich allein an einem Bahnsteig der New Yorker U-Bahn, als ein älterer Herr stehen blieb und freundlich sagte: »Sie haben immer noch Ihr Kindergesicht.«

Ich wusste, was er damit meinte, und war fest entschlossen, diesen kleinen Wettbewerbsvorteil beizubehalten. Lange bevor sich Gleichaltrige um Falten sorgten, benutzte ich jeden Morgen Cremes mit Lichtschutzfaktor und Augencremes, vor dem Schlafengehen trug ich weitere Mittelchen auf. Außerdem verschwendete ich kein Lächeln an Dinge, die nicht wirklich lustig waren.

Meine Anstrengungen zahlten sich aus. Mit Mitte dreißig gingen Fremde fest davon aus, dass ich noch studierte, Barmänner wollten meinen Ausweis sehen. Mein *compliment age*, also das Alter, das man nennt, um einem zu schmeicheln und zu dem man gut und gerne sechs, sieben Jahre hinzuaddieren muss – blieb zuverlässig bei sechsundzwanzig.

Mit Anfang vierzig gehe ich davon aus, endlich die Trumpfkarte der durchschnittlich aussehenden Frau ausspielen zu dürfen: Denn endlich habe ich die Bühne des Lebens betreten, auf der man nicht schön, sondern nur »gut erhalten« und nicht übergewichtig sein muss. Ich könnte beinahe als hübsch durchgehen!

Eine Zeitlang scheint diese Strategie zu funktionieren. Ganze Gesichtsregionen von Frauen, die immer besser ausgesehen haben als ich, werden von Minifältchen überzogen. Habe ich eine Frau mehrere Jahre nicht gesehen, stelle ich mich im Vorfeld bereits innerlich darauf ein ... und trotzdem bleibt mir der Mund offen stehen, wenn ich sehe, wie sehr sie sich verändert hat. (Wenn man lange unverändert bleibt, um dann plötzlich zu altern, bezeichnen Franzosen das als »*coup de vieux*«, also »mit einem Schlag alt werden«.)

Mitfühlend, aber aus unbeteiligter Distanz, sehe ich mir die grauen Haaransätze und runzligen Stirnen vieler Gleichaltriger an. Ich bin der lebende Beweis für das Sprichwort, dass jeder irgendwann einmal das Gesicht hat, das er verdient. Und was ich verdiene, ist natürlich klar, nämlich ein fortwährend jugendliches Aussehen.

Aber im Laufe von gefühlt nicht mehr als wenigen Monaten bemerke ich auch bei mir Veränderungen.

Fremde machen mir nicht länger Komplimente zu meinem jugendlichen Erscheinungsbild. Sie sind auch nicht mehr geschockt, wenn ich ihnen verrate, drei Kinder zu haben. Leute, die ich länger nicht gesehen habe, mustern auch *mein* Gesicht eine Idee zu ausgiebig. Als ich mich mit einem jüngeren Freund im Café verabrede, starrt der zunächst an mir vorbei, ohne zu begreifen, dass ich die Frau mittleren Alters direkt vor ihm bin.

Nicht alle in meinem Alter leiden unter diesen Veränderungen, aber viele scheinen eine Art Midlife-Schock zu haben. Eine Freundin sagt, dass es keinen Cinderella-Moment mehr gibt, wenn sie auf eine Party kommt – mit anderen Worten, es drehen sich nicht mehr alle automatisch nach ihr um. Mir fällt auf, dass mich Männer auf der Straße nur noch wahrnehmen, wenn Frisur und Make-up perfekt sitzen. Und selbst dann lese ich eine verstörend neue Botschaft in ihren Augen: Ich würde durchaus mit ihr ins Bett gehen – aber *wirklich nur,* wenn ich mich kein bisschen dafür anstrengen muss.

Schon bald hageln die *madames* nur so auf mich ein. »*Bonjour, madame*«, heißt es, sobald ich ein Café betrete, »*Merci, madame*«, wenn ich meine Rechnung zahle und »*Au revoir, madame*«, wenn ich gehe. Manchmal rufen das sogar gleich mehrere Kellner im Chor.

Das Schlimmste daran ist, dass sie mich gar nicht beleidigen wollen. Hier in Frankreich, wo ich inzwischen seit über zehn Jahren lebe, ist *madame* nichts weiter als eine höfliche Anredeform. Ich selbst nenne andere Frauen ständig *madame* und bringe meinen Kindern bei, die ältere portugiesische Dame so anzusprechen, die sich um unser Haus kümmert.

Mit anderen Worten, ich falle jetzt eindeutig in die Madame-Kategorie, man geht davon aus, dass mich diese Anrede nicht mehr groß verletzen kann. Als ich an einer Frau vorbeikomme, die in meinem Viertel auf dem Bürgersteig bettelt, merke ich, dass sich etwas unwiderruflich verändert hat.

»*Bonjour, mademoiselle*«, ruft sie der jungen Frau im Minirock zu, die ein paar Schritte vor mir herläuft.

Und »*Bonjour, madame*« als *ich* wenige Sekunden später an ihr vorbeimarschiere.

All das ist viel zu schnell passiert, als dass ich Zeit gehabt hätte, es zu verarbeiten. Ich besitze im Großen und Ganzen noch dieselbe Garderobe, die ich als Mademoiselle getragen habe. Es stehen auch noch Konserven aus der Mademoiselle-Ära in meiner Vorratskammer. Die Gesetze der Mathematik scheinen aufgehoben zu sein, denn wie sonst ist es möglich, dass innerhalb weniger Jahre plötzlich alle zehn Jahre jünger sind als ich?

In den Vierzigern sein – was heißt das eigentlich? Ich gehöre zu den Leuten, die Sinn und Zweck eines Jahrzehnts erst begreifen, wenn es bereits vergangen ist und man seine Chancen verpasst hat. In meinen Zwanzigern habe ich mich vergeblich bemüht, einen Mann zu finden, während ich eigentlich meine Karriere als Journalistin hätte vorantreiben und an Krisenorte hätte reisen sollen, bevor ich Kinder kriege. Mit Anfang dreißig wurde ich dann prompt entlassen. Das gab mir ausreichend Zeit, den Rest dieses Jahrzehnts damit zu verbringen, verpassten Gelegenheiten hinterherzutrauern.

Diesmal will ich das Jahrzehnt begreifen, solange es noch währt. Auch wenn einem bei jedem neuen Geburtstag schwindelig wird – man ist schließlich noch nie so alt gewesen! –, sind die Vierziger heute ganz besonders verwirrend. Sie sind ein Jahrzehnt ohne genaue Gebrauchsanweisung. Es ist nicht nur die neue Zahl vor der Null, sondern es fühlt sich an, als würde man in eine ganz neue Sphäre eintreten. Als ich einem zweiundvierzigjährigen Unternehmer erzähle, dass ich mich mit den Vierzigern beschäftige, reißt er die Augen auf. Er ist erfolgreich und durchaus wortgewandt, aber sein Alter macht ihn sprachlos.

»Bitte«, fleht er mich an, »erklären Sie mir diese Lebensphase!«

Natürlich hängen die Vierziger vom jeweiligen Betrachter ab, von den Familienverhältnissen, vom Gesundheitszustand, von den Vermögensverhältnissen und von dem Land, in dem man lebt. Ich selbst erlebe sie als privilegierte weiße Amerikanerin – nicht gerade eine Bevölkerungsgruppe, die besonders problembehaftet wäre – und erfahre, dass eine Frau, die in Ruanda vierzig wird, nur noch »Oma« genannt wird.

Mit ihrer typischen Mischung aus Präzision und Pessimismus haben die Franzosen die Midlife-Crisis zur »Krise der Vierziger«, zur »Krise der Fünfziger« und zum »Mittagsdämon« ausgerufen. Ein Autor beschreibt sie als die Phase, »in der sich Männer um die fünfzig in die Babysitterin verlieben«. Gleichzeitig erzählen die Franzosen eine optimistische Geschichte übers Älterwerden, wonach das die Zeit ist, sich von vielem zu befreien. (Die Franzosen haben viele Fehler, aber ein paar gute Ideen kann man sich durchaus von ihnen abschauen.)

Egal, in welcher Altersstufe man sich gerade befindet – von unten aus betrachtet ist vierzig ganz schön alt. Ich höre, wie zwanzigjährige Amerikaner die Vierziger als sagenumwobenes, weit entferntes Jahrzehnt der verpassten Gelegenheiten beschreiben, als die Zeit, in der sie bereuen werden, was sie heute nicht getan haben. Als ich einem meiner Söhne erzähle, dass ich ein Buch über die Vierziger schreibe, sagt er, er würde gern ein kurzes darüber schreiben, wie es sich anfühlt, neun zu sein. »Darin soll stehen, ›Ich bin neun. Ich bin so froh. Ich bin noch jung.‹«

Andererseits sagen die meisten älteren Mitbürger, die ich treffe, dass sie am liebsten noch mal um die vierzig sein würden. »Wie konnte ich mich mit vierzig bloß alt finden?«, fragt Stanley Brandes, ein Anthropologe, der 1985 ein Buch übers Vierzigwerden geschrieben hat. »Ich schaue zurück und denke: Meine Güte, war ich damals glücklich! Ich betrachte das eher als Anfang meines Lebens und weniger als Anfang vom Ende.«

Außerdem ist vierzig streng genommen gar nicht mehr die Lebensmitte: Wer heute vierzig ist, wird mit fünfzigprozentiger Wahrscheinlichkeit fünfundneunzig, so der Wirtschaftswissenschaftler Andrew Scott, Mitautor von *Morgen werden wir hundert. Wie unser langes Leben gelingt.*

Trotzdem hat die Zahl vierzig nach wie vor ein besonderes Gewicht, eine gewisse Symbolkraft. Jesus hat vierzig Tage gefastet. Mohammed war vierzig, als ihm der Erzengel Gabriel erschien. Die biblische Sintflut hat vierzig Tage und Nächte gedauert, und Moses war vierzig, als er das Volk Israel aus Ägypten geführt hat, woraufhin sie bekanntlich vierzig Jahre durch die Wüste gewandert sind. Brandes schreibt, dass vierzig in manchen Sprachen »viel« bedeutet.

Vierzig werden hat durchaus etwas von einem wichtigen

Schritt: Bis dahin war man noch offiziell jung, und nun tritt man von einer Bühne ab, ohne die nächste bereits erobert zu haben.

Der Franzose Victor Hugo soll vierzig das »Alter der Jugend« genannt haben.

Während ich mein Gesicht in einem gut beleuchteten Lift mustere, beschreibt meine Tochter diesen Schritt deutlich weniger schmeichelhaft: »Mommy, du bist nicht alt, aber jung bist du eindeutig auch nicht mehr.«

So langsam dämmert mir, dass ich als Madame – wenn auch erst seit kurzem – ganz neuen Regeln unterworfen bin. Verhalte ich mich jetzt gespielt naiv, finden die Leute das nicht mehr charmant, sondern reagieren nur noch befremdet. Ahnungslosigkeit steht mir nicht mehr gut zu Gesicht. Man erwartet auch, dass ich mich korrekt in die Warteschlange am Flughafen einreihe und pünktlich zu meinen Verabredungen komme.

Offen gestanden fühle ich mich auch innerlich mehr wie eine Madame: Namen und Fakten fallen mir nicht mehr so problemlos ein wie früher, manchmal muss ich sie mühsam aus der Tiefe hervorholen wie Wasser aus einem Brunnen. Ich schaffe es auch nicht mehr, den Tag mit nur sieben Stunden Schlaf und viel Kaffee zu wuppen.

Gleichaltrige beklagen Ähnliches. Wenn ich mit Freunden meines Alters essen gehe, fällt auf, dass jeder von uns einer Sportart nachgeht, die uns die Ärzte verboten haben. Hysterisches Gelächter erschallt, als jemand darauf hinweist, dass wir nach amerikanischem Recht alt genug sind, andere wegen Altersdiskriminierung zu verklagen.

Neuere Erkenntnisse der Hirnforschung belegen die negativen Entwicklungen in den Vierzigern: Im Durchschnitt lassen wir uns leichter ablenken als Jüngere, brauchen deutlich länger, um Informationen zu verarbeiten, und können uns auch nicht mehr so gut an konkrete Fakten erinnern. (Das Namensgedächtnis lässt in der Regel bereits mit Anfang zwanzig nach.)

Gleichzeitig führt die Wissenschaft auch viele positive Entwicklungen an: Was wir bei der Informationsverarbeitung einbüßen, machen wir an Reife, Wissen und Erfahrung wieder wett. Wir erfassen leichter den Kern eines Problems als junge Leute, sind gut darin, unsere Gefühle zu kontrollieren, Konflikte zu lösen und uns in andere hineinzuversetzen. Wir können besser mit Geld umgehen und die Ursachen bestimmter Ereignisse besser erklären. Wir sind rücksichtsvoller als die Jungen und nicht so neurotisch, was für unser Lebensglück nicht unwichtig ist.

Tatsächlich bestätigen die moderne Hirnforschung sowie die Psychologie, was Aristoteles schon vor etwa zweitausend Jahren gesagt hat, als er Männer »in den besten Jahren« als Wesen beschrieb, »die das Übermaß auf beiden Seiten abtun, indem sie also weder in der Zuversicht gar weit gehen, was Keckheit wäre, noch allzu weit in der Furcht, sondern auf beiden Seiten das Rechte treffen. So auch trauen und misstrauen sie nicht jedem, sondern urteilen mehr nach der Wahrheit.«

Das kann ich nur bestätigen. Wir haben es tatsächlich geschafft, dazuzulernen und etwas reifer zu werden. Nachdem wir uns ein Leben lang wie Außenseiter gefühlt haben, merken wir, dass das meiste an uns eher gang und gäbe ist.

(Meine unwissenschaftliche Einschätzung ist die, dass wir zu 95 Prozent genau wie alle anderen sind und nur zu fünf Prozent einzigartig.) Und genau wie wir sind die meisten Menschen ziemlich egozentrisch. Die eigene Einschätzung der Vierziger reicht von »jeder hasst mich« bis hin zu »ich bin allen egal«.

Noch zehn Jahre, und wir werden die Erkenntnisse aus unseren Vierzigern reichlich naiv finden. Im Moment wirkt dieses Jahrzehnt auf jeden Fall ziemlich paradox: Wir sind zwar endlich in der Lage, Beziehungsdynamiken zu durchschauen, schaffen es aber nicht, uns eine zweistellige Zahl zu merken. Wir befinden uns auf dem Höhepunkt unserer finanziellen Möglichkeiten (oder sind auf dem besten Wege dazu), halten aber Botox für eine vernünftige Investition. Wir erreichen gerade den Gipfel unserer Karriere, sehen aber auch schon voraus, wie sie vermutlich enden wird.

Wenn die Vierziger heute so verwirrend sind, dann auch, weil wir ein Alter erreicht haben, in dem es seltsam wenig Meilensteine gibt. Kindheit und Jugend sind eine einzige Abfolge von Meilensteinen: Wir werden größer, lernen unaufhörlich dazu, gehen in immer höhere Klassen, bekommen unsere Tage, machen den Führerschein und den Schulabschluss. In den Zwanzigern und Dreißigern flirten wir mit potenziellen Partnern, finden Jobs und lernen, auf eigenen Füßen zu stehen. In der Regel warten Beförderungen, Kinder und Hochzeiten auf uns. Die damit verbundenen Adrenalinschübe treiben einen auch weiterhin an und geben einem das Gefühl, so langsam erwachsen zu werden.

Auch in den Vierzigern kann man sich noch weiterbilden, neue Jobs, Wohnungen und Partner finden, nur dass es längst nicht mehr so viel Bewunderung einbringt. Die Mentoren, älteren Bekannten und Eltern, die bisher jeden Erfolg jubelnd begleitet haben, sind inzwischen mit ihren eigenen Zipperlein beschäftigt. Und wenn man Kinder hat, wird erwartet, dass man *deren* Meilensteine bejubelt. Ein mir bekannter Journalist hat sich einmal darüber beklagt, dass er auf keinem Gebiet mehr Überflieger-Status haben kann. (Jemand, der jünger war als wir, war gerade an den US Supreme Court berufen worden.)

»Es ist noch keine fünf Jahre her, dass Leute zu mir gesagt haben, ›Wow, und *Sie* sind der Boss?‹, erzählt mir der vierundvierzigjährige Leiter einer Fernsehproduktionsfirma. Jetzt ist seine Position ganz normal. »Ich habe das Wunderkind-Alter hinter mir gelassen«, bedauert er.

Was ist aus uns geworden? Wir sind immer noch ziemlich handlungs- und verwandlungsfähig, können auch noch Zehnkilometerläufe bewältigen. Trotzdem haben die Vierziger etwas, das es so vorher noch nicht gegeben hat, und das schließt auch das Bewusstwerden der eigenen Sterblichkeit mit ein. Unsere Möglichkeiten sind deutlich begrenzter. Wenn wir uns jetzt *für* etwas entscheiden, scheinen wir uns gleichzeitig *gegen* etwas anderes entscheiden zu müssen. Auf einmal heißt es: Jetzt oder nie! Wenn wir uns etwas »für später« vorgenommen haben – einen Berufswechsel, Dostojewski lesen oder lernen, wie man Chicorée zubereitet, sollten wir uns ranhalten.

Diese neue Phase zwingt uns zu einem manchmal durchaus schmerzhaften Abgleich zwischen unseren Plänen und der Realität. Lügen, die wir uns schon ein Leben lang erzählen, klingen auf einmal hohl. Es bringt nichts mehr, sich als jemand auszugeben, der man nicht ist. Mit vierzig bereiten wir uns nicht mehr auf eine imaginäre Zukunft vor und sammeln auch nicht mehr irgendwelche Stationen für den Lebenslauf. Unser wahres Leben spielt sich eindeutig im Hier und Jetzt ab. Wir haben das erreicht, was der Philosoph Immanuel Kant als »das Ding an sich« bezeichnete.

Das Seltsamste an den Vierzigern ist tatsächlich, dass *wir* jetzt diejenigen sind, die die Bücher schreiben und auf Elternabende gehen. Leute in unserem Alter tragen Titel wie »Technikvorstand« und »Geschäftsführer«. Wir sind diejenigen, die die Weihnachtsgans zubereiten. Wenn ich mich heute bei dem Gedanken ertappe, »Da müsste mal jemand aktiv werden«, merke ich alarmiert, dass dieser »jemand« ich bin.

Das ist kein leichter Schritt. Ich fand die Vorstellung, dass es Erwachsene gibt, immer sehr beruhigend. Ich stellte mir vor, dass sie da draußen damit beschäftigt sind, Krebs zu heilen und Zeugen vorzuladen. Erwachsene fliegen Flugzeuge, lassen Aerosol in Flaschen abfüllen und sorgen dafür, dass wie durch ein Wunder Fernsehsignale übertragen werden. Sie wissen, ob ein Roman lesenswert ist und welche Nachricht auf die Titelseite gehört. Ich habe mich stets darauf verlassen, dass im Notfall schon irgendwelche klugen Erwachsenen mit erstaunlichen Fähigkeiten auftauchen und mich retten werden.

Obwohl ich nicht an Verschwörungstheorien glaube, kann ich verstehen, warum die Leute so was attraktiv finden. Es ist verführerisch zu glauben, dass eine kleine Gruppe Erwachsener alles kontrolliert. Ich verstehe auch den Reiz von Religion: Erwachsener als Gott kann man gar nicht sein.

Ich finde es nicht toll, älter auszusehen. Doch was mich am Madame-Sein am meisten verstört, ist die Unterstellung, dass ich jetzt selbst zu den Erwachsenen gehöre. Ich fühle mich, als wäre ich auf einen Posten befördert worden, der meine Kompetenzen übersteigt.

Was sind Erwachsene überhaupt? Gibt es sie tatsächlich? Und wenn ja, was genau wissen sie? Wie genau schaffe ich den Anschluss? Wird mein Verstand je mit meinem Gesicht Schritt halten können?

Sie wissen, dass Sie Anfang vierzig sind, wenn...

... Sie Ihr Alter lieber für sich behalten.

... das Runterscrollen bis zu Ihrem Geburtsjahr
so lange dauert, dass Sie ungeduldig werden.

... Sie die Verkäuferin erstaunt anschauen, während
sie Ihnen eine Anti-Aging-Creme empfiehlt.

... es Sie überrascht, dass eine Freundin ein Kind hat,
das schon studiert.

... die Leute sich noch darüber wundern, dass Sie drei
Kinder haben.

1

So finden Sie Ihre Berufung

Als ich noch ein Kind war, wurde in meiner Familie nicht über schlechte Nachrichten gesprochen. Meine Oma mütterlicherseits reagierte auf alles – von Familienzwist bis zum Konflikt zwischen Israelis und Palästinensern – mit der fröhlichen Behauptung:»Ich bin mir sicher, die kriegen das hin!« Für ein Kind gibt es natürlich Schlimmeres als unerschütterlichen Optimismus. Meine Situation war auch gar nichts Besonderes: Viele Amerikaner der Mittelschicht wachsen in wohlig-unselbstkritischen Familien auf. Aber ich habe den Verdacht, dass meine die meisten anderen in ihrem unerschütterlichen Optimismus sogar übertraf. Um unerfreulichen Themen aus dem Weg zu gehen, sahen wir in keinem Bereich allzu genau hin. Das galt auch für unsere eigenen Vorfahren. Ich war schon fast ein Teenager, bis ich dahinterkam, dass zwei meiner Großeltern und all meine Urgroßeltern als Immigranten nach Amerika gekommen waren, hauptsächlich aus Russland. Da niemand je etwas anderes erzählt hatte, war ich bis dahin davon ausgegangen, dass wir immer schon Amerikaner gewesen waren.

Aber selbst die Geschichte unserer Einwanderung blieb vage. Meine Großmutter sagte, ihre Eltern stammten aus einem Ort namens »Minski Giberniya«. Wo genau der sich befand, wusste sie nicht, und als sie einmal in den Akten von Ellis Island recherchiert hatte, fand sich darin keine Spur von den beiden. Nachdem sie sich in South Carolina angesiedelt hatten, wurden sie auf der Stelle Einheimische. Meine Großmutter entwickelte sich zu einer Südstaaten-Schönheit und einem Mitglied in einer Sorority, einer Studentinnenvereinigung, und hielt sich an das hiesige Motto: Wenn du nichts Nettes zu sagen hast, sag gar nichts.

Niemand in meiner Familie erwähnte jemals, dass wir noch enge Verwandte hatten, die in »Minski Giberniya« zurückgeblieben waren. Als ich irgendwann meine Großmutter danach fragte, ließ sich mich wissen, dass ihre Mutter immer wieder Care-Pakete mit getrockneten Bohnen und Kleidung an Geschwister, Cousins und Cousinen in Russland geschickt hatte. Doch nach dem Zweiten Weltkrieg schickte sie nichts mehr.

»Wir haben den Kontakt verloren«, sagte meine Großmutter.

Auf diese Weise erklärte meine Familie das Schicksal von Verwandten, die wahrscheinlich im Holocaust zusammengetrieben und ermordet worden waren: Wir haben den Kontakt verloren.

Dieser extreme Euphemismus schien für die mütterliche Seite meiner Familie ganz typisch zu sein, da jede Generation die nächste gegen schlechte Neuigkeiten abschirmte. Das fiel mir zum ersten Mal auf der Party zum Vierzigsten meines Vaters auf. Damals war ich sechs. Wir feierten zu Hause in Miami, wo ich aufgewachsen bin. Die Gäste schlürften ihre

Drinks auf der Terrasse und rund um unseren Pool. Ich war gerade im Haus, als ich es platschen hörte und sah, wie alle aufgeregt umherliefen.

»Was ist passiert?«, fragte ich meine Mutter.

»Nichts ist passiert«, versicherte sie mir.

Nur um das klarzustellen: Meine Mutter war liebevoll, herzlich und wohlmeinend. Sie versuchte einfach, mich zu beschützen. Aber für meine Auffassung von der Welt wäre es vermutlich förderlich gewesen, wenn sie einfach gesagt hätte: »Larry Goodman ist betrunken in den Pool gefallen.« Dann hätten wir uns darüber verständigen können, dass manchmal einfach schlimme Dinge passieren.

Stattdessen bekam ich das Gefühl, jegliches Unglück würde sich in einer verschwommenen fernen Dimension, aber mindestens eine Terrassenbreite entfernt, ereignen. Und wenn man es nicht zu genau betrachtet, dann ist es, als wäre nie etwas geschehen.

Diese Lebenseinstellung konnte man in Miami leicht beibehalten, schon allein, weil in der Stadt fast immer die Sonne scheint. Leute staunen oft darüber, dass ich meine Kindheit dort verbracht habe. Ist das nicht eine Stadt für Rentner? Tatsächlich trifft das nur auf Miami Beach zu, die schmale Insel vor der Ostküste der Stadt. Es gibt eine weniger schicke Gegend auf dem Festland, wo die meisten Einwohner der Stadt leben.

Meine Eltern kauften ihr erstes Haus auf einem Grundstück, das ursprünglich ein Mangowald gewesen war. Es gab da immer noch Mangobäume – die reifen Früchte fielen auf unser Auto und beschädigten den Lack. Wie alle anderen

Häuser in der Nachbarschaft war auch unseres aus Beton, dafür gebaut, um Salamander, Einbrecher und Hitze abzuhalten. Gelegentlich kroch eine schwarze Halsbandnatter durch die Belüftungsöffnungen herein. An den Strand gingen wir fast nie.

Praktisch alle in Miami lebten »im Exil«. Unsere kubanischen Nachbarn waren davon überzeugt, dass sie bald nach Havanna zurückkehren würden. Die meisten Freunde meiner Eltern sprachen mit Brooklyn-Akzent oder dem der Tristates, also New York, New Jersey und Connecticut. Wir taten zwar so, als herrschten in Südflorida dieselben Jahreszeiten wie in New York, doch auf den Fotos von mir und Santa Claus im Kaufhaus bin ich immer braungebrannt und trage Shorts.

Miamis fehlender Kontext und die Aura von Wunschdenken passten perfekt zu uns. Wenn meine Mutter mir eine unerfreuliche Neuigkeit mitteilen musste – etwa, dass jemand, den wir kannten, an Krebs erkrankt war –, dann packte sie diese Information zwischen Pläne fürs Abendessen und Infos zum Cheerleader-Training. Dann blitzte die schlechte Nachricht quasi so schnell auf, dass ich mich hinterher fragte, ob ich sie überhaupt gehört hatte.

Es waren die Achtzigerjahre und der Höhepunkt des Scheidungsbooms in den USA. Daher erfuhr ich oft, dass Erwachsene, die ich kannte, sich trennen würden, aber nie die Gründe dafür. Meine Eltern redeten nicht viel über Leute in ihrem Bekanntenkreis und ließen sich auch nicht über Beziehungen in der Verwandtschaft aus. Einmal bekam ich mit, wie über eine alkoholabhängige Tante getuschelt wurde, doch als ich nach Einzelheiten fragte, verstummten sie. (Später erfuhr ich, dass diese Tante bereits nach ihrer ersten Bloody Mary zu antisemitischen Ausfällen neigte.)

Solche Dinge waren in den Augen meiner Eltern nichts für Kinder. Im Grunde genommen war fast nichts etwas für uns. Wir beschrieben weltgeschichtliche Ereignisse, neue Klamotten und Sommerferien mit so vagen Floskeln wie »das ist schrecklich«, »das sieht toll aus« und »wir hatten eine wunderbare Zeit«. Leute, die wir gut fanden, waren »fabelhaft« (eine Freundin meiner Mutter nannte *Pretty Woman* gern »pikant«). Wen wir nicht mochten, der war »unangenehm«. Jemand, der zu lange bei einem Thema verweilte, war »langweilig« oder »nicht normal«. (Erst später sollte ich begreifen, dass diese »langweiligen« Menschen die Halbintellektuellen unserer Kreise waren.)

Meine Eltern waren natürlich nicht die einzige Informationsquelle. Ich wusste von AIDS, politischen Gefangenen und davon, dass kolumbianische Drogenkartelle in Miami Leute ermordeten. Ich las Bücher, in denen die Figuren eine schwierige Vergangenheit, widersprüchliche Charaktereigenschaften und ein kompliziertes Innenleben hatten. Aber als braves ältestes Kind glaubte ich auch, dass alles, was zu Hause passierte, das wahre Leben sei. Bei uns wurden keine Fakten zusammengetragen. Wir analysierten weder unsere eigenen Erfahrungen, noch spekulierten wir über die anderer Leute. Genauso wenig diskutierten wir über unsere eigene Geschichte, ethnische Zugehörigkeit oder Gesellschaftsschicht. Wenn komplizierte Wahrheiten artikuliert wurden, war das allen nur unangenehm. Das war so, als spräche man laut aus, dass Larry Goodman in den Pool gefallen war.

Als ich älter wurde, kam ich zu dem Schluss, dass Erwachsene nur dann über das Leben sprachen, wenn ich nicht dabei war, oder dass all der Smalltalk nur das Vorspiel für den Tag war, an dem wir uns endlich hinsetzen und über alles reden würden. Ich war erleichtert, als meine Mutter irgendwann nach und nach die Bände einer preislich reduzierten Enzyklopädie im Supermarkt kaufte. Da hatten wir endlich einmal Fakten im Haus. (Auf besonders beliebte Bände, etwa den Buchstaben »S«, mussten wir eine Weile warten, bis sie wieder vorrätig waren.)

Das Ironische an meiner Kindheit ist, dass dort getarnt wurde, wo es gar nichts zu tarnen gab. Ich bin mir ziemlich sicher, dass Larry Goodman unverletzt wieder aus dem Swimmingpool geklettert ist. Und wahrscheinlich hatte er nicht mal ein Alkoholproblem. Meistens passierte hinter dem künstlichen Nebel aus netten Worten und guten Neuigkeiten überhaupt nichts Schlimmes!

Allerdings hüteten meine Eltern ein dunkles Geheimnis: Wir waren nicht reich. Im Unterschied zu vielen ihrer Freunde hatten sie permanent Geldsorgen. Nach realistischen Maßstäben waren wir auch nicht arm. Aber es fühlte sich so an, weil wir uns ans untere Ende der oberen Mittelklasse klammerten.

Geld war in Miami extrem wichtig. Reichtum verschaffte dir Status und Glanz. (Florida hat schon immer Leute angezogen, die »das übermäßige Verlangen hatten, schnell und mit einem Minimum körperlicher Anstrengung reich zu werden«, hat der Wirtschaftswissenschaftler John Kenneth Galbraith einmal gesagt.)

Und in den Achtzigern war Miami auf dem besten Weg, eine Stadt größter Ungleichheit zu werden. Einige Nachbarn verkauften ihren Besitz und bauten sich größere Häuser, näher an der Bucht, mit Bar und eigenem Tennisplatz. Bald machten sie sich für Wohltätigkeitsgalas chic, fuhren einen Mercedes und verbrachten die Sommer in Colorado, um der Hitze Miamis zu entfliehen.

Meine Familie blieb im Mangowald zurück, und wir staunten: Wo kam all das Geld her? Wie genau stellte man es an, eine Bank zu besitzen, wie die Eltern einiger meiner Freunde?

Mein Vater war aus der Alten Welt. Er wurde in Brooklyn unmittelbar vor Ausbruch des Zweiten Weltkriegs als Kind von Immigranten aus der Arbeiterklasse geboren. Nebenan wohnten Verwandte, die Gussie, Bessie oder Yetta hießen. Sein eigener Vater, Harry, hatte mit zwölf Jahren die Schule abgebrochen, um Zeitungen auszufahren. Zuerst mit einem Pferdewagen, später mit einem kleinen Lastwagen, und meist mit einer Zigarette im Mund. Als mein Vater selbst ein Teenager war, ging er eines Tages wie so oft nach der Schule zu dem Laster, um Harry zu helfen. Er fand ihn auf einem Stapel Zeitungen zusammengesunken, gestorben an einem Herzinfarkt.

Mein Vater ging ein paar Jahre lang aufs College und hatte danach mehrere Jobs bei einer TV-Produktionsfirma. Als meine Mutter ihn bei einem Blind Date in New York City kennenlernte, sah sie in ihm einen attraktiven, schon etwas älteren Mann, der im Anzug zur Arbeit ging und der – im Unterschied zu mehreren Freunden, die sie bis dahin gehabt hatte – tatsächlich nett war.

Das stimmte auch alles, doch was sie in ihrem Optimismus nicht sah, war der riesige Unterschied zwischen ihnen. Der Zweig der Familie meiner Mutter war fröhlich aus dem Schtetl in den Sonnenschein aufgebrochen. Ihre bereits in Amerika geborenen Eltern waren etabliert, erfahren und erfolgreich.

Mein Vater war patriotisch, nostalgisch, verträumt und loyal. Und obwohl die gewandte Art meiner Mutter, sich in der Gesellschaft zu bewegen, und ihre noblere Familie ihm imponierten, würde er sich immer nach seiner alten Gegend und den Nachbarn dort sehnen.

Sie zogen nach Miami, wo meine Mutter aufgewachsen war. Dort gab es nicht viele Jobs in der Fernsehbranche, und so gründete mein Vater eine kleine Werbeagentur, die Werbespots für Flohmärkte und die lokale Pferderennbahn machte.

Sein Nettsein schmolz in der Sonne und verwandelte sich in eine Depression. Was das Kreative anging, war er gut, aber um besser ins Geschäft zu kommen, musste er sich potenziellen Kunden verkaufen. Und um im Verkauf gut zu sein, musste man entweder Einfühlungsvermögen besitzen, um zu wissen, was die Leute wollten. Oder man musste ein solches Charisma haben, dass sie haben wollten, was immer man zu verkaufen hatte.

Mein Vater hatte weder das eine noch das andere. Er ging gern früh zu Bett, hatte Spaß an Wortspielen und machte jede Menge witzige Bemerkungen. (Einer seiner Lieblingsscherze bis heute ist: »Selbst eine stehengebliebene Uhr zeigt zweimal täglich die richtige Zeit an.«) Es kam zu unzähligen Streitereien zwischen meinen Eltern. Zum Beispiel, weil mein Vater zu langsam Auto fuhr oder weil er wieder einmal bei einer Dinnerparty eingeschlafen war. »Ich habe doch nur meine Augen ausgeruht«, pflegte er dann zu sagen.

Irgendwann blieb seiner Agentur nur noch ein einziger Kunde übrig. Und die Schuld daran gab er sich selbst. So führten wir beide täglich einen total absurden Dialog, wenn ich ihn fragte, wie sein Tag gewesen war, und er verlegen antwortete, es sei »viel los« gewesen. Schon damals begriff ich, dass das nicht stimmte und die Auseinandersetzungen meiner Eltern nicht wirklich mit seinem langsamen Fahrstil zu tun hatten, sondern damit, dass sein Leben nicht auf der Überholspur stattfand.

Meine Mutter war das absolute Gegenteil: extrovertiert, charismatisch, selbstbewusst und ein Verkaufsgenie. Sie war hübsch und an der High School so beliebt, dass sie zum bestangezogenen Mädchen gekürt wurde. Dann hatte sie am Ohio State College einen Abschluss in Einzelhandel gemacht. Sie interessierte sich für alles, was neu war: die neueste Mode, die angesagtesten Restaurants. Aus unserem Wohnzimmer machte sie eine Galerie und veranstaltete dort Ausstellungen für aufstrebende Künstler. Gemeinsam mit einer Geschäftspartnerin eröffnete sie eine erfolgreiche Boutique für Damenmode, die ein angesagter Treffpunkt war. Frauen kamen dort ebenso gern hin, um sich zu unterhalten, wie um etwas zu kaufen. Das Klima in Miami ist eigentlich »tropisch monsunartig«. Aber da es im Geschäft wegen der Klimaanlage immer eiskalt war, kauften die Kundinnen massenhaft Kaschmirpullis.

Ich wuchs in der Welt meiner Mutter auf. Wenn ich nicht in

ihrer Boutique war, dann tapste ich hinter ihr her durch Kaufhäuser, um zu sehen, was die Konkurrenz im Angebot hatte. Während andere Kinder sich beim Sport verletzten, zog ich mir mit acht eine Verletzung beim Einkaufen zu: Mein Bruder und ich alberten in der Sportabteilung herum, als der Wagen, auf dem die Kasse stand, umkippte und mir das Handgelenk brach.

Einkaufen war ein Thema, das wir in aller Ausführlichkeit diskutierten. Es diente sogar als Quelle der Weisheit. »Wenn du es nicht liebst, kauf es nicht«, pflegte meine Großmutter zu sagen. Unser Äquivalent eines buddhistischen Koans lautete: »Warum sieht ein Outfit, sobald man es zu Hause hat, nie mehr so gut aus wie im Laden?«

Als es an der Zeit war, ein Motto für meine Bat-Mitzwa-Party festzulegen, entschied ich mich gegen die damaligen Standardthemen – Tennis, Raumfahrt, Hawaiianisches Luau – und für »Shopping«. Es war das Einzige, womit ich mich richtig gut auskannte. Meine Mutter und ich bastelten Tischkarten, die wie Kredikarten aussahen, und engagierten eine Partyplanerin, die Dekorationen aus Einkaufstüten von Bloomingdale's und Neiman Marcus kreierte. Die Planerin wirkte etwas überrascht, als wir das Motto mit ihr besprachen, aber in meiner Familie fand es niemand seltsam, damit meinen Übergang in die Welt der Erwachsenen zu symbolisieren.

Es kam allerdings zur Sprache, dass wir uns diese Party eigentlich nicht leisten konnten. Zu einer seltenen Verkündung schlechter Nachrichten rief meine Mutter mich eines Tages in ihr Schlafzimmer und sagte, dass wir die Feier aus

Kostengründen vielleicht absagen müssten. (Stattdessen verlegten wir sie nur an eine günstigere Location.)

Unser Lebensstil wurde vom Vater meiner Mutter ermöglicht, der den Großteil der Party bezahlte und auch das neue Dach unseres Hauses. Obwohl mein Großvater wie mein Vater der Sohn armer Einwanderer war, besaß er Geschick im Umgang mit Menschen, machte gute Geschäfte und verdiente Geld.

Er übernahm auch die Kosten der Privatschulen, wo ich mich unter den Nachwuchs von Miamis Superreichen mischte. Einige meiner Klassenkameraden lebten in Villen direkt am Meer, die sie als Drehorte für Kinofilme oder Fernsehserien vermieteten. Einige bekamen Porsches, als sie sechzehn wurden. Als meine Mutter mich einmal mit ihrem Toyota von der Schule abholte, spottete ein Junge:»Ist das der Wagen eures Hausmädchens?«

Ich stellte diesen Kosmos nie in Frage. Aber ich überlegte mir, dass es für mich optimal wäre, einen Schönheitschirurgen zu heiraten. (Eine weitere Lebensweisheit meiner Großmutter lautete:»Es ist genauso leicht, sich in einen reichen Mann zu verlieben wie in einen armen.«)

Obwohl es mir damals noch nicht bewusst war, veränderte sich mein Leben, als ich *The Official Preppy Handbook* in die Finger bekam, einen satirischen Ratgeber für die Gewohnheiten der reichen Weißen an der Ostküste der USA. Darin wurde eine Welt beschrieben, in der Leute Irische Setter besaßen, zum Skiurlaub nach Gstaad reisten und Gürtel mit Entenmotiv trugen. (»Je weniger ein Gegenstand mit Enten zu tun hat, desto stärker schreit er nach Entenmotiven.«)

Bevor ich das Buch las, hatte ich kaum eine Vorstellung davon, dass es Amerikaner gab, die weder Latinos noch jüdisch, noch schwarz waren. Auch das ästhetische Empfinden der WASPs war mir fremd: Wer hätte gedacht, dass jemand auf gebrauchte Möbel stehen könnte?

Ich wusste, dass ich kein Preppy war. Ich kannte auch niemanden mit dem Spitznamen Skip oder Bink (obwohl ich eine kubanische Freundin hatte, die wir »Juanky« nannten). Ich konnte ein bisschen segeln, aber bei mir zu Hause standen nicht überall Zigarettendosen herum, die mein Vater bei Regattas gewonnen hatte.

Doch das Buch bestätigte meinen Verdacht, dass es tatsächlich eine Menge Dinge gab, die meine Familie nicht ansprach. Der Alltag – sogar meiner – ließ sich decodieren und in seiner Bedeutung analysieren. Die Kleidung, der Teppichboden, die Wortwahl und die im Haus verteilten Gegenstände gaben insgesamt Aufschluss über die Stammeszugehörigkeit.

Wir besprachen nie, zu welchem Stamm wir gehörten, und die Einhaltung religiöser Vorschriften hatten wir auf ein Minimum reduziert. (Bei meiner Bat Mitzwa wurde Krabbencocktail serviert.) Doch wenn ich mit meinen Eltern ein Restaurant betrat, konnte ich sofort sagen, welche Frauen meine Mutter kannten, auch wenn ich sie noch nie zuvor gesehen hatte. Sie besaßen die gleichen Gesichter, Frisuren und Kleider wie wir. Ihre Eltern und Großeltern waren meist aus der gleichen Gegend Europas und ungefähr zur selben Zeit nach Amerika gekommen wie meine. Es schien, als wären ganze Dörfer aus Weißrussland in den Süden Floridas umgesiedelt, wo deren Nachkommen jetzt in denselben italienischen Lokalen zu Abend aßen.

Damals war mir das noch nicht so bewusst, aber eigentlich sehnte ich mich nach einer Entsprechung des *Preppy Handbook* für mein eigenes Leben. Nach etwas, das *unsere* ritualisierten Objekte, *unsere* Kleidung und *unsere* Sitten erklärte. Ich wünschte mir, die unsichtbare Bedeutung von allem – angefangen bei der Kleidung über unseren New Yorker Akzent bis hin zur genauen Herkunft – zu kennen. Aber wie sollte ich Anthropologie am Beispiel meines eigenen Lebens betreiben? Wo ich nicht mal zuverlässig bezeugen konnte, wer damals in den Pool gefallen war?

Mit zunehmendem Alter verließ ich mich mehr auf mein eigenes Urteil. Einmal traf ich an einem Flughafen vor der Heimkehr von einer Klassenreise – die mein Großvater bezahlt hatte – zufällig den Ehemann einer älteren Cousine. Nur war er nicht mit meiner Cousine und den beiden gemeinsamen Söhnen unterwegs, sondern mit einer hübschen Blondine und einem ebenso blonden Kleinkind. Als er mich erblickte, bekam sein Gesicht einen panischen Ausdruck.

»Mein Cousin Neil hat eine zweite Familie«, erzählte ich meiner Mutter, als ich wieder in Miami ankam.

»Ausgeschlossen«, sagte sie. (Ohne mein weiteres Zutun wurden meine Cousine und ihr Mann bald danach geschieden.)

Nachdem ich dieses Geheimnis aufgedeckt hatte, wollte ich mehr davon. Ich begann, die Spionageromane meiner Mutter zu lesen, die im Kalten Krieg spielten. Dann stellte ich mir vor, wie ich mit messerscharfem Verstand Codes knacken und Verbrechen aufklären würde.

Es war mir egal, dass ich nicht mal der Handlung von Agentenfilmen folgen, mir keine Telefonnummer merken und kein Geheimnis für mich behalten konnte. Ich malte mir eine Zukunft aus, in der ich mir die Nummernschilder vorbeirasender Fahrzeuge einprägte und kein Geheimdienst an mir vorbeikam. Ganz bestimmt würde die CIA auf meine Talente aufmerksam werden und mich rekrutieren.

Als ich dann aufs College ging, wäre Englisch im Hauptfach naheliegend gewesen (denn was meine Lust an den Spionagethrillern tatsächlich bewirkte, war, dass ich auf einmal viel mehr las). Aber Englische Literatur erschien mir irgendwie zu bequem. Deshalb wählte ich Philosophie, um meine analytischen Fähigkeiten zu schärfen. Ich blieb dabei, obwohl ich kein Talent dafür hatte und mir die Kurse keinen Spaß machten. Als ich einmal eine Professorin um eine Empfehlung bat, schrieb sie: *Pamela wird wahrscheinlich einmal in irgendwas gut sein, aber nicht in Philosophie.*

Als ich ein Semester in Mexiko studierte, gewann ich etwas Abstand zu Miami. Teil eines Programms namens »La Realidad« war, dass ich zeitweise bei einer siebenköpfigen Familie in einem Haus aus Betonblöcken an einer unbefestigten Straße lebte. Aus dem einzigen Wasserhahn kam nur kaltes Wasser, sodass ich zum Baden Wasser in einem Kübel erhitzte. Als es eines Abends zum Nachtisch einen exotischen Mammiapfel gab, schlang ich ihn runter. Als ich danach aufblickte, schaute ich in sieben bedrückte Gesichter, denn die eine Frucht war das Dessert für uns alle gewesen.

»Wir sind nicht arm!«, erklärte ich meinem Vater aufgeregt nach meiner Rückkehr. Für mexikanische Verhältnisse war unser Toyota ein Luxusding. Aber mein neuer Blickwinkel tröstete ihn nicht. Er wollte die Spielchen in Miami nicht enttarnen, sondern sie einfach nicht weiter verlieren. Als wir eines Tages in unserer Einfahrt unter den Mangobäumen in dem erwähnten Toyota saßen, gestand er mir etwas.

»Ich bin nicht gut im Geschäftemachen«, sagte er.

Ich auch nicht. Nach dem College hatte ich kurz für ein israelisches Internet-Start-up gejobbt, dessen ganzes Geschäftsmodell, soweit ich das verstanden hatte, das Posten von Informationen über jüdische Feiertage sein sollte. Ich darf mir zugutehalten, dass ich mich immerhin fragte, warum es so viele Angestellte gab, die meisten davon junge Männer. Was ich nicht bemerkte war, dass hinter einer verschlossenen Tür, wenige Meter von dort, wo ich saß, ein Team aus Programmierern das eigentliche Geschäft abwickelte: Online-Pornos. (Das verriet mir eine ehemalige Kollegin, Jahre nachdem wir beide nicht mehr dort arbeiteten.)

Als Erwachsene mangelte es mir also immer noch an laserscharfer Auffassungsgabe. Ich wünschte mir ein Gehirn wie ein Messer, doch meines war eher ein Löffel. Zwar konnte ich mich durch Datenberge wühlen, aber es dauerte eben seine Zeit. Ich war nicht gerade dumm, aber definitiv auch kein schlauer Fuchs. Manchmal fiel der Groschen bei mir erst Jahre, nachdem etwas Bestimmtes passiert war. Und wenn etwas Schlimmes oder auch nur Unvorhergesehenes geschah, dann war mein erster Impuls, es zu ignorieren.

So beschloss ich, Journalistin zu werden. Manche Leute

werden Reporter, weil sie eine so gute Beobachtungsgabe besitzen oder weil sie Missstände aufdecken wollen. Mein Grund war ein anderer: Ich wollte endlich kapieren, was zum Teufel eigentlich los war.

Sie wissen, dass Sie über vierzig sind, wenn...

... Sie ganz sachlich über Härchen am Kinn sprechen.

... Sie Cellulite an Ihren Armen entdecken.

... Ihnen jeder, den Sie treffen, irgendwie bekannt vorkommt.

... Sie manchmal verkatert aufwachen, obwohl Sie gar nichts getrunken hatten.

... Ihnen ältere Freunde nicht mehr das Gefühl geben, jünger zu sein.

2

So finden Sie einen Partner

Irgendwann traf ich eine wichtige Entscheidung in Bezug auf mein Leben: Wenn ich selbst es nicht schaffe, erwachsen zu sein, dann schlafe ich eben mit jemandem, der das besser hinkriegt als ich.

Symmetrisch wirkende Filmstars aus Hollywood erzeugten bei mir kein Herzklopfen. Ich stand eher auf leicht abgerockte, aber geniale Männer. Während der High School klebte ich mir ein Porträt von Barney Frank – einem intelligenten, liberalen Kongressabgeordneten aus Massachusetts – an die Wand meines Zimmers. (Weil er relativ prominent war, störte mich auch nicht, dass er schwul war.)

Im wahren Leben ging ich mit Männern aus, die vielleicht nicht unbedingt weiser, aber zumindest ein bisschen älter waren als ich. Vor allem fühlte ich mich zu Männern anderer Nationen hingezogen, die Zeitungen in für mich exotischen Sprachen lasen. Im Rahmen meiner romantischen Weltreise hatte ich eine Beziehung zu einem deutschsprachigen Genie in New York, der niemandem in die Augen sehen konnte, und zu einem ungarischen Psychiater, der mir als Trennungsgrund sagte, ich sei für ihn einfach nicht ausreichend emotional verwundet.

Meine Auswahl geeigneter Nicht-US-Amerikaner wuchs, als eine Zeitung mich als Korrespondentin für Lateinamerika einstellte. Während eines Aufenthalts in Brasilien nahm ich die jüdischen Männer São Paulos unter die Lupe und landete schließlich bei einem DJ, der noch bei seiner Mutter lebte und erst kürzlich eine Affäre mit dem Dienstmädchen gehabt hatte, wie ich aus den fiesen Blicken schloss, die sie mir beim Frühstück zuwarf.

Weltgewandtheit blendete mich sofort. Ein russischer Verehrer von mir sprach vier Sprachen fließend, aber ich brauchte fast ein Jahr, um dahinterzukommen, dass er in keiner davon witzig war.

Ich wusste schon, dass es ein schlechtes Zeichen war, als ein Ex, ein mexikanischer Banker, als Lektüre für unseren Strandurlaub nur ein Handbuch für Aktienhandel mitbrachte. Aber ich beendete die Sache erst, nachdem ich ihm zum Geburtstag ein in Leder gebundenes Tagebuch geschenkt hatte und er mich fragte, was er denn mit einem leeren Buch anfangen solle.

Als ich mich schließlich den Amerikanern zuwandte und mit dem Sohn eines Anwalts aus einem Vorort von Chicago ausging, kam er zu dem Schluss, dass ich ihm nicht exotisch genug war. »Manchmal denke ich, du bist einfach ein jüdisches Mädchen aus Miami«, gestand er mir. Das war auch meine Befürchtung.

Das vermeintliche Ziel dieser Welttournee war die Ehe, obwohl nur wenige Leute, die ich kannte, tatsächlich heirateten. Und diejenigen, die es taten, heirateten schlecht. Ein Mann vermählte sich mit einer Lesbe, die ihn praktisch sofort für ihre hübsche Pilates-Trainerin verließ. Meine Freundin Elaine war kurze Zeit mit einem chronisch schlechtgelaunten Dichter verheiratet, den ihre Freunde von Beginn an »Elaines ersten Ehemann« nannten. Eine andere Freundin hatte solche Angst davor, kinderlos zu bleiben, dass sie einen jüngeren Mann heiratete, den sie lange Zeit als »denjenigen vor dem Richtigen« bezeichnete.

Dabei hatte ich mir immer eine romantische Chronologie ähnlich der meiner Mutter ausgemalt: Nach einigen Beziehungen würde ich mit siebenundzwanzig heiraten. Niemand warnte mich davor, dass die Menschen meiner Generation vielleicht fünfzehn oder zwanzig Jahre zwischen verschiedenen Partnern herumswitchen. Als mein siebenundzwanzigstes Lebensjahr kam und verging, empfand ich das nicht als demografische Veränderung, sondern als persönliche Niederlage.

Kaum jemand, den ich kannte, kam mit diesem neuen Tempo in der Partnersuche zurecht. Und so besuchte ich ein paar Monate lang wöchentliche Gruppentherapie-Sitzungen in New York, wo gestresste Singles über ihr Liebesleben jammerten. Bei einem Abendkurs in literarischem Schreiben handelte die Kurzgeschichte fast jedes Teilnehmers von Mittzwanzigern auf Partnersuche. »Machen wir mit dem nächsten Pärchen weiter«, pflegte die Dozentin zu sagen.

Mein eigenes Liebesleben erschien mir wie eine Abfolge von Sitcom-Episoden. Da gab es den Trainer für Impro-Comedy, der jede Rechnung bis auf den letzten Cent genau halbierte, oder den angehenden Autor, der sich von mir trennte, weil ich nicht genügend Begeisterung für sein erstes Werk aufgebracht hatte. Während ich einmal in einem Restaurant auf mein Blind Date wartete, gab ich meine Telefonnummer einem Mann, der am Nachbartisch auf seine Verabredung wartete.

Zwischendurch kamen meine Eltern nach New York geflogen, um die Neuigkeit zu überbringen, dass sie sich scheiden lassen würden. »Warum habt ihr damit so lange gewartet?«, fragten mein Bruder und ich fast gleichzeitig.

Ich wusste, wie ein Paar aussah, das nicht zusammenpasste, und kriegte das mühelos auch hin. Auf einem Flug lernte ich einen attraktiven Spezialisten für Unternehmensfusionen und -übernahmen kennen, dessen Hände sich wie Schleifpapier anfühlten und der in seinem Kühlschrank nur Wasserflaschen aufbewahrte. Völlig offensichtlich waren wir nicht ineinander verliebt. In einem Anflug postkoitaler Angst fragte ich ihn, warum wir das eigentlich machten. Da zeigte er auf unsere nackten Körper und meinte: »Weil wir nie wieder so gut aussehen werden.«

Ich bin mir nicht sicher, wie ich es damals schaffte, meine Arbeit zu machen. Doch ich flog kreuz und quer durch Lateinamerika und berichtete über Wahlen und Finanzkrisen. Gleichzeitig litt ich fast ununterbrochen an Liebeskummer, weil ich versuchte, mich von falsch gewählten Partnern zu trennen, oder weil diese mich loswerden wollten.

Aber Dating hat auch diesen süchtig machenden Reiz. Denn jeder neue Mensch trägt die Möglichkeit von beidem in sich: gebrochenes Herz und Hausbesitz. Außerdem bewegten sich praktisch alle, die ich kannte, im Zickzack zwischen extremen Partnern: Hatte der eine diesen schrecklichen Fehler – sagen wir, Eifersucht –, dann suchte man sich als Nächstes jemanden aus, der in diesem einen Punkt das absolute Gegenteil war, nämlich null eifersüchtig. Dafür wies diese neue Person eine ganz andere, neue Schwäche auf. Und so ging es weiter mit jemand anderem, der wieder neue Probleme mit sich brachte.

Man bekam auch nur selten konkreten Rat, was die Partnerwahl betraf. Die Tante, die mich warnte, »ein Mann wird die Kuh nicht kaufen, wenn er die Milch auch gratis bekommt«, ignorierte ich. (Sie war damals bereits zum dritten Mal verheiratet und hatte eine Menge Milch verschenkt.) Mit meiner Mutter analysierte ich meine Beziehungen nicht, sie schickte mir stattdessen regelmäßig Carepakete mit Klamotten aus ihrer Boutique. Ich war erleichtert, als jemand mir erzählte, jeder Mensch hätte dreißig potenzielle Seelenverwandte auf der Erde. Als ich das einem Kollegen erzählte, der gerade Single war, meinte er allerdings: »Ja, und ich versuche, mit allen zu schlafen.«

Als ich mit der Entscheidung kämpfte, einen libanesischen Filmemacher zu verlassen, fragte ich einen indischen Journalisten um Rat. »Da gibt es nur eine Frage: Glaubst du an den Mann?«, sagte er. (Mit Hindi-Akzent klingt das etwas tiefsinniger.) Sollte der Filmemacher alles verlieren – seinen Job, seine gesellschaftliche Stellung und sein ganzes Geld –, würde ich dann immer noch an ihn glauben?

Die Antwort lautete nein. Wenn die Welt ihn fallen ließ, würde ich mich der Welt anschließen. Obwohl die Männer, mit denen ich ausging, meist älter waren (meine größte Schwäche waren, ungefähr zehn Jahre lang, Vierunddreißigjährige), besaß keiner diese magische Erwachsenenessenz, nach der ich suchte.

Dann ereignete sich ein romantisches Wunder. Während ich über die Schuldenkrise in Argentinien berichtete, stellte mir ein gemeinsamer Freund in einer Bar Simon vor. Simon war britischer Journalist und lebte in Paris; er hielt sich nur für ein paar Tage in Buenos Aires auf, um einen Artikel über Fußball zu schreiben.

Nur Minuten nachdem wir einander kennengelernt hatten, erzählte Simon mir von seiner Theorie, wonach es drei Sorten von Leuten gibt: Streber, Faulpelze und Fantasten. Streber arbeiten wirklich. Faulpelze tun nicht mal so als ob. Und Fantasten träumen von Großem, kriegen aber nicht wirklich was gebacken. An Ort und Stelle identifizierte er mich korrekt als Streberin mit Tendenz zur Fantastin.

Es schadete nicht, dass er gut aussah und diesen gewinnenden Londoner Akzent hatte. Zu meiner großen Erleichterung erwies er sich auch noch als Buchliebhaber. (Jahre später sollte er begeistert sein von den in Leder gebundenen Tagebüchern, die ich ihm zu vielen Geburtstagen schenkte.) Das entscheidende Argument war jedoch, dass Simon schon mit Anfang dreißig eine plausible – oder zumindest amüsante – Theorie über die Menschheit für sich entwickelt hatte. Er war quasi die lebende Entsprechung eines *Preppy Handbook*: Jemand, der ständig alles klassifizierte.

Bald sollte ich erfahren, warum. Seine Eltern waren Anthropologen, die ihn in sechs verschiedenen Ländern großgezogen hatten. Und an jedem Ort, wo sie lebten, analysierten sie die Einheimischen und sich selbst. Bevor ich seinen Vater, einen angesehenen Professor, kennenlernte, fragte ich Simon, wie ich mich am besten verhalten sollte. »Es wird alles gut gehen«, sagte der. »Erwähn nur das Wort ›Kultur‹ nicht.«

Simons Familie unterschied sich deutlich von meiner. In ihrem Haus gab es mehrere Tausend Bücher, darunter viele, die Familienangehörige, Freunde oder Kollegen verfasst hatten. Sie diskutierten über die Familiengeschichte und gingen dabei viele Generationen zurück.

Sie kannten sich auch in Geschichte aus und sprachen entsprechend viel über historische Themen. Als Simons Vater einmal von einer Frage, die ich ihm gestellt hatte, entsetzt war, erwiderte er: »Aber das war im *dritten* Jahrhundert.« Anscheinend war er davon überzeugt, dass das die Antwort verdeutlichen würde.

Um Simons Zuhause aus Kindertagen kreisten permanent Fakten wie in einem Orbit, und jedes Thema stand zur Diskussion. Zu den Abendessen im Kreis der Familie gehörten ausführliche Analysen der Nachrichten, der aktuellen Arbeit der Anwesenden sowie die Macken diverser Verwandter. Es gab komplizierte Gespräche über soziale Schichten, die eigene eingeschlossen.

Schlechte Neuigkeiten wurden oft thematisiert. Man redete sogar dann, wenn es nichts Nettes zu sagen gab. Während ich hinter meiner Mutter her durch die Abteilung mit Sportbekleidung für Damen gedackelt war, hatte Simon gelernt zu benennen, was vor seinen Augen passierte.

All das frühe Training hatte eine Art menschlichen Dechiffrierer aus ihm gemacht. So war er in der Lage, die Motive seiner Mitmenschen zu erkennen sowie gute und schlechte Eigenschaften auszumachen, und das so eindeutig, wie ich eine Schuh- oder Handtaschenmarke der jeweiligen Person benennen konnte.

Mit Simon zusammen zu sein, das war, als hätte ich meinen persönlichen Stein von Rosette, der jede verwirrende Interaktion zu übersetzen vermochte. Nach einem Abendessen mit Freunden pflegte ich ihn zu fragen, was seiner Ansicht nach alle Gäste signalisiert und gemeint hatten. Er lieferte mir plausible Antworten auf all meine quälenden Fragen: Warum waren die Nachbarn so unfreundlich zu uns? Warum kämpften die USA immer noch im Irak? Ich wollte seine Gedanken zu ungefähr jedem Thema wissen.

Eines Tages erhaschten wir in einem Hotel zufällig unser Bild in einem Spiegel. Durchs Fenster fiel Licht herein. Im Vordergrund standen noch Reste eines beim Zimmerservice bestellten Essens wie ein Stillleben auf dem Tisch. »Wir sehen aus wie in einem Gemälde von Vermeer«, sagte er. Fünfzehn Jahre lang hatte ich darauf gewartet, dass ein Mann etwas in der Art zu mir sagte. Ich stellte mir vor, dass Barney Frank bestimmt so was gesagt hätte.

Ich musste mir nicht mehr alle in Frage kommenden Männer ansehen. Denn endlich konnte ich die Frage: »Glaubst du an den Mann?« mit Ja beantworten.

Ich brauchte eine Weile, um zu verstehen, warum Simon mich zurückliebte. Auch er hatte das Pingpong von einer Freundin zur nächsten durchlebt. Und da hatte ich Glück. Bei einer meiner Vorgängerinnen, die damals gerade in Englischer Literatur promoviert hatte, hatte er irgendwann festgestellt, dass sie nicht wusste, wer Josef Stalin gewesen war. »Mao kannte sie auch nicht«, fügte er hinzu.)

Ich war nicht perfekt, aber ich kannte die Namen aller wichtigen Diktatoren des 20. Jahrhunderts. Als meine Zeitung mich im Zuge einer Entlassungswelle rauswarf, zog ich nach Paris und wurde freie Journalistin. Kurz danach machte Simon mir einen Heiratsantrag.

Eines Abends lagen er und ich im Bett, als ich mich zu ihm umdrehte, um ein Geständnis zu machen.

»Ich bin mit dir zusammen, weil du ein Erwachsener bist«, sagte ich und fürchtete, ihn damit zu schockieren.

»Ich weiß«, erwiderte er. Dann drehte er sich um und schlief einfach ein.

Sie wissen, dass Sie über vierzig sind, wenn...

... es Ihnen unangemessen erscheint,
in Jesse Eisenberg verknallt zu sein.

... Sie Mansplaining bemerken, während es passiert.

... Ihnen jeder Mann ohne Bäuchlein mager
vorkommt.

... Sie einen Kaffee trinken, *bevor* Sie zum Abendessen
ausgehen.

... Sie die Erwachsenen-Akne hinter sich haben.

3

So werden Sie vierzig

Simon und ich waren Mitte dreißig, als wir heirateten, und hatten es daher eilig, uns fortzupflanzen. Innerhalb weniger Jahre bekamen wir eine Tochter und dann die Zwillingsjungs. (Wir sind die Generation DITT: double income, toddler twins – doppeltes Einkommen, kleine Zwillinge.)

Inzwischen besitze ich einige Insignien des Erwachsenseins: Ich bin eine verheiratete Hausbesitzerin, die die Wäsche einer fünfköpfigen Familie macht. Ich bin für meine Kinder de facto eine Autoritätsperson. Doch trotz alledem fühle ich mich immer noch nicht erwachsen – was teilweise wohl daran liegt, dass ich meinen Stamm noch nicht gefunden habe.

Genauso wie ich Schwierigkeiten bei der Partnersuche gehabt hatte, war es schon immer problematisch für mich gewesen, Freunde zu finden. Seit meiner Kindheit fand ich mich regelmäßig in der Rolle des Sidekicks wunderschöner, ichbesessener Frauen wieder. Eine von ihnen erschien in einem weißen Kleid auf meiner Hochzeit.

Simon staunt über einige meiner Freunde, die uns auf der Durchreise in Paris besuchen. Einer aus New York blieb mehrere Wochen in unserem Hobbyraum und kam nur herauf, um meine Körperhaltung zu kritisieren, meine Artikel schlecht zu machen und damit anzugeben, wie reich er sei. Als Abschiedsgeschenk überreichte er uns ein paar Wäscheklammern aus Holz.

Ein Schulkamerad aus der High School bestand nur Wochen nach der Geburt der Zwillinge darauf, bei uns zu übernachten. Die Babys nahm er nur insofern zur Kenntnis, als er sich über den »andauernden Lärm« beschwerte. Ein anderer Kerl, den ich auf Reisen kennengelernt hatte, besuchte uns mit seiner neuen Freundin übers Wochenende. Er benutzte umgehend unsere Waschmaschine, hängte nasse Klamotten in der ganzen Wohnung auf und verkündete dann, sie würden in ein paar Tagen zurück sein, wenn die Wäsche trocken sei. (Mir fällt gerade auf, dass meine Freundschaften häufig mit Wäsche zu tun haben.)

Simon versteht es nicht. Ich bin ordentlich, freundlich und ziemlich nett. Warum also lud ich diese Menschen in unser Leben ein? Warum ausgerechnet sie unter all den Leuten, mit denen ich Freundschaft schließen konnte? Mussten Freundschaften solche Strapazen verursachen? Im Unterschied zu mir hat Simon viele rücksichtsvolle, loyale, langjährige Freunde. Sie machten den Großteil unserer Hochzeitsgäste aus. Und keine der Frauen trug Weiß.

Ich fühle mich zu exzentrischen Typen hingezogen, die viel Aufmerksamkeit einfordern. Der Vorteil von Narzissten besteht darin, dass sie nicht an Selbstzweifeln zu leiden scheinen. Sie scheinen erwachsen, verfügen über wenig Weisheit, aber viel Gewissheit. Und instinktiv spüren sie meine eigene Mischung aus Ehrfurcht, Unsicherheit und Toleranz in Bezug auf schlechtes Benehmen.

Wenn ich Simon darauf hinweise, dass seine Freunde nicht so unvorhersehbar spannend sind wie meine, dann erklärt er mir, es sei wichtig, sich mit Menschen zu umgeben, die freundlich, lustig, vertrauenswürdig und klug sind. Er ermahnt mich, Leute genau zu studieren, bevor ich Freundschaft mit ihnen schließe, und mich zurückzuziehen, wenn ihnen eine dieser Eigenschaften fehlt. (»Überlege lange, bevor du einer bestimmten Person deine Freundschaft gewährst«, meinte der römische Philosoph Seneca schon vor zweitausend Jahren.)

Aber ich neige eben nicht dazu, andere Menschen zu analysieren, sondern mache mir eher Sorgen über mich selbst. Andere wirken auf mich dreidimensional und solide, ausgestattet mit beständigen Eigenschaften wie Verständnis und Humor. Ich fürchte, dass ich dagegen unter meiner gutgelaunten Oberfläche überhaupt keine nachhaltigen Qualitäten vorzuweisen habe. Erstaunlich, dass Gesichtserkennungs-Software überhaupt Fotos von mir identifizieren kann.

Vielleicht liegt es daran, dass ich meinen Freundschaften nicht zutraue, Bestand zu haben. Es ist fast so, als würde ich auf einer Bühne die Rolle eines freundlichen Individuums spielen, während ich meine neue Freundin oder meinen neuen Freund als Publikum und Chefkritiker engagiert habe. Jeden Augenblick kann ich patzen. Was, wenn mein nächster Satz im Dialog ihre Aufmerksamkeit nicht mehr fesselt? Habe ich genügend amüsante Bemerkungen eingestreut, um mich für eine Weile in meinem natürlichen Zustand entspannen und langweilig sein zu können? Im Moment mag die andere Person mich vielleicht, aber was, wenn sie ihre Meinung ändert?

Mit neuen Freunden bin ich zunächst herzlich und kann sie ehrlich gut leiden. Aber in meiner Rolle zu bleiben erweist sich bald als anstrengend. Um meine innere Schwäche zu verbergen, werde ich daher zunehmend verschlossen und distanziert. Bald gebe ich nicht einmal mehr triviale Details aus meinem Alltag preis, etwa das Thema des Artikels, an dem ich gerade schreibe, oder das Datum, an dem ich in den Urlaub aufbreche.

Die einzigen Freunde, denen das nichts ausmacht, sind die extrem egozentrischen. Es kümmert sie nicht, oder sie bemerken nicht mal, dass ich nicht viel von mir erzähle. Als ich in einem Online-Artikel las, ein Symptom von Narzissmus sei das Gefühl, mit seinem nach außen sichtbaren Leben die innere Leere zu kaschieren, fürchtete ich, das träfe auch auf mich zu.

»Du beschäftigst dich mit dir selbst, aber du bist keine Narzisstin«, beruhigte Simon mich.

Während wir alle auf die vierzig zusteuern, stelle ich fest, dass es mit einigen meiner extrem ichbezogenen Freunde noch schlimmer wird. Eigenschaften, die mit zwanzig bewundernswert waren und mit dreißig Anlass zur Sorge gaben, erscheinen jetzt mit vierzig geradezu gefährlich. Jugendliche Macken verfestigen sich im Erwachsenenalter zu pathologischen Eigenschaften.

Auch meine Lebensumstände haben sich geändert. Sich schwierigen Menschen gegenüber zu öffnen, das ist eine Sache. Etwas ganz anderes ist es jedoch, meinen Ehemann und meine Kinder solchen Leuten auszuliefern. Dabei muss ich mit den meisten meiner »Freunde« gar nicht brechen. Sobald ich aufhöre, sie über ihr Leben monologisieren und in unserem Untergeschoss campieren zu lassen, rufen sie sowieso nicht mehr an.

Nachdem ich mich von den Narzissten verabschiedet habe, bleiben nur noch sehr wenige übrig. Und das ist für mich auch okay. Die bloße Tatsache, dass ich jemanden mag, erscheint mir jetzt schon wie der Beweis dafür, dass mit demjenigen etwas bedenklich nicht in Ordnung ist.

Anstelle meiner dysfunktionalen Freundschaften treten Leute, die eher Bekannte und nicht unbedingt enge Freunde sind. Die meisten sind ebenfalls Zugereiste aus anderen Ländern und treffen sich gern mit fast jedem, der auch Englisch spricht und seinen Anteil an der Rechnung fürs Abendessen im Restaurant bezahlen kann. So stille ich mein Bedürfnis danach, gelegentlich unter Leute zu kommen, ohne mich irgendwem auszuliefern.

Aber als mein vierzigster Geburtstag näher rückt, kommt mir das zunehmend erbärmlich vor. Erwachsen zu sein bedeutet bestimmt nicht, unverbindliche Beziehungen zu netten Leuten zu haben, die mich kaum kennen. Außerdem werden auch meine Kinder älter und bekommen immer mehr mit. Wie kann ich ihnen vorleben, was gesunde Freundschaften sind, wenn ich selbst nur so wenige habe?

Um das zu ändern, beschließe ich, eine kleine Party zu meinem Vierzigsten zu schmeißen. Allerdings lade ich nicht die Berufstätigen aus der Mittelschicht und die Mütter in Elternzeit ein, mit denen ich bisher meine Freizeit verbracht habe. Stattdessen lade ich Menschen ein, mit denen ich gern befreundet wäre und von denen ich vermute, dass sie zu meinem eigentlichen Stamm gehören: eine Handvoll Autoren und Intellektuelle, die ich nur flüchtig kenne. Auf meiner sorgsam ausgearbeiteten Gästeliste stehen schließlich ein halbes Dutzend Leute und deren Partner, darunter ein Ivy-League-Professor, ein Dokumentarfilmer, eine Edelfeder aus Südafrika sowie eine Frau, deren Freund für den *New Yorker* schreibt. Einigen von ihnen bin ich erst ein einziges Mal begegnet.

Da mein Geburtstag auf einen Sonntag fällt, entschließe ich mich zu einem »Open House« am Nachmittag, bei uns zu Hause, zwischen vier und sechs Uhr. Das ist keine große Verpflichtung, und da an einem Sonntagnachmittag im Winter naturgemäß sowieso nie viel los ist, sagen alle zu.

Ich verbringe den Tag damit, Blumen zu arrangieren, italienische Käse und Hors d'œuvres auf meiner Küchentheke anzurichten und zwölf Champagnerflöten bereitzustellen. Dann stecke ich meine Kinder in ihre hinreißendsten Pariser Outfits und warne sie, das Essen bloß noch nicht anzurühren. Ein paar Minuten vor vier lege ich etwas ruhigen, aber raffinierten Jazz auf: den Soundtrack meines neuen Lebens.

Dann warte ich darauf, dass meine Vierziger ·beginnen. In der ersten Stunde der Party kommt überhaupt niemand. Meine Kinder sitzen zuerst still da, bitten dann um etwas zu essen oder quengeln, dass sie nach draußen wollen. Nach kurzer Zeit beobachten sie mich mit etwas, das wie Mitleid aussieht. Warum hat Mommy gar keine Freunde, die zu ihrer Geburtstagsparty kommen? Mein Mann sitzt amüsiert auf der Couch und liest ein Buch.

Um fünf schickt der Filmemacher eine SMS, um mitzuteilen, dass er und seine Frau es doch nicht schaffen. Ich räume zwei der leeren Champagnerflöten weg. Um Viertel nach fünf erscheint der südafrikanische Journalist mit seinem Freund. Sie plaudern höflich mit mir und Simon, während ihr Blick durch unsere fast leere Wohnung wandert. Sie kennen mich kaum, ob sie wohl die einzigen Gäste sein sollen?

Gegen halb sechs tauchen noch vier oder fünf der anderen auf und bilden kleine Grüppchen um die Kücheninsel herum. Ich springe verlegen zwischen ihnen hin und her und versuche, eine salonartige Atmosphäre zu erzeugen. Aber das hier ist einfach kein glanzvoller Pariser Salon. Stattdessen ist es eine dürftige, peinliche Zusammenkunft von Leuten, die nicht so genau wissen, warum sie eingeladen sind. Und die Bewirtung ist auch noch völlig übertrieben. Um Viertel nach sechs sind alle gegangen. Nicht einmal die erste Flasche Champagner ist komplett ausgetrunken. Außer meinen Kindern hat niemand etwas gegessen.

Mein verpatzter Vierziger macht ein paar Dinge sehr deutlich: Ich bin zu alt für eine ambitionierte Geburtstagsparty. Und obwohl noch nicht einmal der erste Tag vorbei ist, mache ich als Vierzigjährige schon alles falsch.

Sie wissen, dass Sie über vierzig sind, wenn...

... in Ihrem alten Kinderzimmer keine Spur mehr
von Ihnen zu sehen ist.

... Sie Erinnerungen an Dinge aus Ihrem Erwachsenenleben haben, die schon richtig lange her sind.

... Sie das sepiafarbene Foto einer verwitterten
Indianerin neben einem Webstuhl aus Holz
betrachten und Ihnen klar wird, dass sie vermutlich
in Ihrem Alter war.

... Sie das Haus ungeschminkt verlassen und dauernd
gefragt werden, ob Sie müde seien.

... Sie zwar kein Botox in Erwägung ziehen, aber einen
Pony.

4

So ziehen Sie Ihre Kinder groß

Ich kompensiere die Nebelwand guter Neuigkeiten aus meiner Kindheit, indem ich mit meinen Kindern praktisch über alles rede. Wir analysieren den Charakter von jedem, den wir kennen, inklusive all ihrer Freunde.

Vielleicht habe ich es damit ein wenig übertrieben. Als ich meine Tochter (wir nennen sie »Bean«, weil eine Krankenschwester ihr gleich nach der Geburt eine Beanie-Mütze aufsetzte) eines Morgens zur Schule bringe, erwähne ich, dass wir in meiner Kindheit fast nie so genau über andere Menschen gesprochen haben. Das findet sie unvorstellbar.

»Das hat meine Kindheit ausgemacht«, meint sie.

Wenn ich heute zurückblicke, kommt es mir vor, als sei das Aufziehen sehr kleiner Kinder vor allem ein Test in körperlicher Belastbarkeit. (Ich habe mal ein Buch darüber geschrieben, wie man sich diesen Test ein bisschen einfacher gestalten kann.) Wenn sie dann älter werden, wird es ein Test des eigenen Urteilsvermögens und des Erwachsenseins. Oft fühle ich mich wie die Herrscherin eines winzigen Landes, die ständig Gesetze erlassen und Streitigkeiten schlichten soll. Man muss weise sein – oder zumindest fair –, um in den Augen der Untertanen auch nur die geringste Glaubwürdigkeit zu genießen.

Das gilt insbesondere bei Zwillingen. Als mein älterer Sohn um drei Uhr nachts wegen eines Albtraums schreit, eile ich in sein Zimmer. Hat er von Monstern geträumt? Von Terroristen?

Nichts da. In dem Traum, sagt er, »hast du Leo Smarties gegeben, aber mir nicht«. (Obwohl die beiden Jungs im Abstand von Minuten auf die Welt kamen, betrachten sie sich als mittleres und jüngstes Kind. Diese Sichtweise habe ich übernommen.)

Tagsüber bin ich oft hin- und hergerissen zwischen der Rolle einer beruhigenden Autoritätsperson, die mit allem fertigwird, und der eher realitätsnahen Haltung »Wir erforschen das Leben alle zusammen«. Soll ich mich elternhaft benehmen oder eher so, wie ich wirklich bin? Werden meine Kinder sich sicher fühlen, wenn ich offenbar zu viele Fehler mache?

Was das Organisatorische angeht, bin ich praktisch unfehlbar. Studien zeigen, dass man in seinen Vierzigern den absoluten Höhepunkt der eigenen Gewissenhaftigkeit erreicht. Elternsein scheint ja auch manchmal aus wenig anderem zu bestehen. So beschrifte ich ihre Regenjacken, unterschreibe Mitteilungen und überwache ihre Zahnputz-Gewohnheiten. Im Organisieren bin ich olympiareif.

Meine Kinder sind es nicht. Es kommt einem vor, als hätten sie keine Kontrolle über die reale Welt. Im Kindergarten kam mein jüngerer Sohn einmal mit einem violetten Fleck hinten auf seiner Hose nach Hause. Er sagte, das käme vom Kuchen. (Genau genommen sagte er, es käme von der *Tarte*.)

»Wie hast du denn Kuchen auf deinen Hintern gekriegt?«, fragte ich, ehrlich verblüfft.

»Das war nicht meine Schuld. Er ist erst auf den Stuhl gefallen, dann habe ich mich auf den Stuhl gesetzt«, erklärte er.

Es ist schon Jahre her, dass ich irgendwas verloren habe. Aber selbst heute, wo meine Kinder schon älter sind, schaffen sie es nicht, den Verbleib eines Sweatshirts nachzuvollziehen. Mein älterer Sohn rennt oft durch die Wohnung und schimpft:»Ich hab sie nicht mehr alle!« (Damit meint er seine Murmeln, die an seiner Schule gerade extrem gefragt sind.)

Auf Reisen gebe ich jedem Kind einen extra Wäschesack. Trotzdem stopfen sie ihre müffelnden Klamotten zusammen mit den frischen Sachen in den Koffer.

Weniger kompetent bin ich, wenn sie Fragen zu Fakten, Moral oder quasi Philosophischem auf mich abfeuern: Rat mal, wer mein drittliebster Fußballer ist? Warum haben wir diesem Obdachlosen kein Geld gegeben? In wie vielen Ländern habe ich schon gekotzt? Warum mochte Hitler die Juden nicht?

Spirituelle Themen empfinde ich als besonders beängstigend.

»Wenn es einen Gott gäbe, würde er jeden Tag die Sonne scheinen lassen. Heute scheint keine Sonne, also gibt es keinen Gott«, erklärte mein älterer Sohn beim Picknick an einem bewölkten Tag.

»Das nennt man ›den Wetterbeweis‹«, erwiderte ich.

Ich kann mich um einige Fragen herummogeln, doch als Ausländerin habe ich nicht immer die Möglichkeit, als fähige Erwachsene dazustehen. Selbst nach zwölf Jahren in Frankreich kann einen der Alltag immer noch irritieren. Meine Kinder – die hier geboren sind und französische Schulen besuchen – haben rasch begriffen, dass ich die französische

Grammatik schlechter beherrsche als eine Drittklässlerin und dass ich schriftlich nicht auf die »französische Art« dividieren kann. Sie bestehen darauf, bei jeder schriftlichen Nachricht, die ich an Lehrer oder Eltern ihrer Freunde schicke, meine Rechtschreibung zu kontrollieren. Als ich den Einladungstext zur Geburtstagsparty der Jungs ziemlich kreativ formulierte, schob mein jüngerer Sohn der Sache sehr diplomatisch einen Riegel vor: »Mommy, ich schwör dir, das sagt niemand so.«

Meine Kinder sehen allerdings auch die Vorteile ausländischer Eltern. Wenn sie Schimpfwörter auf Französisch benutzen, merke ich das meist gar nicht. Einmal realisierte ich erst, dass ein Ausdruck inakzeptabel war, als ein französischer Junge bei uns übernachtete und ausrief: »Das lässt eure Mutter euch sagen?«

Ich bemühe mich, die Kinder in mein amerikanisches Reich zu bugsieren, wo ich Rechtschreibung und Grammatik tadellos beherrsche. Simon und ich sprechen auch nur Englisch mit ihnen und sorgen für englischsprachige Bücher in ihren Regalen. Aber das macht sie natürlich kulturell gesehen nicht zu Amerikanern. Sie benutzen einen vom Französischen geprägten Satzbau (»Ist es nass, das Gras?«) und es gibt Wörter, die sie nur aus Büchern kennen und von denen sie nicht wissen, wie man sie ausspricht. Am Tag des Waffenstillstands erzählt Bean mir, sie habe mit ihrer Klasse eine »Plake«, also Gedenktafel, für den Ersten Weltkrieg besucht (sie meinte eine »plaque«). Wenn sie verzweifelt ist, bezeichnet sie sich als »de*vast*ed«.

»Du meinst *dev*astated«, korrigiere ich.

Permanent übersetze ich ihr Englisch in meines.

»Was ist ein ›Piiiohner‹?«, fragt Bean mich eines Abends, als ich gerade das Essen zubereite.

»Ein was?«

»Ein ›Piiiohner‹. So wie in der Zeit von Laura Ingalls Wilder.«

»Kannst du das mal buchstabieren?«

»P-I-O-N-E-E-R.«

Es gelingt mir immerhin, amerikanischen Humor zu vermitteln, zumindest die Varieté-Version davon. Meine Kinder lieben Witze wie den, wie viele jüdische Mütter man braucht, um eine kaputte Glühbirne auszutauschen. (»Keine, ich komme zurecht, ich werde hier einfach im Dunkeln sitzen bleiben.«) Sie mögen auch den von dem Sohn, der die Treppe in einem von zwei Pullis runterkommt, die seine Mutter ihm gerade geschenkt hat. Mein jüngerer Sohn erzählt die Pointe mit französisch-jiddischem Akzent: »Was, den anderen fandest du nicht schön?«

Zu meiner Freude gewöhnen sie sich auch einige amerikanische Redewendungen an, nur habe ich keinen Einfluss darauf, welche das sind. Als Franzosen lieben meine Söhne natürlich »Who cut the cheese?« für »Wer hat gepupst?«. Bean, die viel amerikanisches Fernsehen schaut, mag besonders »Shut up!« im Sinne von »Bitte mehr von diesen Komplimenten!«

»My blood is boiling«, sagte ich einmal zu ihr, als ich mich ärgerte.

»Ich hoffe mal, das ist nur so eine Redewendung«, antwortete sie.

Im Unterschied zu mir verwenden sie nur Celsius. Wenn

ich ihnen die Temperatur an einem heißen Tag aus Versehen in Fahrenheit sage, reagieren sie erschrocken. »Wir können nicht rausgehen, da verbrennen wir!«, rief einer der Jungs.

Der heilige Gral meines Amerikanisierungsprojekts ist, sie in ein Sommercamp in den Vereinigten Staaten zu schicken. Nach drei Wochen in Holzhütten unter Jugendlichen aus der Bostoner Vorstadt dürfte die kulturelle Anpassung für mich erledigt sein. Dann werden sie eine emotionale Bindung zu meinem Heimatland haben und amerikanischen Slang gelernt haben.

Ich lasse mir Kataloge schicken und zeige den Kindern einen Werbefilm, in dem Kinder ihres Alters am Lagerfeuer singen und von den vielen neuen Freundschaften schwärmen. Ich bekomme Gänsehaut, als ich Jugendliche in von Bäumen gesäumten Seen planschen sehe, genau wie ich es früher getan habe. Im Hintergrund erklingt Gute-Laune-Musik.

Doch meine Kinder sind entsetzt. Weil sie in Frankreich aufgewachsen sind, glauben sie nicht, dass irgendjemand freiwillig so fröhlich ist. Bean meint, das sähe aus wie ein Geiselvideo.

»Die haben diese Kinder definitiv gezwungen, das zu erzählen. Merkst du das nicht?«, fragt sie mich.

Aber nicht nur der »Camp Spirit« ist ihnen suspekt. Auch das Aufstehen beim Wecksignal einer Trompete und das Singen im Chor. »Mommy, ich werde nicht deine amerikanische Kindheit haben«, sagt sie. »Ich will auch gar nicht um sieben Uhr morgens geweckt werden und Armbänder basteln. So ist es nun mal. Akzeptier es einfach.«

Sie wissen, dass Sie Eltern über vierzig sind, wenn...

... Sie finden, dass Schwimmen als Duschen zählt.

... Sie es nervig finden, Ihrem dritten Kind erklären zu müssen, wie Babys entstehen.

... es Ihnen schwerfällt zu erklären, wie das Leben vor YouTube und Handys war.

... Sie streng darauf achten, dass Ihre Kinder nicht zu lange online sind, aber selbst Ihr Handy alle fünfzehn Minuten checken.

... Sie nicht glauben können, dass man so viele Schuljahre braucht, um alles zu lernen.

... Sie manchmal versucht sind, Ihre Kinder die Schule schwänzen zu lassen, damit Sie selbst im Bett bleiben können.

5

So hören Sie

Wenn wir in den Weihnachtsferien Simons Familie in London besuchen, bitte ich alle dauernd, ihre Äußerungen zu wiederholen. Das passiert am häufigsten, wenn ich mich mit Simon unterhalte. Die letzten Worte seiner Sätze scheinen sich manchmal regelrecht aufzulösen.

Das liegt in meinen Augen an zwei Dingen: Er hat einen britischen Akzent, und er nuschelt. Beides verschlimmert sich im Kreis seiner Familie. Da wir den Großteil der Weihnachtstage mit der britischen Version von Trivial Pursuit verbringen, für die man enzyklopädisches Wissen über walisische Straßenschilder und englischen Fußball der Siebzigerjahre braucht, schalte ich sowieso gedanklich ab.

Natürlich habe ich noch einen katastrophalen anderen Verdacht, warum ich buchstäblich schlecht höre: Ich werde schwerhörig. Simon gegenüber erwähne ich es nicht, aber sobald wir zurück in Paris sind, mache ich mir einen Termin bei einem Ohrenarzt, der in einem hiesigen Krankenhaus praktiziert.

Der Arzt ist ein sympathischer Franzose Mitte sechzig, der aufmerksam zuhört, während ich ihm mein Problem mit dem Nuscheln meines Ehemanns schildere. (Ich habe extra das französische Verb für nuscheln nachgesehen, es heißt *bafouiller*.) Er lässt mich ausreden und schickt mich dann mit Köpfhörer in eine Kabine. Jedes Mal, wenn ich ein Piepen höre, hebe ich die Hand wie ein französisches Schulkind: mit zum Himmel gerecktem Zeigefinger. Dann muss ich eine Reihe gemurmelter französischer Wörter nachsprechen: *jardin, esprit, fréquence.*

Als ich aus der Kabine heraustrete, grinst der Arzt.

»Wie alt sind Ihre Ohren?«, fragt er.

Wir gehen zu seinem Schreibtisch, wo er ein Schaubild hervorholt, das die normale Entwicklung des Hörvermögens im Laufe des Lebens zeigt. Die Linie führt sanft bergab. Im Alter von zwanzig Jahren »ist Ihr Hörvermögen perfekt«, erklärt er. In meinem Alter sind die höchsten und tiefsten Töne schwerer zu hören. »Sie können Ihrem Mann nicht die Schuld dafür geben«, sagt er. Aber ich liege immerhin im Normbereich.

Ich bin erleichtert, aber auch erstaunt. Bisher war ich davon ausgegangen, das Hörvermögen eines Menschen bleibe praktisch unverändert, bis man siebzig oder achtzig wird. Ab da würde man demjenigen dann eben mit einem Hörrohr ins Ohr schreien. Auf ein alterndes Gesicht und einen alternden Verstand in meinen Vierzigern war ich irgendwie gefasst. Dass meine Ohren auch in die Jahre kämen, damit hatte ich nicht gerechnet.

Für meine Ehe verheißt das auch nichts Gutes. Die Tonlagen, die ich eingebüßt habe, scheinen exakt diejenigen zu sein, in denen mein Mann zu sprechen pflegt. Und anscheinend hat der körperliche Niedergang der mittleren Jahre gerade begonnen. Der Anthropologe Richard Shweder schreibt über ein

Squash-Match, bei dem er sich den unteren Rücken verletzte, sodass er sich nicht mehr aufrichten konnte. Daraufhin verkündete sein Gegner: »Willkommen im mittleren Alter!«

Eine Freundin, die gerade vierzig geworden ist, erzählt mir beim Mittagessen, sie habe eine Ptosis, also die leichte Senkung eines Augenlids. Ihr Arzt nannte als Ursache: »Alter«.

Ein Mann Mitte vierzig, der nie Probleme mit dem Schlafen hatte, sagt, dass er jetzt mehrmals pro Nacht aufwache, weil er zur Toilette müsse. Sein Arzt erklärte ihm, dass seine neuerdings vergrößerte Prostata auf die Blase drücke. Er empfahl, es mit körperlicher Bewegung, Tomatensaft und diversen Medikamenten auszuprobieren. Als nichts davon half, sagte er, dann müsse der Patient einfach mit dem nächtlichen Aufwachen leben. (In den modernen Vierzigern hören wir also, kaum haben unsere Kinder begonnen, nachts durchzuschlafen, selbst damit auf.)

Die meisten Leute um die vierzig sind natürlich gesund. Viele von uns laufen Marathon, spielen Tennis und Basketball. Die einen oder anderen Vierzigjährigen spielen sogar noch professionell Eishockey, Golf oder Baseball, schwimmen auf Wettkampfniveau oder tanzen in Ballettkompanien. Aber in praktisch jeder Sportart werden wir etwas schlechter, weil unsere Reaktionszeit sich verlängert, unser Lungenvolumen schrumpft und die Muskelmasse weniger wird. Ärzte beginnen, Begriffe wie »Arthritis« zu verwenden. Sollten wir jemals gelaufen sein wie eine Gazelle, dann verschwindet diese Fähigkeit in den Vierzigern. »Ich bin jetzt einfach langsamer, egal wie hart ich trainiere«, sagt eine fitte zweiundvierzigjährige, die jahrzehntelang in ihrer Freizeit gelaufen ist.

Immerhin gibt es gute Neuigkeiten, was die Fruchtbarkeit angeht. Ärzte pflegten aus ernüchternden Statistiken zu zitieren, darunter eine, die behauptete, Frauen, die bis Ende dreißig keine Kinder hätten, liefen mit dreißigprozentiger Wahrscheinlichkeit Gefahr, für immer kinderlos zu bleiben. Wie sich herausstellte, beruhten diese Zahlen teilweise auf Geburtenraten in Frankreich während des 17. und 18. Jahrhunderts sowie auf anderen historischen Daten vor der Einführung von Antibiotika, Ultraschall und moderner Statistik.

Seit 1990 hat sich die Zahl der Babys amerikanischer Frauen im Alter zwischen vierzig und vierundvierzig jedenfalls fast verdoppelt. Das ist teilweise der technologischen Entwicklung geschuldet. So kenne ich eine Neunundvierzigjährige, die kürzlich ein Mädchen zur Welt brachte, das aus gespendetem Samen und gespendeter Eizelle gezeugt wurde. Eine Frau, die ich auf dem Spielplatz kennenlernte, hatte einige Jahre nach dem Tod ihres Mannes Zwillinge aus seinem eingefrorenen Sperma bekommen.

Natürlich kann das Aufziehen von Kindern in den Vierzigern anstrengender sein und einen vor andere Herausforderungen stellen. Eine zweiundvierzigjährige frischgebackene Mutter erzählt mir, dass sie eine Lesebrille braucht, um ihrem Baby die Fingernägel zu schneiden. Wenn das Kind laufen lernt, kann es sich anfühlen, als sei man innerhalb eines Wimpernschlags von der fruchtbaren jungen Mutter zur Madame geworden.

Und kleine körperliche Veränderungen beginnen sich zu häufen. Meine sich gelblich färbenden Schneidezähne widerstehen jeglicher zahnärztlicher Aufhellung. Früher brauchte ich nur auf der Straße eine Brille, inzwischen komme ich in der eigenen Wohnung nicht mehr ohne zurecht. Ich bekomme Panik, als ich einen erbsengroßen Knubbel in meinem Mund spüre. Nach einer Röntgenaufnahme sagt der Arzt, das sei harmloses Knochenwachstum und »bei Leuten Ihres Alters« nicht ungewöhnlich.

»Wann verschwindet das wieder?«, frage ich.

»Gar nicht«, sagt er. »Und wahrscheinlich bekommen Sie auf der anderen Seite das Gleiche.«

Wieder einmal hat mein Verstand nicht mit meinem chronologischen Alter mitgehalten. Als der Ohrenarzt mir die Grafik über das schwindende Hörvermögen zeigt, sage ich ihm, dass ich eigentlich vorhatte, all diese kleinen Ausfälle, die mit dem Alter einhergehen, auszulassen. Ich wollte die Ausnahme von der Regel sein.

»Ich weiß, dass Sie in Ihrer Vorstellung immer noch zwanzig sind.«

»Nein, in meiner Vorstellung bin ich ungefähr 37«, korrigiere ich ihn.

»Ich bin 69. Aber in meiner Vorstellung noch zwanzig«, meint er lächelnd.

»Zwanzig? Ich würde nicht mehr zwanzig sein wollen«, sage ich und frage mich unvermittelt, wie oft er wohl schon verheiratet war.

»Da haben Sie recht. Dreißig. Aber tatsächlich bin ich 69. Und das wird nicht gut ausgehen.«

»Es ist doch kaum zu glauben, dass man nicht hier und da mal 250-jährige Menschen entdeckt«, überlege ich.

»Ich werde einer von ihnen sein!«, erwidert er und fügt

dann noch hinzu: »*L'amour n'existe pas*« – Liebe existiert nicht.

»*L'amour?*«, frage ich entgeistert nach.

»*La mort!*« – der Tod! – verbessert er mich. Ich habe es nicht richtig gehört. »Die Liebe existiert natürlich. Der *Tod* existiert nicht. Oder zumindest unser eigener existiert nicht. Wir haben Beweise für den Tod anderer Menschen, aber nicht für unseren eigenen.«

Wieder zu Hause erwähne ich Simon gegenüber nichts davon – weder meine Ohren noch die Liebe, noch den Tod. Es ist seltsam, an der Seite des Partners zu altern, und manchmal ist es am besten, so zu tun, als passiere das nicht. Es gibt wahrscheinlich auch Dinge, von denen er mir nichts erzählt. Ich ermahne ihn also weiterhin, deutlicher zu artikulieren, obwohl er vermutlich weiß, dass die Missverständnisse nicht allein seine Schuld sind.

Sie wissen, dass Ihr Körper über vierzig ist, wenn…

… Sie Restaurants auswählen, weil es dort ruhig ist.

… schlafen nicht mehr bedeutet, sich einfach ins Bett fallen zu lassen. Wenn vorher ausgeklügelte Rituale nötig sind, die Medikamente, Schlafmaske, Ohrenstöpsel sowie eine bestimmte Art und Anzahl von Kissen umfassen.

… Sie beim Lesen eines Dokuments auf dem Bildschirm die Ansicht auf mindestens 200 Prozent einstellen.

… Sie sich eine Waage mit großen Digitalziffern angeschafft haben, damit Sie sich auch ohne Brille wiegen können.

… Sie dieselben fünf Kilo schon so oft zu- und wieder abgenommen haben, dass sie Ihnen schon ein wenig ans Herz gewachsen sind.

6

So haben Sie Sex

Hast du einen Liebhaber?«, fragt Charlie, als wir gerade die Place de la République überqueren.

Charlie ist ein Freund aus der High School, der mit seiner Frau und seinem Sohn in Paris zu Besuch ist. Wir beide machen gerade einen Spaziergang. Er ist noch genauso wie damals, als ich ihn kennenlernte: gut aussehend, superschlau und anziehend. Mit fünfzehn war ich wahnsinnig in ihn verliebt, aber das waren viele andere auch. Geheiratet hat er Lauren, seine Freundin vom College, die inzwischen einen wichtigen Job in der medizinischen Forschung hat. Charlie arbeitet in Teilzeit und kümmert sich ansonsten um den gemeinsamen Sohn.

Seine Frage trifft mich total unvorbereitet. Wir haben dieses Thema nie zuvor besprochen, und ich kann damit erst mal nicht umgehen. Simon und ich sind keine Swinger und führen auch keine offene Ehe. Unser wichtigstes Ziel besteht darin, um 23 Uhr zu schlafen.

»Nein, ich habe keinen Liebhaber«, antworte ich und bemühe mich, nicht irritiert zu wirken. »Hast du eine Geliebte?«

»Ja, Lauren und ich haben beide jemanden«, sagte er grinsend.

»Wie oft seht ihr eure ... Freunde?«

»So ungefähr einmal alle drei Wochen«, sagt er. »Eine Zeit-lang hatte Lauren einen Lover und ich niemanden. Das war furchtbar. Da habe ich mir überlegt, ich werde auch jeman-den finden, dann wird es besser gehen. Und so war es.«

Er sagt, es sei aufregend zu sehen, dass der eigene Partner auch auf andere attraktiv wirke. Und er schwärmt davon, wie viel Energie es freisetze, verknallt zu sein. »Man muss ja nicht bis zum Äußersten gehen. Manchmal genügt schon die elek-trisierende Wirkung, wenn die Hände sich berühren.« Inzwi-schen sind wir wieder zu Hause angekommen. »Deine Bezie-hung bleibt dynamisch. Ich möchte nicht in einer Fahrspur steckenbleiben.«

Charlie scheint mein Entsetzen zu genießen, als ich all das höre. Er war schon immer der Typ für Neues und Über-raschendes. Mit fünfzehn haute es mich auf vergleichbare Weise um, als er mich mit Reggae bekannt machte. Ich frage mich, ob er das Thema angeschnitten hat, weil er seine Ge-liebte mit mir betrügen will. Selbst nach all den Jahren ist da immer noch diese knisternde Energie zwischen uns. Wenn ich mich so mit ihm unterhalte, bringt das einen Teil von mir zurück, dessen Existenz ich schon vergessen hatte.

Ich erzähle ihm von meinem einzigen kümmerlichen außerehelichen Abenteuer: Vor Jahren habe ich auf der Hoch-zeit einer Freundin einen Mann geküsst, den ich gerade erst kennengelernt hatte. Ich war betrunken, glücklich, und das Ganze fand auf einem Bauernhof statt. Mehr ist auch nicht passiert, aber danach hatte ich das Gefühl, gesündigt zu haben. Monogamie ist eine seltsame Idee, aber ich bin immer davon ausgegangen, dass sie trotz allem wichtig ist.

Charlie bleibt unbeeindruckt. »Flirten und auf einer Hochzeit mit jemand rummachen, das sollte sowieso erlaubt sein«, sagt er. Bei einer Hochzeit auf dem Land, die er mit seiner Frau besuchte, tauschten die beiden mit einem anderen Paar die Partner und hatten in einer Holzhütte nebeneinander Sex. »Was ich mir jetzt wirklich wünsche, ist ein gemeinsamer Lover oder eine gemeinsame Geliebte«, sagt er.

Aus seinem Mund klingt das alles so normal, dass ich mir plötzlich vorkomme wie die einzige Idiotin, die keine offene Ehe führt. Ich bin hinsichtlich Untreue bei 1.0, er bei 8.0.

Charlie empfiehlt dringend, dass ich mir »einen Geliebten zulege«, und er warnt mich, dass einer nicht genügen werde. »Wichtig ist, es mindestens mit dreien oder vieren auszuprobieren. Denn bei den ersten Malen bist du so verlegen, dass du dich nicht wirklich entspannen und es genießen kannst.« Dann ermutigt er mich noch, es bald zu tun. In meinem Alter, sagt er, »bist du noch süß, aber du kannst dir nicht sicher sein, wie lange noch«.

Sind das jetzt meine letzten brauchbaren Jahre, bevor ich in den sexuellen Abgrund stürze?

Diese Botschaft vermitteln mir auch andere. »Fühlst du dich, als würden dir noch fünf Jahre bleiben, bevor keiner mehr mit dir schlafen will?«, fragt mich ein Autor, der selbst Ende dreißig ist. Ein kanadischer Freund, der etwa so alt ist wie ich, erzählt mir, kürzlich sei er um die Ecke gebogen und einer »fünfzigjährigen Frau« gegenübergestanden, die ihm plötzlich zwischen die Beine griff und ihn auf den Mund küsste. Um zu unterstreichen, wie unangenehm ihm der Vorfall war, wiederholt mein Freund immer wieder: »Sie war fünfzig!« Es gibt ja auch praktisch keine Gruppe von Menschen mehr, über die man sich im Fernsehen noch lustig machen darf. Bis auf ältere Frauen. Über die kann man ruhig sagen, wie abstoßend es wäre, sie nackt zu sehen.

Aber es gibt auch Ausnahmen. Ein Freund, der sich sozial stark engagiert, erzählt mir, ganz ermutigend, von einer »unglaublich heißen« Sechzigjährigen, die er auf einer Hochzeit kennengelernt habe.

»Sie war ein Bond Girl«, erklärt er.

»Du meinst, sie sieht aus, als könnte sie ein Bond Girl gewesen sein?«, frage ich.

»Nein«, sagt er, »sie hat, als sie jünger war, tatsächlich in einem Bond-Film mitgespielt.«

Amerikanerinnen haben in ihren Vierzigern noch relativ regelmäßig Sex. Aber laut den nationalen Statistiken hatte ein Drittel der Frauen zwischen fünfzig und sechzig im vergangenen Jahr keinen Sex. Bei den Sechzigern ist es bereits die Hälfte, und die über Siebzigjährigen leben praktisch zölibatär. Die Ergebnisse für britische Frauen sind ähnlich trostlos. Männer jedes Alters behaupten dagegen, besser zu fahren.

Normalerweise vermeide ich es, das Wort »Menopause« auch nur auszusprechen. Und zwar aufgrund einer wissenschaftlich nicht bewiesenen Furcht, sie allein dadurch schon auszulösen. (Schließlich kann der Anblick eines Babys ja auch die Milch in der Brust zum Fließen bringen.) Doch dann nehme ich all meinen Mut zusammen und mache eine Google-Recherche. Dabei erfahre ich, dass die Menopause typischerweise mit einundfünfzig beginnt und folgende Symptome mit sich bringt:

Scheidentrockenheit, abnehmende Fülle der Brust und – mein persönlicher Favorit – »vaginale Atrophie«, also Elastizitätsverlust des Geburtskanals. All das passiert, während es auch mit der sexuellen Aktivität bergab geht. Auch wenn die Symptome und der immer weniger werdende Sex unerfreulich klingen, muss ich zugeben, dass dahinter wohl evolutionäre Logik steckt: Was nützt sexuelles Verlangen, wenn man sich nicht mehr fortpflanzen kann? Vielleicht hatte Charlie doch recht, als er mich vor meinem näher rückenden sexuellen Verfallsdatum warnte.

Doch die Franzosen erzählen die Geschichte weiblicher Sexualität etwas anders.

Im Laufe der Jahre staunte ich über französische Paare über sechzig, die gemeinsam Dessousständer begutachteten, und über traumhafte Filmrollen für Frauen *d'un certain âge*. Meine australische Nachbarin wundert sich jede Woche darüber, dass eine fitte Dame in den Siebzigern jede Woche nach der Pilatesstunde in Spitzenunterwäsche schlüpft.

Diese Normen beschränken sich auch nicht auf ein paar wenige gut erhaltene Damen in Paris. Die nationale Statistik zur Sexualität erzählt eine ähnliche Geschichte. Unter den französischen Frauen zwischen fünfzig und sechzig hatten nur 15 Prozent im vergangenen Jahr keinen Sex (verglichen mit 33 Prozent in Amerika). Unter denen in ihren Sechzigern waren es auch nur 27 Prozent (im Vergleich zu 50 Prozent in den USA).

In Frankreich haben die Frauen durchschnittlich auch weniger Sex, wenn sie älter werden, doch es ist ein sanfter

Rückgang, kein Absturz. Die meisten Französinnen bleiben bis weit in die Sechziger oder sogar darüber hinaus noch sexuell aktiv.

Natürlich wird auch hierzulande die jugendliche Schönheit gefeiert. In vielen Anzeigen wird mit straffen 22-Jährigen geworben. Eine Pariser Professorin über sechzig warnt mich, dass »Frauen über fünfzig in Frankreich ›enthauptet‹ werden«. Der Unterschied besteht wohl darin, dass auch Menschen, die nicht jung und umwerfend schön sind, grundsätzlich noch erwarten, Sex zu haben. Es scheint einfach etwas zu sein, das die meisten gesunden Erwachsenen ihr Leben lang regelmäßig tun.

Als ich auf der Feier zum fünfzigsten Geburtstag einer Pariser Freundin erscheine – sie ist Wissenschaftlerin und dreifache Mutter –, befinden sich schon mehrere Dutzend Leute in ihrem Wohnzimmer. Sie trinken Rotwein, essen marokkanische Spezialitäten, flirten und tanzen zu den Village People. (Die nostalgische Musik meiner Generation ist in Amerika und Frankreich dieselbe.)

»Nicht schlecht für fünfzig!«, bemerke ich einem ihrer Freunde gegenüber. Als er mich irritiert ansieht, begreife ich, dass ich die Tanzparty missverstanden habe. Es handelt sich um keine Aufführung von Jugendlichkeit, sondern einfach um eine ausgelassene Feier.

Es ist auch nicht als letztes Hurra gedacht. Die Fünfziger und auch die Jahre danach können hier noch sexy Dekaden sein. Über eine Kollegin habe ich Hélène kennengelernt, eine verheiratete 68-jährige Journalistin und Großmutter. Hélène ist kein Bond Girl, aber fit und chic in Pulli, kniehohen Stiefeln und Bleistiftrock aus Leder. Von ihr geht eine attraktive kinetische Energie aus, und das ist ihr durchaus bewusst.

»Es gibt dreißigjährige Frauen, die nicht strahlen, und es gibt ältere Menschen, die das tun. Ich gehöre zu diesen älteren, die strahlen«, erklärt sie mir und lächelt warmherzig. »Ich liebe das Leben einfach sehr, wirklich sehr, sehr. Und ich denke, das spürt man. Ein kleines Funkeln in den Augen, der Wunsch, morgens wieder aufzuwachen.«

Sie sagt, so zu strahlen, das sei eine bewusste Entscheidung. Früh in ihrem Leben »habe ich eines entschieden: dass ich *belle dans mon âge* sein will – in meinem Alter schön. Ich werde mir nicht mit künstlichen Mitteln, Face-Lifts und so was behelfen. Aber ich werde elegant sein, Make-up tragen und mir selbst gefallen.« Sie wiederholt die letzten Worte, um sie noch mal zu betonen: »Ich werde mir selbst gefallen.«

Hélène gefällt sich mit kurzen, heimlichen Affären. Sie meint, die Fünfziger seien ihre sexuelle Hochphase gewesen. »Da habe ich Dinge getan, die total verrückt waren. Ich meine so was wie, einen Mann, der mir gefällt, auf der Straße anzusprechen und sofort mit ihm in ein Hotel zu gehen. Zu so etwas bin ich immer noch imstande.«

Hélène ist bei diesen Affären äußerst diskret. Ihr Ehemann ist jemand, »vor dem ich großen Respekt habe und den ich liebe. Ich will nicht, dass er von meinen Unanständigkeiten erfährt.« Einer ihrer Liebhaber mochte Strapse. Also zog sie sich in ihrer Parkgarage die normale Strumpfhose wieder an, bevor sie nach einem Treffen mit ihm nach Hause zurückkehrte.

Sie lächelt bei der Erinnerung an ihr jüngstes Abenteuer vor zwei Jahren. Sie schwärmt: »Das war ein sehr attraktiver

Mann, jünger als ich. Wir lernten uns kennen, mochten uns, und ich ging mit ihm in ein Hotel. Die Beziehung dauerte zwei Monate, glaube ich. Dann habe ich sie beendet.«

Hélène ist eine wohlhabende Pariserin mit einem Haus auf dem Land und Hochschulabschluss. Sie kann sich Hotelzimmer leisten. Aber sie folgt einem gesellschaftlichen Skript, das auch andere ältere Französinnen schildern.

Tatsächlich erzählt mir dieselbe Professorin, die meinte, Frauen mit fünfzig würden »enthauptet«, dass sie im Laufe der Jahre ebenfalls eine Reihe von kurzen, diskreten Affären hatte.

Auch sie ist verheiratet und bereits Großmutter. Beiden Rollen fühlt sie sich durchaus verpflichtet. Allerdings »gibt es Zeit für die Arbeit, Zeit für die Familie und Zeit für mich selbst«, erklärt sie. Von einem Geliebten »wirst du dich um deiner selbst willen verehrt und geschätzt fühlen, nicht als ›Ehefrau von‹ oder ›Mutter von‹ oder aufgrund deiner beruflichen Verdienste. Du wirst als du selbst geliebt, losgelöst, nur du, dein Innerstes.«

Einen Teil des Vergnügens mache es aus, sich dessen bewusst zu sein, was gerade passiert. (Ein anderer Teil besteht vermutlich darin, eine amerikanische Autorin mit den eigenen Geschichten zu schockieren.)

Nach französischem Verständnis zahlen sich diese privaten Erfahrungen auch in allen anderen Lebensbereichen aus. Die Professorin sagt: »Du wirst bei deiner Arbeit besser sein, weil du dich so gut fühlst. Du wirst im Gespräch mit deinen Kindern und deinem Ehemann anders klingen, weil du dich so gut fühlst.«

Sie fügt noch hinzu, dass sie nicht als pflichtbewusste Mutter und Ehefrau in Erinnerung bleiben will. »Ach komm, wie langweilig. Nein! Es ist sehr, sehr wichtig, am Ende, wenn man sterben muss, zu denken: ›Ich hatte eine tolle Zeit in meinem Leben. Ich hatte alle diese gestohlenen Augenblicke, die nur mir selbst gehörten.‹«

Welche Geschichte von Sexualität ist die wahre? Die angelsächsische vom Niedergang oder die französische Vorstellung, dass wir viel länger sexy – und auch sexuell aktiv – bleiben können? Ich beschließe, mir die wissenschaftlichen Erkenntnisse dazu anzusehen. Also setze ich mich in ein Café in meinem Viertel – wo alle Kellner mich mit »Madame« ansprechen – und lese einen australischen Aufsatz mit dem Titel »Sex und die Frau in der Menopause: Ein kritischer Überblick mit Analyse.« (Dabei gebe ich mir größte Mühe, den Titel zu verbergen.)

Der Aufsatz macht sich für die französische Haltung stark, indem er erklärt, dass die Lust auf Sex nicht unvermeidlich mit dem Alter zurückgehe und »manche Frauen in der Lebensmitte und darüber hinaus sogar von gesteigertem sexuellen Verlangen und dessen Befriedigung berichten«. Ja, sinkende Östrogenspiegel können Probleme wie Scheidentrockenheit und die berüchtigte »Atrophie« verursachen. Doch handelt es sich dabei um Symptome sexueller Aktivität, nicht um sexuelles Verlangen. Sie bedeuten, dass eine Frau dann für den Geschlechtsverkehr Gleitmittel benötigt, so wie sie bei nachlassender Sehkraft eine Brille braucht. Niemand würde in diesem Fall behaupten, sie habe das Verlangen zu sehen verloren.

Bald wird mir klar, dass dies nicht nur der Standpunkt von ein paar australischen Feministinnen ist. Ein Aufsatz einer Wissenschaftlerin vom amerikanischen National Institute of Health kommt zu dem Schluss, »der Zustand Menopause hat, zumindest im frühen Stadium, nur minimal mit sexuellen Praktiken und funktionierender Sexualität zu tun«.

Einige Frauen verlieren in den mittleren Jahren ihr sexuelles Verlangen, aber gesellschaftliche Diskurse spielen dabei auch eine gewichtige Rolle. In einem anderen Aufsatz, im *Journal of Aging Studies*, heißt es: »Altersdiskriminierung und Sexismus, die zusammen (und manchmal sogar unter den Frauen selbst) ein Bild älterer Frauen als nicht begehrenswerte oder unangemessene sexuelle Partnerinnen propagieren, liegen diesen Mustern zugrunde«.

Mit anderen Worten: Wenn die Leute um einen herum darauf beharren, man sei ab einem bestimmten Alter nicht mehr sexy oder würde ab fünfzig unweigerlich in einen sexuellen Abgrund stürzen, dann passiert genau das mit größerer Wahrscheinlichkeit. Oder wie die Schriftstellerin Susan Sontag es formuliert hat: »Altwerden ist hauptsächlich die Feuerprobe der Fantasie.«

Ich verzeihe meinem Freund Charlie, dass er einige der amerikanischen gesellschaftlichen Normen verinnerlicht hat. Ich glaube, er wollte vor allem mit mir flirten und Spaß haben. Und mir wird klar, dass er – wohl, weil es ihm in professioneller Hinsicht an Anerkennung fehlt – viel investiert hat, um seinen sexuellen Status zu verbessern. Er ist sehr begabt darin, Frauen zum Schwärmen zu bringen.

»Er ist eine Kurtisane«, sagt Simon, der Charlie mag. »In Holland würde man ihn total normal finden.«

Jedenfalls hat Charlies Sicht auf meinen Sexappeal nicht viel bewirkt. Während wir durch den Pariser Norden spazieren, frage ich mich, ob er wohl vorschlagen wird, dass wir kurz in eines der vielen kleinen Hotels verschwinden, an denen wir vorbeikommen. Ich bin mir nicht sicher, wie ich darauf reagieren würde. Aber er tut nichts dergleichen. Er möchte eine offene Ehe, aber keine offene Ehe mit mir. Mir wird klar, dass sich die Dynamik zwischen uns in den letzten dreißig Jahren nicht geändert hat. Ich schwärme nach wie vor für ihn, und er schwärmt dafür, mich zum Schwärmen zu bringen. Es gibt immer noch Verständnis, Zuneigung und wohliges Erschauern zwischen uns. Und damit hat es sich bis heute. Wahrscheinlich wird es auch in weiteren dreißig Jahren noch so sein, wenn wir dann gemeinsam durch irgendeine andere Stadt schlurfen und eine weitere große Idee diskutieren, für die es bei mir langsam Zeit wird. Doch das macht mir nichts aus. Als ich noch jünger war, mussten meine Beziehungen geklärt und genau definiert sein. Jetzt erkenne ich, dass manche Leute einen Platz irgendwo dazwischen einnehmen und meine Welt dadurch bereichern. Und daher bin ich froh, Charlie genau so, wie er ist, in meinem Leben zu haben.

Sie wissen, dass Sie das Sexleben einer über Vierzigjährigen haben, wenn...

... es Sie nicht mehr kümmert (oder Sie sich nicht mehr daran erinnern), mit wie vielen Menschen Sie schon geschlafen haben.

... Ihnen klar wird, dass Sie nicht die Person heiraten sollten, mit der Sie den besten Sex Ihres Lebens hatten.

... die Vorstellung, dass irgendein Erwachsener, den Sie kennen, sogar Ihre Eltern oder Großeltern, Sex haben, Ihnen nicht mehr zusetzt.

... Sie über einen Katalog aus Fantasien verfügen, die Sie nach Belieben abrufen können.

... Sie manchmal Fantasien über Ihren eigenen Partner haben.

... Sie sich nicht vorstellen können, Ihren nackten Körper irgendjemand anderem zu zeigen.

7

So planen Sie eine Ménage à trois

Ich habe gesagt, dass ich nur ein einziges außereheliches Abenteuer hatte. Das stimmt auch. Aber es gab auch ein eheliches. Das begann am Abend des vierzigsten Geburtstags meines Mannes. Damals stand auch mein Vierzigster schon kurz bevor.

Die Frage zu seinem Geburtstag lautet immer, was schenke ich einem Mann, der nichts hat? Simon geht nicht besonders gern einkaufen. Einmal stand er vor seinem Schrank und verkündete, er habe jetzt genug lange Hosen für den Rest seines Lebens. Als ich ihn nach den Plänen für die Schublade mit den Dutzenden einzelnen Socken fragte, meinte er: »Die werden meine Erben sortieren.«

Ich beschließe, ihm zum Vierzigsten eine Vintage-Uhr zu schenken. Das würde der Welt – trotz seiner zerfledderten Pullis – zeigen, dass er ein Erwachsener mit einer Arbeit war.

Da das ein teures Geschenk ist, das man auch nicht umtauschen konnte, erzähle ich ihm eines Abends vor dem Schlafengehen von meinem Plan. (Das ist meist die Zeit, wenn wir uns unterhalten.) Er blockt ab und sagt, was er sich wirklich von mir zum Geburtstag wünscht, ist kein Gegenstand, sondern eine Gefälligkeit: ein Dreier mit mir und einer anderen Frau.

Sein Wunsch schockiert mich nicht wirklich. Die Idee eines Dreiers hat er schon vorher mal aufgebracht (wenn auch nie als Geschenk). Und obwohl ich es noch nie getan hatte, ist es ja eine übliche Männerfantasie und die Handlung der meisten heterosexuellen Pornofilme, mit zwei Frauen ins Bett zu gehen.

Simons Bitte ist spontan, aber ernstgemeint. Und genauso spontan willige ich ein. Als Journalistin kann ich einer Deadline nicht widerstehen. (Er wird in etwa sechs Wochen vierzig.) Mir gefällt auch die Idee einer Geste, mit der ich beweisen kann, dass ich nicht sang- und klanglos ins mittlere Alter komme. Außerdem bin ich mir ziemlich sicher, dass Simon die Uhr verlieren oder versehentlich in der Badewanne anlassen würde. (Seine exakten Worte sind: »Ich würde sie verlieren *und* kaputtmachen.«)

Noch dazu schiebe ich etwas anderes auf. Denn ich brauche Abwechslung von dem Erziehungsbuch, an dem ich gerade schreibe und zu dem mir kein rechter Schluss einfallen will.

Wir einigen uns also prinzipiell auf die Ménage à trois. Allerdings ist die Idee so exotisch, dass sie ein paar Wochen einfach nur im Raum stehen bleibt. Gelegentlich erwähne ich den Namen der einen oder anderen Freundin.

»Wäre sie akzeptabel?«, frage ich Simon dann.

»Absolut«, erwidert er jedes Mal. Es stellt sich heraus, dass praktisch jede Frau, die wir kennen – alle meinen Freundinnen und die Frauen all seiner Freunde – potenzielle Kandidatinnen sind, inklusive der Schwangeren. Simon will seine Chancen nicht schmälern, indem er wählerisch ist.

Das spielt jedoch kaum eine Rolle, weil ich erst einmal zu verlegen bin, um das Thema irgendjemand gegenüber, den wir kennen, anzuschneiden. Und obwohl auf diesem Gebiet ein Neuling, bin ich mir ziemlich sicher, dass es falsch wäre, eine Freundin zu verpflichten. Denn die Wahrscheinlichkeit, dass es an dem Tag selbst und noch lange danach peinlich sein wird, erscheint mir riesig. Außerdem will ich keinen Keil in unsere behagliche Zweisamkeit treiben. Ich stelle mir diese Sache als einmaliges Ereignis vor.

Abgesehen davon wüsste ich auch nicht, welche Freundin ich fragen sollte. Hetero-Frauen tauschen sich nicht oft über gleichgeschlechtliche Fantasien aus. Ich bin mir unsicher, wer die Idee verlockend fände und wer entsetzt wäre.

Ich erhalte eine E-Mail von einer Bekannten, die Redakteurin bei einer Frauenzeitschrift in New York ist. Sie ist auf der Suche nach einem persönlichen Erfahrungsbericht und bittet mich um Vorschläge.

Als freie Journalistin bin ich es nicht gewohnt, dass man mich anfragt, um irgendwas Unbestimmtes zu schreiben. Rasch schicke ich ihr drei Ideen für Storys: eine darüber, wie man in Paris Freundschaften schließt, eine über die Mühe, meine Küche zu renovieren, und eine dritte darüber, wie ich einen Dreier als Geburtstagsgeschenk für meinen Mann plane. Ganz ehrlich sticht mir darunter kein offensichtlicher Favorit ins Auge.

Doch sie antwortet fast sofort und will Details über die Ménage à trois erfahren, unter anderem ob ich die andere Frau bereits gefunden habe. Wenig später habe ich mich vertraglich verpflichtet, 2800 Wörter zu der Überschrift »Flotter Dreier zum Vierzigsten« zu liefern. Sie bietet mir an, den Artikel unter Pseudonym zu veröffentlichen.

Fairerweise muss ich zugeben, dass ich den Dreier sowieso geplant habe. Aber nach der Unterschrift wird mir bewusst, dass ich nun quasi vertraglich dazu verpflichtet bin, ihn auch durchzuziehen. Ich werde pro Wort bezahlt, und eine Version ohne Sex, wenn ich denn kneife, würde wahrscheinlich nicht so viel Platz im Heft bekommen.

Kritischer als die Frage, ob ich damit Sex für Geld haben werde, ist die, ob ich überhaupt welchen habe. Mir ist aufgefallen, dass Frauen sich nicht gerade darum reißen, mit einem bald mittelalten verheirateten Paar zu schlafen. Simon und ich schließen eine Online-Anzeige von vornherein aus, weil uns das zu sehr nach offener Einladung zu Geschlechtskrankheiten erscheint.

Wir einigen uns darauf, dass die ideale dritte Partei eine sexy Bekannte wäre. Ärztlich überprüft (jeder kennt Leute, die kein Herpes haben), aber hinterher auch problemlos zu meiden. Bald kristallisiert sich eine Kandidatin heraus. Sie ist die amerikanische Freundin einer Freundin, die ich schon einige Male bei Einladungen zu Abendessen getroffen habe. Zufällig sitzt sie während eines Konzerts hinter uns. Und zwar mit einem Mann, der ihr Date zu sein scheint. Zum ersten Mal bemerke ich, dass sie ziemlich attraktiv ist: groß, schlank und mit der Taille einer Ballerina. Und ich bin mir ziemlich sicher, dass sie auch abenteuerlustig ist.

»Wie wär's mit ihr?«, flüstere ich meinem Mann zu, kaum dass die Musik beginnt.

»Ja!«, antwortet er zu laut.

Nach dem Konzert plaudern wir zu viert. Ich suche Blickkontakt mit der Frau, erinnere mich, dass sie Emma heißt, und gebe vor, ihre Ansichten zur eben gehörten Darbietung würden mich faszinieren. Als ich vorschlage, dass sie und ich uns zum Mittagessen treffen könnten, wirkt sie geschmeichelt. Ein paar Tage später hübsche ich mich auf, bevor ich sie in einem Thai-Lokal treffe. Als ich dort ankomme, stelle ich erfreut fest, auch sie hat sich rausgeputzt. Ob ihr bewusst ist, dass wir ein Date haben?

Normalerweise mache ich mir immer so viele Sorgen darüber, was andere Leute von mir denken, dass mein Gegenüber bei so einem Lunch unbemerkt verbluten könnte. Doch die Dreierplanung schärft meine Aufmerksamkeit. Bei der Suppe höre ich Emma konzentriert zu und erkenne schnell etwas, wozu ich sonst Jahre brauchen würde: Unter einem Teich aus witzigen Kommentaren verbirgt sich eine Lagune der Unsicherheit. Das wiederkehrende Thema ihrer Geschichte ist, dass sie sich an Partner klammert, die sie schlecht behandeln.

Wahrscheinlich ist sie für einen Dreier emotional zu labil, aber ich schneide das Thema trotzdem an, einfach um ein bisschen zu üben. Dabei tarne ich das Ganze als Vertraulichkeit unter Mädels: »Du wirst nicht glauben, was mein Mann sich zum Geburtstag wünscht.« Dann erkläre ich, dass ich prinzipiell damit einverstanden bin, aber noch keine passende dritte Person gefunden habe.

Ich glaube, sie versteht mein Angebot, doch anstatt anzubeißen, verwandelt sie sich in eine Art Kassandra zum

Thema. Erst erzählt sie von einem Exfreund, der Druck gemacht hatte, damit sie mit ihm und seiner Geliebten ins Bett ging, dann von einem Paar, das nur für eine Nacht mit einem anderen die Partner tauschen wollte, anschließend aber nie mehr zurücktauschte. Sie warnt mich, dass die Bilder von meinem Mann, der Unaussprechliches mit einer anderen Frau anstellt, Narben bei mir hinterlassen würden. »Und was, wenn diese andere unglaublich scharf ist? Wie könntest du damit umgehen?«

Emma ist damit nicht nur aus dem Rennen, sondern sie schlägt auch schon weitere gemeinsame Mittagessen bei anderen Asiaten vor. Zu meinem Schrecken scheint sie sich mit mir anfreunden zu wollen. Plötzlich verspüre ich Sympathie für meine männlichen »Freunde«, die von der Bildfläche verschwanden, sobald ich mich verlobt hatte. Warum Zeit vergeuden?

Am selben Abend berichte ich Simon von meinem »Date«, das mich fünfzig Euro und einen halben Arbeitstag gekostet hat.

»Danke, dass du dich darum kümmerst«, sagt er, ohne von seinem Computer aufzublicken. Genau das Gleiche sagt er auch, wenn ich den ganzen Vormittag zu Hause auf den Klempner gewartet habe oder die Akkus unserer Handys habe erneuern lassen. Die Planung der Ménage à trois ist zu einer meiner administrativen Aufgaben geworden.

Trotzdem ist mein neuer männlicher Blick auf die Welt spannend. Ich bemerke jetzt überall Frauen: beim Stöbern in Buchhandlungen genauso wie in der Schlange im Supermarkt. Ich gehe sogar die Mitglieder meines Buchclubs durch – im Ausland lebende Damen mittleren Alters, die viel über den Holocaust lesen.

Auch wenn ich bislang nur eine gescheiterte Verführung vorweisen kann, hat sich meine Haltung geändert. Anstatt hübsch dazusitzen und darauf zu hoffen, dass andere von mir Notiz nehmen, fühle ich mich wie eine Frau, die entscheidet, was sie will, und sich dann daranmacht, es zu bekommen. Mich interessiert weniger, was andere von mir denken, sondern ich konzentriere mich mehr darauf, was ich von ihnen will. Plötzlich kann ich mir vorstellen, in ein Zimmer zu marschieren und eine Beförderung zu verlangen. (Das ist natürlich leicht gesagt, wenn man selbstständig ist. »Ich will eine Beförderung!«, würde ich sagen. »Aber Sie arbeiten doch gar nicht hier«, würde man mir antworten.)

Es hat auch etwas Energetisierendes, diese einst kurzlebige Fantasie nun so zum Thema zu machen. Plötzlich scheint es überall Dreier zu geben, aber die Message dabei ist irgendwie paradox. Jeder heterosexuelle Mann wünscht sich das angeblich, aber keiner scheint eine gute Erfahrung damit gemacht zu haben. Ein Freund vertraut mir an, er habe es am Abend des 11. September 2001 mit zwei Frauen getrieben, während sie alle zusammen die Nachrichten im Fernsehen sahen. Doch wie so viele andere Erfahrungsberichte ist auch dieses ein warnendes Beispiel: Eine der Frauen verliebte sich ernsthaft, aber unerwidert in ihn. »In jedem Dreier steckt ein Zweier und ein Einer«, warnt die Figur in einer Fernsehserie. Als ich das Vorhaben bei meinem Therapeuten, einem in Paris praktizierenden Briten, anspreche, warnt er mich davor, durch eine dritte Person meiner Ehe zu schaden.

Darauf reagiere ich unerschrocken, komme aber meinem Ziel, eine geeignete und willige Kandidatin zu finden, auch nicht näher. Als die Zeitschriftenredakteurin per Mail um ein Update bittet, erkläre ich ihr, dass Simon und ich die Deadline ein paar Wochen über seinen Geburtstag hinaus verlängert haben.

Ich beschließe, mir doch ein paar Webseiten anzusehen. Hat vielleicht doch nicht jeder dort einen Tripper? Rasch erkenne ich, dass wir Konkurrenz haben. Mindestens ein Dutzend Paare – die allesamt von sich behaupten, umwerfend und unter dreißig zu sein – suchen ebenfalls Frauen für einen Dreier.

Da ich es weder vom Aussehen noch vom Alter her mit ihnen aufnehmen kann, will ich mich durch meinen verzweifelten Ton unterscheiden. Mein Post lautet: »Ich möchte meinem Partner das beste Geburtstagsgeschenk aller Zeiten machen: ein Erlebnis mit mir und einer anderen Frau. Hilfst du mir dabei?« Fünfzehn Minuten später erhalte ich eine eloquente, freundliche Antwort.

»Hi, mein Freund hat die gleiche Fantasie. (Ich weiß, nicht sehr originell, aber so sind Jungs nun mal!) Vielleicht könnten wir eine Vereinbarung auf Gegenseitigkeit treffen (das ist aber keine Bedingung)? Sollten wir einander mögen, wäre ich gerne behilflich. Was für ein Szenario schwebt dir denn vor?«

Unterschrieben hat sie mit »N.«.

Wahrscheinlich ist es unüberlegt, sich einer unbekannten Frau gegenüber verpflichtet zu fühlen, die auf »No Strings«-Webseiten unterwegs ist, aber ich entscheide spontan, sonst niemandem zu antworten. Ihr schwesterlicher Ton und ihre perfekte Rechtschreibung gefallen mir. Hinsichtlich der Vereinbarung bin ich mir nicht sicher, doch das scheint für sie ja kein Ausschlusskriterium zu sein. (Als ich jedoch Simon am selben Abend ihre Nachricht vorlese, sagt er sofort: »Ich leihe dich aus.«)

Wir schreiben mehrere E-Mails hin und her. Ich nenne mich »P.«. »N.« ist Britin, die in Paris lebt und von sich behauptet, eine heterosexuelle, geschiedene, gesunde Mutter Ende vierzig zu sein. Sie reagiert erleichtert, als sie erfährt, dass ich auch Kinder habe. Auf meine Annonce habe sie aus einer Art sexuellem Altruismus geantwortet, und sie zitiert den französischen Spruch »Man muss ja nicht als Idiot sterben«. Für mich klingt das wie die Entsprechung zu »ausgefahrene Gleise verlassen«.

Als ich mir ein Kleid anziehe, um N. auf einen Kaffee zu treffen, lähmt mich plötzlich die Seltsamkeit meines Vorhabens: eine Fremde dazu zu überreden, mit mir und meinem Mann zu schlafen. Jetzt ist es echt, und ich bin nervös. Bislang war ich immer nur die Adressatin verführerischer Avancen. Aber wie genau bringt man eine Frau dazu, ihre Kleider abzulegen?

Simon, der Jahre seines Lebens genau dieser Frage gewidmet hat, spricht mir ein bisschen Mut zu.

»Bei Frauen muss man auf all das Zeug achten, das sie sagen. Sie haben all diese komplexen emotionalen Themen, und man muss versuchen herauszufinden, welche das sind. Stell einfach immer weiter Fragen. Sei liebenswürdig und beruhigend, aber auch eine Spur geheimnisvoll.« Wahrscheinlich fürchtet er, dass ich einen Rückzieher mache, weil er noch hinzufügt: »Um das Leben interessant zu halten, musst du manchmal den Kopf riskieren.«

»Es ist nicht mein Kopf, den ich dabei riskieren werde«, sage ich.

Ich sitze bereits, als N. ins Café kommt. Sie ist eine hübsche, schlanke Brünette mit einem freundlichen Gesicht. Ich bemerke, dass sie frisch geschminkt ist. Auch sie will anscheinend einen guten Eindruck machen. Mein Mann wird sie mit Sicherheit mögen.

Ich versuche, fasziniert zu wirken, als sie von den Sorgen ihres Freundes, ihrem Leben als Alleinerziehende und den gesundheitlichen Problemen ihres alten Vaters erzählt. Trotz der besonderen Umstände hält sie sich an die Konventionen weiblichen Bondings.

Ich lenke das Gespräch in Richtung Sex. Sie sagt, sie sei noch nie mit einer Frau zusammen gewesen und sei sich nicht sicher, wie es ihr damit ergehen würde. Einen möglichen Gegentausch mit ihrem Freund erwähnt sie nicht. Als ich ihr ein Foto von Simon zeige, betrachtet sie es nur flüchtig. Ihr geht es vor allem um uns beide.

Als wir uns herzlich verabschieden, tun wir es mit zwei keuschen Wangenküssen. Ich warte einige Tage, bevor ich ihr eine Nachricht schicke. Darin schreibe ich, dass ich an sie denke und sie »in jeder Hinsicht« charmant finde. Sie antwortet sofort, schreibt, sie wäre absolut bereit für unser Abenteuer, würde sich jedoch gern noch einmal treffen, um unsere Pläne detaillierter zu besprechen.

Pläne? Ich hatte mir ausgemalt, der Dreier würde sich spontan ergeben. Aber nun bin ich zielorientiert. Wenn sie das braucht, dann werde ich das in die Hand nehmen.

Bei unserem zweiten Treffen kommen ihre Unsicherheiten

ans Licht: Ob ich finde, dass sie damit ihren Freund betrügen würde? (»Natürlich nicht!«) Welche Art Frauen mein Mann mag? (»Brünette!«)

Wir legen Grundregeln fest. Damit es keinesfalls zu heftig und pornomäßig wird, werden wir beide das Sagen haben. Mein Mann wird nur tun, wozu wir unsere Einwilligung geben. Sie und ich werden uns in der kleinen möblierten Wohnung treffen, die ihm als Büro dient. Dort taucht er auf, sobald wir bereit sind.

»Denkst du, er wird diesen Bedingungen zustimmen?«, fragt sie.

»Er wird schon dankbar sein, sich im selben Raum aufhalten zu dürfen«, sage ich.

Alles scheint geklärt, doch wieder gehen wir ohne ein fixes Datum auseinander. Ich schicke ihr die übliche Wie-nett-dich-gesehen-zu-haben-Nachricht hinterher. Sie antwortet, es auch schön gefunden zu haben, aber dass sie sich ein weiteres Mal treffen möchte, um ausführlicher über unsere Pläne zu sprechen. Ich beginne daran zu zweifeln, ob sie wirklich vorhat, das mit dem Dreier durchzuziehen. Außerdem finde ich es ermüdend, mich jedes Mal zu schminken, wenn ich sie treffe. Mir gehen auch schon die Kleider aus. Vielleicht hätte ich doch die Uhr kaufen sollen.

Aber als ich mich bei meinem Ehemann beklage, versichert er mir, das sei das normale Tempo einer Verführung.

»Offensichtlich ist sie noch nicht bereit«, sagt er. »Sie scheint zu zögern. Du musst herausfinden, warum, und ihr helfen, das zu überwinden.«

Auf dem Weg zu meinem dritten Treffen mit N. beschließe

ich, mich locker zu machen und weniger berechnend zu sein. Ich scherze mit ihr über all unsere Pläne. Vielleicht würde ich noch Storyboards mit einem Drehbuch und Karten mit Stichwörtern schreiben müssen. Ich gestehe ihr aber auch, dass das alles eine ziemlich große Sache für mich sei. Sie bestätigt, ihr ginge es genauso. Für eine Weile vergesse ich, dass ich gerade versuche, sie ins Bett zu kriegen. Kokett nennen wir einander N. und P.

Diese neue, verspielte Stimmung scheint genau das zu sein, was sie bisher vermisst hat. Nach etwa einer Stunde holt sie ihren Kalender hervor. Wir legen den Termin für unsere Ménage à trois für in einer Woche fest. Auf den Zwanzigsten. Mittags.

Als ich nach Hause komme, ist Simon noch wach.

»Ich habe mich entschlossen, mehr ich selbst zu sein«, erkläre ich ihm.

»Oh nein«, sagt er.

Da verrate ich ihm die gute Neuigkeit, dass wir ein echtes Date für unseren Dreier haben.

Eine Woche später machen wir uns bereit, sie zu treffen. »In zwei Stunden werde ich einen Dreier haben«, sage ich mir dauernd. Immerhin werde ich also nicht dumm sterben.

Nachdem ich N. auf einen schnellen Kaffee getroffen habe, suchen wir das Büro meines Mannes auf, das gleich um die Ecke liegt. Unterwegs bestehe ich darauf, an einem kleinen Stand noch etwas zu essen zu besorgen, falls wir später Appetit bekommen. Eindeutig dient dieser Einkauf dazu, meine Nerven zu beruhigen.

Doch als wir in die Wohnung hinaufgehen, ist es N., die nervös wirkt.

»Du übernimmst das Kommando, ja?«, sagt sie. Ich will auch nicht unbedingt der Boss bei diesem Dreier sein, und so sind wir beide erleichtert, als mein Mann auftaucht. Die beiden stellen sich einander vor, und er wird sofort körperlich mit ihr, was das Eis bricht. Es ergibt sich so eine Art Gruppenumarmung, dann einigen wir uns darauf, dass er uns beiden die Kleider ausziehen darf.

Meine erste Überraschung ist, dass Frauen im Bett ihren Schmuck anbehalten dürfen. N. lässt sogar ihre großen Kreolen dran. Meine zweite besteht darin, wie, nun ja, sexuell so ein Dreier ist. Nachdem ich mich so sehr auf Logistik und Catering konzentriert habe, war mir fast entfallen, dass wir ja alle nackt sein würden.

Meine dritte Überraschung ist für jemand so Detailversessenen wie mich, dass es zu dritt ganz schön verwirrend wird. Schnell verliert man aus dem Blick, wer sich gerade in welchem Stadium befindet. Dafür gibt es eine Menge missverständliches Stöhnen. Hinterher gesteht mir mein Mann, dass er auch etwas den Überblick verloren habe.

Es ist ein höflicher Dreier. Ich habe den Eindruck, wir bemühen uns alle, unsere Aufmerksamkeit gerecht zu verteilen, damit es keinen eindeutigen Zweier oder Einer gibt. Gelegentlich fragen N. und ich einander, »Wie geht es dir?«, als wären wir umeinander besorgte Freundinnen.

Nach etwa vierzig Minuten habe ich genug. Ich frage mich, ob ich meine E-Mails checken soll. N. ist durchaus hübsch, aber ihre Version meiner eigenen weiblichen Anatomie zu sehen fühlt sich zu vertraut an. Da wird mir klar, dass das, was mich an Männern anzieht, ihre so anderen Körper sind.

Ich bemühe mich um Aufmerksamkeit – immerhin handelt es sich ja um ein Geburtstagsgeschenk –, doch bald streiche ich den beiden nur noch über die Rücken, während sie weitermachen. Als ich noch mal zur Uhr schiele, stelle ich erstaunt fest, dass erst eine Stunde vergangen ist. Ich hatte ja keine Ahnung, dass Sex einem so lange vorkommen kann.

Schließlich sind auch die beiden erschöpft. Am Ende ist es ein schöner Moment, als wir zu dritt unter den Decken liegen, das Geburtstagskind in der Mitte. Er strahlt. Später werde ich noch eine Reihe Nachrichten mit aufrichtigem Dank von ihm bekommen. Darin schreibt er, dass es so gut war, wie er es sich erhofft hat. »Es hat mir bestätigt, wie sehr ich die weibliche Form mag. Wenn man zwei davon hat, wird das noch deutlicher.«

N. wirkt auch erfreut. Als wir zusammen die Wohnung verlassen, meint sie, dass es sie überrascht habe, wie erotisch sie die ganze Erfahrung empfand, vor allem das Zusammensein mit mir. Sie deutet an, einer Wiederholung nicht abgeneigt zu sein.

Das schmeichelt mir, aber ich gehe nicht davon aus. Mein eigener Geburtstag steht bevor, und ich hätte gern eine Uhr.

Sie wissen, dass Sie ein Mann über vierzig sind, wenn...

... Sie neidisch auf den kräftigen Urinstrahl Ihres Sohnes sind.

... es eine gute Nacht war, weil Sie nur zweimal wegen Harndrangs aufgewacht sind.

... einige Ihrer Lieblingssportler die Söhne Ihrer früheren Lieblingssportler sind.

... auch der letzte Freund, der noch versucht hat, in Nachtclubs jemanden abzuschleppen, damit aufgehört hat.

... Sie die Schönheit von Zwanzigjährigen schätzen, aber ganz genau wissen, dass Sie wenig mit ihnen gemeinsam haben.

... Sie nicht mehr bereit sind, auf der Couch von irgendwem zu schlafen.

8

So lernen Sie, sterblich zu sein

Als sexuelle Erfahrung ist der Dreier okay, als literarische Erfahrung geradezu lebensverändernd. In meinem Artikel darüber bemühe ich mich, nicht zu klingen wie die allwissende Erzählerin, was ich ohnehin immer schon als eine unangenehme Perspektive empfunden habe. Stattdessen konzentriere ich mich darauf, meine eingeschränkte Sichtweise so präzise wie möglich zu schildern. Mit anderen Worten: Ich versuche, ich selbst zu sein.

Als ich den Artikel meiner Redakteurin maile, antwortet sie fast sofort.

»Leute, die das lesen, werden mit dir befreundet sein wollen«, schreibt sie. Ich freue mich dermaßen über ihre Reaktion auf diese neue Art zu schreiben, dass ich beschließe, den Artikel unter meinem Namen zu veröffentlichen. In Simons Augen ist das ein bescheidener Preis für den besten Geburtstag seines Lebens.

Die Zeitschrift veröffentlicht den Artikel von 3000 Wörtern mehr oder weniger unverändert. Nicht alle Leser wollen meine Freunde werden. Aber es passiert etwas sogar noch Besseres: Nachdem sie den Artikel gelesen haben, entsteht bei Leuten der Eindruck, mich ein wenig zu kennen. Im wahren Leben gelingt es mir nicht immer, Verbindungen zu anderen aufzubauen, aber immerhin habe ich jetzt gelernt, ihnen gegenüber in einem Artikel ich selbst zu sein.

Es ergeben sich allerdings auch peinliche Situationen. Ein Freund meines Vaters stößt beim Arztbesuch auf die Ausgabe der Zeitschrift und zeigt ihm den Artikel. (Mein Dad lobt mich dafür, wie der Text geschrieben ist.) Simons Freunde und Kollegen schicken ständig E-Mails, in denen sie ihm gratulieren. Seine Familie – von der ich geglaubt hatte, sie würde alles diskutieren – erwähnt die ganze Sache mit keinem Wort. Ein paar Frauen aus meinem Bekanntenkreis beschweren sich, dass ich die Latte für Geschenke unter Ehepartnern höhergelegt hätte: Ihre Männer verlangten jetzt auch Ménages à trois zu ihren vierzigsten Geburtstagen.

Der Artikel verleiht mir auch plötzlich Sexappeal. Männer, die nie auch nur ansatzweise mit mir geflirtet haben, lächeln mich vielsagend an oder halten ungewöhnlich lang Blickkontakt. Manche Frauen geben auch zu verstehen, dass sie für einen Dreier zu haben gewesen wären, wenn ich bei ihnen angeklopft hätte. (»Ich bin bereit«, sagt mein Mann zu jeder potenziellen Offerte.) Sogar mein Therapeut scheint mich dadurch interessanter zu finden.

Beflügelt von dieser Erfahrung verbringe ich den Großteil der nächsten achtzehn Monate vor meinem Computer, um mein Buch zu beenden. Es handelt davon, was ich von den Franzosen über Kindererziehung gelernt habe. In dieser Zeit treffe ich kaum Freunde, wälze die meisten elterlichen Pflichten auf meinen Mann ab und esse beunruhigende Mengen Kuchen. (Es ist eine wenig bekannte Tatsache, dass das

Schreiben von Büchern fett macht.) Zum ersten Mal, seit ich in Frankreich lebe, lasse ich die *Soldes*, den zweimal jährlich stattfindenden Ausverkauf in den Pariser Läden, aus. Ich nehme mir nicht einmal die Zeit, um die Kopfläuse ordentlich zu behandeln, die ich anscheinend von meinen Kindern bekommen habe. Stattdessen hocke ich stundenlang am Computer und kratze meinen Kopf.

An einem Tag im April drücke ich schließlich, nachdem ich eine ganze Panettone verschlungen habe, auf »Senden« und verschicke eine Mail, an die mein komplettes Manuskript angehängt ist. Es wird noch weitere sechs Monate dauern, bis es lektoriert und von mir nochmals überarbeitet ist, doch der Großteil der Arbeit ist getan.

Zehn Minuten später falle ich ins Bett. Monatelang haben Adrenalin und Kohlenhydrate mich funktionieren lassen. Erst jetzt merke ich, dass mein ganzer Körper schmerzt, insbesondere der Rücken. Ich schlafe erst mal zwölf Stunden und verbringe die nächsten zwei Tage fast ausschließlich im Bett.

Als ich endlich wieder aufstehe, sind die Rückenschmerzen immer noch da. Ich vermute, es liegt daran, dass ich so unnatürlich viel Zeit gebeugt vor meinem Rechner verbracht habe. Deshalb bestelle ich mir eine Fußstütze und einen neuen Computerbildschirm, der mich zwingt, aufrecht zu sitzen. Ich fahre auch durch die halbe Stadt, um meine Ärztin aufzusuchen, dir mir zu einer Massage rät.

Ich erhalte viele Massagen, doch der Schmerz verschlimmert sich. Nach nur wenigen Monaten kann ich meine Söhne nicht mehr heben und den Kopf nur noch millimeterweit nach links oder rechts drehen. Bald lassen mich die Schmerzen nachts nicht mehr schlafen. Als einer der Jungs sich auf meinen Schoß plumpsen lässt, tut das so weh, dass ich losheule.

Ende August entdecke ich Knoten zu beiden Seiten meiner Leisten. Ich kehre zu der Ärztin zurück, die mir vier Monate zuvor Massagen empfohlen hat. Als sie die Knoten sieht, wird ihr Blick panisch. Sofort ordnet sie Bluttests an und schickt mich zu einem Internisten, dessen strubbelige Frisur und entnervtes Auftreten an einen verrückten Wissenschaftler erinnern. Er liest die Testergebnisse und sagt auf Englisch mit starkem Akzent: »You 'ave some-thing veee-ry seee-rious.« Außerdem sagt er, er wisse nicht, was es ist.

In den kommenden vier Wochen unterziehe ich mich weiteren Tests. Bald kenne ich die französische Abkürzung für Kernspintomographie – sie lautet *IRM* – und liege mit dem Gesicht nach unten auf einer Behandlungsliege, während ein Arzt mir aus der Hüfte Knochenmark – für mich unaussprechlich: *moelle osseuse* – entnimmt. (Dieser Arzt könnte glatt als der silberhaarige Dominique de Villepin, Frankreichs Außenminister während des Irakkriegs, durchgehen). Ein paar Tage später sehe ich einen anderen Arzt ein Glasgefäß wegtragen, in dem einer meiner Lymphknoten liegt. Der Anblick erinnert mich an eine feuchtglänzende rote Jelly Bean.

Danach verbringe ich gefühlt Tage in der Pariser Métro, beladen mit riesigen Plastiktüten. Darin befinden sich Aufnahmen meiner verschiedenen Scans. (In Amerika verbleiben diese bei den Ärzten; in Frankreich verwahrt sie der Patient selbst.) Wenn ich die geringste Sorge äußere, bieten Ärzte mir Rezepte für Beruhigungspillen an. Bald teile ich die kleinen weißen Pillen mit Simon. Ohne sie können wir beide nicht mehr schlafen.

Während all das passiert, lese ich mein Buch Korrektur. Am selben Tag, als ich die Fahnen an den Verlag zurückschicke, erhalte ich einen PET-Scan, während dem eine Männerstimme mir Anweisungen erteilt. »Nicht atmen.« »Nicht bewegen.« Eigentlich habe ich doch gerade erst herausgefunden, wie es ist, eine Entscheiderin zu sein. Doch in dieser Röhre bin ich das definitiv nicht mehr.

Von dieser Prozedur komme ich rechtzeitig nach Hause, um das Abendessen zuzubereiten. Noch bevor das hier – was auch immer es sein mag – passiert ist, waren mein Mann und ich von unseren Aufgaben schier überwältigt. Wenn jetzt jeden Morgen um sieben drei Kinder in unser Schlafzimmer stürmen, sind wir beide gezeichnet von der Erschöpfung, das hier zu durchleben, und von der Furcht, dass ich es nicht überleben werde.

Normalerweise ist es mir so wichtig, alles mit Simon zu besprechen, und ihn nervt eigentlich mein unendliches Bedürfnis, unsere Beziehung zu analysieren. Jetzt ertrage ich es höchstens, ihm meinen nächsten Arzttermin mitzuteilen. Zum ersten Mal befinden wir uns in einem Zustand, in dem Worte nichts mehr ausrichten können.

Schließlich werden wir ins Krankenhaus bestellt, um meine Diagnose zu erfahren. Wir sitzen vor einem großen Schreibtisch, während zwei Ärzte, darunter der Doppelgänger von Dominique de Villepin, ein paar Minuten lang Papiere durchsehen. Als die Männer endlich das Wort an uns richten, schildern sie meine Symptome, sagen aber nicht, was ich habe.

Irgendwann unterbreche ich sie.

»Ist es Krebs?«, frage ich. (Das Wort ist im Französischen dasselbe wie im Englischen, nur betont man es auf der zweiten Silbe – can*cer*.) Beide Ärzte wirken erleichtert darüber, dass ich das Eis gebrochen habe. Einer von ihnen sagt, ja, es handle sich um Blutkrebs mit der Bezeichnung Non-Hodgkin-Lymphom – *Lymphome non hodgkinien.*

Nachdem er das ausgesprochen hat, habe ich das Gefühl, in Zeitlupe auf meinem Stuhl nach hinten zu fallen. Als würde ich versinken, ohne mich aktiv zu bewegen. Das muss gemeint sein, wenn Leute sagen, sie seien »ins Wanken geraten«.

Obwohl ich nun schon seit einigen Wochen mit der Angst lebe, muss ich mich trotzdem anstrengen, meine Gedanken zu ordnen und diese neue Tatsache zu begreifen: Ich habe nicht deshalb Schmerzen, weil ich in schlechter Haltung zu lange an meinem Schreibtisch saß. Ich habe Schmerzen, weil ich in den Knochen meines Rückens Krebs habe. Einer der Ärzte erklärt, dass ich sofort mit einem dreimonatigen Zyklus von Chemo- und Immuntherapie beginnen müsse.

Simon und ich haben das Worst-Case-Szenario nie besprochen. Aber im Innenhof des Krankenhauses bitte ich ihn, mir zu sagen, wie sein Plan aussieht, falls ich sterbe. Ich weiß, er muss einen solchen Plan haben. Erst schweigt er kurz. »Wir würden nach London ziehen, in die Nähe meiner Schwester«, sagt er.

Niemand in meinem Verlag hat eine Ahnung davon, dass ich krank bin oder dass ich die Fahnen meines Buchs in Wartezimmern von Ärzten durchgesehen habe. Ich fürchte, wenn sie es erfahren, würde die PR zurückgefahren. Bis jetzt hat meine Krankheit sich noch nicht auf meine Arbeit ausgewirkt.

Aber ich brauche ein Foto für den Schutzumschlag des Buchs. Das muss ich machen lassen, bevor mir die Haare ausfallen. Also treffe ich mich am Tag vor meiner ersten Runde Chemotherapie mit einem Fotografen in einem Café in der Nachbarschaft. Er macht ein Bild von mir, auf dem ich nach einer Espressotasse greife und zuversichtlich in die Kamera blicke.

Als Journalistin neige ich dazu, alles zu gründlich zu recherchieren. Doch angesichts dieser Krankheit tue ich das nicht. Ich begreife ja kaum, was da in meinem Körper vor sich geht. Ich kann mir nicht merken, von welchen Blutzellen ich zu viele und von welchen ich zu wenige habe. Nachdem ich gerade erst begonnen habe, mich erwachsen zu fühlen, infantilisiert die Krankheit mich. Mir bleibt gar keine andere Wahl, als mich in die Obhut meiner Ärzte zu begeben und ihnen zu vertrauen, dass sie mich heilen werden.

Und doch verspüre ich gleichzeitig so eine erwachsene Gelassenheit. Die kann ich auf dem Foto für den Schutzumschlag erkennen. Das hier ist die folgenschwerste Situation, in der ich mich je befunden habe. Mich trennt keine Terrasse mehr von den schlechten Neuigkeiten, sondern sie stecken in mir selbst. Und plötzlich weiß ich eines ganz genau: Wenn ich allein wäre, käme ich mit dem Sterben klar. Aber so ist es eben nicht. Und aus diesem Grund muss ich überleben. Ich muss diese Kinder großziehen. Damit kann ich Simon nicht alleinlassen.

Als ich erfahre, dass ein staatliches Krankenhaus ganz in unserer Nähe auf die Behandlung von Blutkrebs spezialisiert ist, entscheide ich mich gegen die schicke Privatklinik auf der anderen Seite der Stadt. Das war es dann mit den englischsprachigen Sekretärinnen und dem Parkplatz-Service. Das staatliche Krankenhaus wurde unter Heinrich dem IV. im 17. Jahrhundert errichtet, um darin Opfer der Pest unterzubringen. Es ist nüchtern, sauber und effizient. Meine Ärztin, eine strenge, hübsche Blondine hört geduldig zu, als ich versuche, *lymphome non hodgkinien* auszusprechen.

Als ich zu meiner ersten Behandlung komme – die man im Französischen ermutigend *cure*, also Heilung nennt – trage ich ein modisches Sweatshirt aus Frottée, zerrissene Jeans und schwarze Sneakers. Für dieses Outfit habe ich mich bewusst entschieden: Ich sehe nach Hipster aus, und Hipster sterben nicht. Eine Sekretärin schickt mich in den ambulanten Bereich, der *hôpital de jour* heißt, was mich an Suppe erinnert. Ich schaue mir zur Ablenkung amerikanische Sitcoms auf meinem Laptop an, während eine Schwester eine Infusionsnadel in meinen Arm sticht.

Eine unmittelbare Wirkung der Chemotherapie ist mein Gewichtsverlust. Zum ersten Mal, seit ich erwachsen bin, kann ich abends einen riesigen Teller Pasta mit Sahnesauce verdrücken und am nächsten Morgen ein halbes Kilo weniger wiegen. Bei meiner zweiten Behandlung bin ich außer mir vor Panik über eine harte Beule am Ende meiner Wirbelsäule. Die diensthabende Onkologin sieht sich das an und lacht dann. »Das ist Ihr Knochen«, sagt sie. »Bisher waren Sie nur zu dick, um ihn zu spüren.«

Krank zu werden ist gleichzeitig ein Crashkurs darüber, was andere so denken. Ich lerne, dass es Leute gibt, die insgeheim auf schlechte Neuigkeiten stehen, und dass manche Frauen neidisch darauf sind, wie dünn man ist, egal welcher Grund dahintersteckt. Eine überraschend große Zahl von Leuten rät, ich solle mir eine Pediküre gönnen. Die Frau, die auf meiner Hochzeit ein weißes Kleid trug, rührt sich überhaupt nicht.

Die große Menge unpassender Reaktionen auf meine Krankheit bringt mich zum Staunen. Einige Freunde betonen den aufregenden Zufall: Jemand, den sie kennen, ist an genau der gleichen Erkrankung gestorben! Eine frühere Klassenkameradin lässt mich wissen, dass Krebs »emotionale Ursachen« habe und sich durch den Verzehr von Misosuppe heilen lasse. Eine Frau besucht mich zu Hause, heult vor meinen Kindern wie Antigone und schließt mich danach so fest in die Arme, dass es wehtut. Ein anderer Freund warnt mich: »Lies keine Statistiken!«, was mir zu verstehen gibt, dass er genau das schon getan hat.

Und wieder andere, von denen einige vor der Diagnose nur Bekannte waren, geben mir im wahrsten Sinne des Wortes Halt, damit ich nicht in Verzweiflung versinke. Am besten verstehen mich diejenigen, die selbst schwere Krankheiten durchlebt haben: ein Mann, der einen Herzinfarkt hatte, eine frühere Kollegin, die schon zweimal wegen Depressionen in einer Klinik war, und eine Freundin aus Kindertagen, die wegen Brustkrebs behandelt worden war. Sie kommen mir vor wie Kriegskameraden.

Es rührt mich auch zu sehen, dass manche Leute mich

mögen, obwohl ich manchmal ungeschickt und distanziert bin. Eine Frau aus meinem Lesekreis bringt eine Lasagne vorbei. Verwandte aus Florida schicken eine Kuscheldecke, in die ich mich einhüllen kann. (In meinen Augen ein äußerst empfehlenswertes Geschenk, um gute Besserung zu wünschen.) Sogar N., meine Partnerin bei der Ménage à trois, bietet an, meine Kinder zu hüten, was ich jedoch dankend ablehne.

Ich zögere, meine Freundin, deren Freund für den *New Yorker* schreibt und die bei meiner katastrophalen Party zum Vierzigsten dabei war, von der Krankheit wissen zu lassen. Die literarische Szene in New York ist winzig klein, und dadurch könnte es meinem Verlag zu Ohren kommen. Aber als ich es ihr doch erzähle, sind beide außerordentlich fürsorglich. Der Freund stellt für mich den Kontakt zu einem amerikanischen Spezialisten für Blutkrebs her, den er persönlich kennt. Die Freundin schenkt mir eine weiche schwarze Baskenmütze, die einst ihrem Großvater gehört hat.

Diese Mütze trage ich ständig, um mein dünner werdendes Haar zu verstecken. Ich habe entschieden, es nicht abzurasieren, wie das so viele Krebspatienten in Filmen tun. Ich werde es einfach ausfallen lassen, denn ich möchte so lange wie möglich wenigstens noch ein paar Haare behalten. Und mir gefällt der poetische französische Ausdruck, die Haare würden »fallen«.

Doch bald sind die Kragen all meiner Jacken und Pullis mit einer gar nicht poetischen Schicht blond gesträhnter Haare versehen. Die meisten fallen mir, wie bei Männerglatzen, an einer runden Stelle am Oberkopf aus. Das übrige Haar ist zum Bürsten oder Waschen zu empfindlich und verfilzt deshalb.

Nach etwa acht Wochen Chemo sehe ich aus wie der Komiker Larry David mit Dreadlocks. Simon macht der Anblick meines kahlen Kopfs so zu schaffen, dass er mich bittet, die Baskenmütze auch im Bett zu tragen.

Alle drei Wochen marschiere ich zu einer weiteren Heilbehandlung ins Krankenhaus. Als einer der Ärzte dort mitbekommt, dass ich Autorin bin, gibt er mir das Manuskript seines Romans zu lesen. Der handelt von einer jungen Frau, die an Krebs erkrankt und am Ende des Buchs stirbt.

Bei meiner nächsten Behandlung gebe ich ihm das Manuskript zurück. »Nur ein einziger Vorschlag dazu«, sage ich. »Töten Sie die Protagonistin nicht.«

Die Lektorin meines eigenen Buchs weiß immer noch nichts von meiner Krankheit, aber sie macht sich aus einem anderen Grund zunehmend Sorgen: wegen der Veröffentlichung eines Erziehungsratgebers, dessen Autorin eine publizistisch gut dokumentierte Ménage à trois hatte. Ich erinnere sie daran, dass der Artikel kein schlüpfriges Exposé über mich ist, sondern etwas, das ich über meine eigenen Erfahrungen geschrieben habe. Sex kommt darin kaum vor. (Seltsamerweise stört der Artikel meine britische Lektorin überhaupt nicht.) Aus New York ruft mich eine Presseagentin an, um mich zu coachen, falls Journalisten nach dem Dreier fragen sollten. Sie schlägt mir vor, darauf zu antworten: »Ja, das habe ich ausprobiert, aber es hat mir nicht wirklich gefallen.«

Meine größte Sorge ist, die Promotiontour für das Buch mit Glatze absolvieren zu müssen. Meine Mutter fliegt nach Paris und geht mit mir eine Perücke kaufen. In einem Laden nahe der Oper führt uns eine Verkäuferin in ein Extrazimmer und zeigt uns dort eine Reihe teurer Echthaarperücken. Sie versichert uns, die seien aus europäischem Haar, »nicht indonesisch«. Außerdem vergisst sie mehrmals, welche Art von Krebs ich habe. Schließlich entscheide ich mich für einen synthetischen blonden Bob, weil er mir weniger rassistisch erscheint und nur ein Drittel kostet.

Wir kaufen auch noch Kleidung für meine Buchtour. Vor meiner Behandlung trug ich 36 – ich war schlank, aber dennoch weit vom Pariser Ideal entfernt. Wenn ich damals Outfits anprobierte, fragten die französischen Verkäuferinnen meist neutral: »Wie finden Sie es?«

Jetzt habe ich gerade noch Größe 32. Komme ich aus der Umkleide, lächeln sie wohlwollend – obwohl ich die Baskenmütze trage – und schlagen Gürtel über Pullovern und Blazern vor.

Meine Mutter und ich sprechen zwar auch ein bisschen über meine Krankheit, aber die meiste Zeit ist sie einfach geduldig und präsent. Mir wird bewusst, dass das Shoppen, das wir immer zusammen getan haben, etwas Hoffnungsvolles zum Ausdruck bringt. Kleidung zu kaufen impliziert, dass es eine Zukunft gibt, in der man diese tragen wird. Obwohl mir, als ich ein schwarzes Kleid aussuche, kurz in den Sinn kommt, dass ich darin vielleicht begraben werde. Dieses Kleid trage ich dann auf meinen PR-Fotos.

Als die Presseagentin anruft, um zu berichten, dass ich für eine morgendliche Fernsehsendung in Amerika gebucht bin, wird mir das mit der Geheimhaltung meiner Krankheit zu viel.

»Ich muss Ihnen etwas sagen«, fange ich an. Dann sprudele ich meine Neuigkeit atemlos und gleichgültig hektisch heraus, weil ich weinen müsste, wenn ich es langsam täte. Ich erkläre, dass meine Chemotherapie ein paar Wochen vor Erscheinen des Buchs abgeschlossen sein werde.

Alle im Verlag sind ausgesprochen nett. Aber sie machen sich auch nach wie vor Sorgen wegen der Ménage à trois. Da versichere ich ihnen, sollte jemand mich deshalb in die Mangel nehmen, würde ich das Thema wechseln und den Krebs erwähnen.

Mein Rat an mich selbst beschränkt sich momentan auf ganze zwei Worte: Stirb nicht. Meinen Kindern habe ich gesagt, dass ich krank sei, aber behandelt würde, damit es mir wieder besser ginge. Und das stimmt ja auch. Nach der Hälfte der Chemotherapie leide ich nicht mehr unter den unerträglichen Rückenschmerzen. Zum ersten Mal seit Monaten kann ich wieder den Kopf drehen.

Die schwarze Baskenmütze trage ich überall. »Meine Mutter hat eine Glatze«, verkündet meine Tochter, sobald sie mich ohne erwischt.

Im Januar, ein paar Tage nach meiner letzten Heilbehandlung, steht wieder ein PET-Scan an. Der wird zeigen, ob die Behandlungen funktioniert haben. Ich liege in der Röhre und gehorche den Anweisungen der französischen Stimme. Eine Woche später eilen Simon und ich durch den eisigen Regen, um die Kinder an ihrer Schule abzuliefern. Dann fahren wir rasch ins Krankenhaus, um die blonde Ärztin zu treffen, die die Ergebnisse des Scans mit uns besprechen wird. Als wir ihr Büro betreten, lächelt sie zum ersten Mal, seit wir sie kennen. Noch bevor wir Platz genommen haben, beginnt sie zu sprechen.

»Ich habe sehr gute Nachrichten für Sie«, sagt sie. Ich befinde mich in *rémission complète* – vollständiger Remission. Diesmal habe ich kein Problem, das Französisch zu verstehen.

Wenige Wochen danach lasse ich mir den Kopf rasieren. Sofort wird mir klar, dass ich das schon vor Monaten hätte tun sollen. Dann fliege ich nach New York, um mein Buch zu präsentieren. Ich bin es nicht gewohnt, die Perücke zu tragen, weshalb ich, ganz kurz bevor ich in der Morgensendung auftrete, die Baskenmütze noch darüberziehe. Sie ist mein Trostobjekt und mindert meine Nervosität. (Ich mag gerade Krebs überlebt haben, aber deshalb bin ich trotzdem noch aufgeregt, bevor ich live im Fernsehen auftrete.) Die Kombination aus Perücke und Mütze lässt mich aussehen wie eine unterernährte Bäuerin aus dem Baskenland. Zuschauer vermuten, ich würde versuchen, besonders französisch auszusehen.

»Nehmen Sie die Baskenmütze ab«, schreibt mir meine Agentin in einer SMS, sobald ich nicht mehr auf Sendung bin. In den Online Chatrooms des Senders lassen mich fremde Leute hämisch wissen, dass Baskenmützen in Frankreich seit 75 Jahren aus der Mode sind. (Da ich inzwischen seit zehn Jahren in Paris lebe, wusste ich das auch schon.)

Aber es freut mich, dass eine Zuschauerin mich – oder zumindest meine Person in dem Buch – sympathisch nennt. Ich erhalte auch Nachrichten von Leuten, die nach der Lektüre des Buchs das Gefühl haben, mich zu kennen. Ich weiß jetzt, dass ich 41 Jahre alt und am Leben bin. Außerdem bin ich auf dem besten Weg, erwachsen zu werden.

Sie wissen, dass Sie über vierzig sind, wenn...

... Sie beurteilen können, ob etwas lächerlich ist.

... Sie jemanden beruhigen können.

... Ihnen klar wird, dass Sie Leute manipulieren können und einige von denen Sie lange manipuliert haben.

... Sie loyal, aber zugleich wachsam sind.

... Sie wissen, dass extreme Eifersucht alles kaputtmachen kann.

... es Sie überrascht, wenn jemand mit Ihnen flirtet. Dann haben Sie sich selbst zu früh abgeschrieben.

9

So werden Sie zur Expertin

Ich staune, als mein Erziehungsbuch auf der Stelle zum Bestseller wird und ein Eigenleben entwickelt. Nach der Lesung in einer Buchhandlung in Manhattan kommen zwei junge Frauen, jede mit einem Baby im Arm, mit seltsamen Mienen auf mich zu. Ich brauche einen Moment, um zu verstehen, was dieser Gesichtsausdruck bedeutet: Sie sind aufgeregt, mich kennenzulernen.

Nicht jeder mag mein Buch, doch es wird in weiten Teilen der Gesellschaft zum Gesprächsthema. Der *New Yorker* macht sich über mich lustig, genau wie *Forbes* (in einem Artikel mit der Überschrift »Nein danke. Ich ziehe lieber einen Millionär groß«.) Im Beitrag einer Fernsehshow in Oregon ist eine Mutter zu sehen, die ihre unwilligen Kinder ausschließlich nach französischem Vorbild erzieht – furchterregende Gourmet-Mahlzeiten inklusive. Online stoße ich auf ein taiwanesisches Comicvideo, in dem eine asiatisch wirkende Frau mit Baskenmütze, das soll wohl ich sein, Rotwein trinkt und gleichzeitig ihrem Kind beibringt, die *Mona Lisa* zu malen. Eine Frau aus der Mongolei kontaktiert mich via Skype, weil sie dort eine Übersetzung des Buchs veröffentlichen möchte. Leute aus aller Welt schreiben mir und bitten um Rat in Erziehungsfragen. Kaum jemand erwähnt den Artikel über die Ménage à trois.

Es ist ein kurzes Aufflammen von bescheidenem Ruhm. Aber das bedeutet, dass ich quasi von einem Tag auf den anderen keine unbedeutende Journalistin mehr bin, die um einen Auftrag bettelt. Man hält mich jetzt für eine Expertin.

Bin ich das wirklich? Ein paar Minuten im Fernsehen aufzutreten, um mein Buch Leuten vorzustellen, die wahrscheinlich wenig über Frankreich wissen, ist eine Sache, doch als ich eingeladen werde, an der französischen Fakultät einer größeren amerikanischen Universität darüber zu diskutieren, bekomme ich Panik. Kann ich eine Stunde lang vor echten Experten überzeugend bestehen? Ich habe für das Buch als Journalistin viel recherchiert. Doch bei diesem Gespräch werde ich mich mit Professoren und Studierenden unterhalten, die alle Frankreich kennen und von denen manche sogar selbst Franzosen sind. Ich bin Amateur-Anthropologin, einige der Leute dort dagegen Profis. Mir kommt der Verdacht, dass man mich eingeladen hat, um mich zu demütigen.

Kurz vor Gesprächsbeginn trinke ich mehrere Tassen Espresso und esse vor lauter Stress eine ganze Tüte M&M's. So hoffe ich wohl mit koffeinbedingter Energie auszugleichen, was mir an akademischer Präzision fehlt. Der große Saal ist gut gefüllt. Manche Leute am hinteren Ende müssen sogar stehen. Überall stehen Aufzeichnungsgeräte. Ich nehme vorne Platz und werde von einem Professor vorgestellt.

In der nächsten Stunde beantworte ich die Fragen der Zuhörer und erkläre die Grundzüge meines Buchs. Der Ton der Leute ist neugierig, freundlich und sogar respektvoll. Niemand stellt meine Qualifikation in Frage oder scheint daran interessiert, mich scharf anzugehen. Dann gibt es Applaus, und der Professor lädt alle nach oben zu einem Glas Wein ein. Dort meint er freudig, das sei doch sehr gut gelaufen. Studierende kommen mit den gleichen nervösen Mienen auf mich zu, die ich schon bei der erwähnten Lesung erlebt habe.

Ich kann nur staunen. Liegt die Latte für Expertentum niedriger, als ich dachte? Projizieren die Leute Erwachsensein auf mich, um sich selbst damit zu beruhigen, dass wenigstens irgendjemand weiß, was läuft? Oder weiß ich tatsächlich mehr, als ich mir zutraue?

Bald nach Beginn meiner Laufbahn als sogenannte Expertin stelle ich fest, dass einige der Menschen, die ich für Fachleute – und somit auch für erwachsen – gehalten habe, ebenso von Selbstzweifeln geplagt werden. Das gilt vor allem im akademischen Bereich, wo fast nur der Intellekt zählt. Über Freunde lerne ich eine Professorin namens Amy kennen, die eine erstklassige Schulbildung vorzuweisen hat, an einer bedeutenden amerikanischen Universität lehrt und regelmäßig in akademischen Fachzeitschriften publiziert.

»Ich bin eine Fake-Intellektuelle«, gesteht Amy mir bei einem Glas Wein. »Ich habe das Gefühl, oberflächliches Wissen über eine Reihe von Dingen zu besitzen. Aber ich sehe nur diesen winzig kleinen Ausschnitt, wie bei einem Tunnelblick. Die größere Bedeutung kenne ich gar nicht.« Sie fühlt sich umgeben von Leuten, die mehr wissen als sie selbst und sich sogar bei ihren Themen besser auskennen. »Wenn man sagt, als Akademiker sollte man die Vorstellung ändern, die Menschen von der Welt haben, muss ich passen.«

Amy steht kurz vor der Festanstellung, geht aber davon aus, diese nicht zu bekommen. »Und ich denke, damit würden sie richtig handeln, denn so gut bin ich nicht«, sagt sie.

Natürlich empfinden nicht alle Akademiker so. So lerne ich Keith, einen anderen Professor, kennen, der sich noch genau daran erinnert, ab wann er sich als Experte auf seinem Gebiet, der Philosophie, fühlte. Als Student traute er seinen Professoren noch so eine Art intellektuelle Alchemie zu. Sie waren sowohl in der Geschichte philosophischer Strömungen als auch in diversen philosophischen Fragen versiert. In ihren Vorlesungen verwoben sie all diese Stränge miteinander. »Als Student«, erklärt er mir, »denkst du dir, wie könnte ich bloß jemals so werden?«

Im dritten Jahr seines Promotionsstudiums unterrichtete Keith in einem Kurs Studenten im Grundstudium, als einer ihm eine schwierige Frage stellte, die nur ganz am Rande mit dem Kursthema zu tun hatte. Mühelos konnte Keith eine überlegte, vielschichtige Antwort geben, die auf seinem breiten Fachwissen beruhte. Eine sich daraus ergebende Folgefrage parierte er ebenso. Er war nun zur gleichen Alchemie in der Lage wie seine früheren Lehrer.

»Ich erinnere mich noch, nach dem Kurs in mein Büro zurückgekehrt zu sein und mir gedacht zu haben: ›Oh! In diesem Moment eben war ich ein Experte.‹« Er sagt, dass er sich dadurch erwachsen fühlte.

Ich freute mich, jemanden getroffen zu haben, der den Abschluss seiner eigenen Lehrzeit so genau festlegen kann. Doch als ich Keiths Geschichte einigen anderen Akademikern wiedergebe, zeigen die sich unbeeindruckt.

»Er soll jetzt erwachsen sein, weil er irgendwelchen Mist daherreden kann?«, meinte ein Englischprofessor sarkastisch.

Mein Schwiegervater erklärt mir, dass ich Leuten mit höherem akademischen Abschluss viel zu viel zutrauen würde. »Kompetenz auf irgendeinem langweiligen beruflichen Feld hat nichts mit reifer Selbsterkenntnis und Begreifen der Welt oder anderer Menschen zu tun. Und es sagt nichts übers Erwachsensein aus.«

Offensichtlich habe ich professionelle Expertise mit Weisheit verwechselt. Denn nicht Ersteres macht den Erwachsenen aus, sondern Letzteres. Oder vielleicht habe ich auch noch einen anderen Fehler begangen: Indem ich erwachsen zu sein damit verwechselte, ein Mann zu sein.

Nachdem ich dem Expertentum das Mysteriöse genommen habe, begreife ich, dass ich ausreichend recherchiert habe und genug weiß, um mich öffentlich zu äußern. Trotzdem fühle ich mich nach wie vor ein wenig ernüchtert und distanziert. Vor so kurzer Zeit lag ich noch in einer Röhre und bangte um mein Überleben. Immer noch erhalte ich alle drei Monate Infusionen im Rahmen der Immuntherapie, um gesund zu bleiben.

Es macht mir Spaß, Lesereisen nach Holland und Russland zu planen und fast unendlich viele Interviews zu geben. Und jedes Mal, wenn Eltern mir erzählen, dass sie ihr Baby mit der französischen Methode endlich zum Einschlafen gebracht haben, freue ich mich. Für jemanden, der in Gesellschaft eher unsicher auftritt, ist ein Buch ein nützlicher Einstieg. Dadurch muss ich nicht mehr so kämpfen, um ins Gespräch zu kommen. Menschen, die es kennen, haben oft den Eindruck, bereits eine Verbindung zu mir zu haben. Meine Aufgabe besteht dann darin, ihren guten Eindruck nicht zu ruinieren.

Aber ich habe vor kurzem zweimal erlebt, wie mein Leben sich schlagartig änderte. Und daher versuche ich, mich nicht zu sehr an meinen neuen beruflichen Status zu gewöhnen. Eigentlich stelle ich mich meinem kleinen Erfolg genau so, wie ich es in der Röhre getan habe: auf die Stimmen hören und Ruhe bewahren.

Was mich tatsächlich berührt, ist das Buch an sich. Was für eine Erleichterung, endlich etwas gut gemacht zu haben! Als ich noch jünger war, versicherte man mir, ich besäße Potenzial. In meinen Dreißigern fragte ich mich, ob ich das je ausschöpfen würde.

Als ich mit Mitte dreißig mein erstes Buch ablieferte, wünschte ich mir auf der Stelle, noch mal von vorne anfangen und es umschreiben zu können. Die Rezensionen waren durchwachsen, und praktisch niemand las es. Ein weiteres Buch wie das erste hätte wahrscheinlich das Ende meiner Laufbahn als Autorin bedeutet. Dann hätte ich wieder Redakteure um Aufträge für einzelne Artikel anbetteln müssen. Simon gestand mir erst im Nachhinein, dass er um meine Karriere gebangt und sich davor gefürchtet habe, eine verbitterte Frau zu haben, die kein eigenes Geld verdiente.

Als ich mein zweites Manuskript, das über Kindererziehung, abgab, spürte ich, dass ich mein stärkstes Buch geschrieben hatte. Ich wollte nichts daran ändern. In meinen Vierzigern hortete ich mein Potenzial also nicht länger, sondern ich leistete endlich meine beste Arbeit.

Ungeachtet aller Schwächen dieses Werks nahm ich – ganz erwachsen – einen eigenen Standpunkt ein und verteidigte ihn. Für meine Verhältnisse war das ein Fortschritt. In meiner Kindheit und Jugend hatte ich gelernt, nie bis zum Kern einer Sache vorzudringen. Trotzdem hatte ich mich jetzt in ein komplexes Thema vertieft und es regelrecht auseinandergenommen.

Seitdem ich in dieser Röhre gelegen habe und mein Innerstes dabei sichtbar gemacht wurde, kenne ich mich selbst besser. Bisher habe ich mein Leben damit verbracht, mir Worst-Case-Szenarien vorzustellen. Jetzt weiß ich, dass ich damit umgehen kann, wenn so ein Szenario eintritt. Ich werde mich nicht auflösen. Nach meinen Behandlungen ging ich nach Hause und bereitete das Abendessen für meine Kinder zu. Ich stürmte auch nicht zurück nach Amerika, in der Annahme, dort müsse alles besser sein. Ich blieb in Frankreich und vertraute diesem Land meine Existenz an. Als es vorüber war, wünschte ich mir weder einen anderen Mann noch eine andere radikale Veränderung. Ich ging ruhig und dankbar für mein Leben daraus hervor und wollte das alles nur umso mehr.

Sie wissen, dass Sie über vierzig sind, wenn...

... Sie erkennen, ob für den Lebensstil eines Bekannten ein Investmentfonds nötig ist.

... Sie verstehen, dass selbst ein kleiner Job für irgendwen wichtig ist und man ihn deshalb gut machen sollte.

... Ihre pensionierten Lehrer, die Ihnen früher gottgleich vorkamen, jetzt die Verbindung zu Ihnen suchen.

... Sie sich beim Ansehen von *Die Reifeprüfung* mit den Eltern identifizieren.

... Sie jemand ausgesprochen Charmanten kennenlernen und darauf nicht wie verzaubert, sondern misstrauisch reagieren.

10

So bewältigen Sie die Midlife-Crisis

D ie Midlife-Crisis wurde 1957 in London erfunden.
Damals stand ein vierzigjähriger Kanadier namens
Elliott Jaques vor einer Versammlung der Britischen Psychoanalytischen Gesellschaft und trug aus einem Aufsatz vor,
den er verfasst hatte. An diese etwa einhundert Personen
gerichtet erklärte Jaques, dass Menschen mit Mitte dreißig
typischerweise eine depressive Phase durchleben, die mehrere Jahre dauert.

Der Arzt und Psychoanalytiker Jaques (den man »Jacks«
ausspricht) berichtete, er sei diesem Phänomen auf die Spur
gekommen, als er die Leben großer Künstler studiert habe,
bei denen es häufig eine extreme Form annehme. Bei ge-
wöhnlichen Menschen könnten sich die Symptome in religiöser Erweckung, Promiskuität, plötzlichem Verlust der Lebensfreude, »hypochondrischer Sorge um Gesundheit und äußere
Erscheinung« sowie in »zwanghaften Versuchen«, jung zu
bleiben, äußern.

Diese Phase werde ausgelöst von der Erkenntnis, dass das
Leben zur Hälfte vorbei ist und der Tod nicht nur anderen
Leuten widerfährt: Er wird auch einem selbst passieren. Er
berichtete von einem sechsunddreißigjährigen Patienten, der

seinem Therapeuten sagte: »Bis jetzt erschien mir das Leben wie eine endlose Steigung. Mit nichts als dem Horizont im Blick. Jetzt scheine ich plötzlich den Gipfel des Bergs erreicht zu haben, und vor mir geht es steil bergab, und das Ende der Straße ist sichtbar – noch weit entfernt, das schon –, aber der Tod ist sichtbar gegenwärtig.«

Jaques behauptete nicht, diese Veränderung in der Lebensmitte als Erster entdeckt zu haben. Er wies darauf hin, dass schon im vierzehnten Jahrhundert der Protagonist in Dante Alighieris *Göttlicher Komödie* – von dem Wissenschaftler behaupten, er sei 35 Jahre alt – zu Beginn des Buchs erklärt: »Auf halbem Weg des Menschenlebens fand/Ich mich in einen finstern Wald verschlagen/Weil ich vom graden Weg mich abgewandt.« Jaques nennt dies »die Eröffnungsszene einer lebendigen und perfekten Beschreibung der emotionalen Krise der mittleren Lebensphase«.

Doch Jaques liefert eine moderne, klinische Erklärung und gab ihr – was entscheidend ist – einen Namen: Midlife-Crisis.

Bei seinem Vortrag in London war Jaques nervös. Viele der damals führenden Psychoanalytiker saßen im Publikum, darunter auch der Präsident der Gesellschaft, Donald Winnicott, der für seine Objektbeziehungstheorie bekannt war, sowie Jaques' eigene Mentorin, die berühmte Kinderpsychologin Melanie Klein.

Die Zuhörer waren ein zerstrittener Haufen aus konkurrierenden Fraktionen. Einige Teilnehmer waren bekannt dafür, während der für Fragen vorgesehenen Zeit über die Vortragenden herzufallen. Und Jaques präsentierte ja nicht nur eine abstrakte Theorie. Später erzählte er in einem Interview, der depressive sechsunddreißigjährige Patient, von dem er gesprochen hatte, sei er selbst gewesen.

Als er seinen Aufsatz mit dem Titel »The Mid Life Crisis« zu Ende vorgelesen hatte, legte Jaques eine Pause ein und wartete auf Angriffe. Doch nach einer sehr kurzen Diskussion »herrschte tödliche Stille«, wie er sich später erinnerte. »Das war sehr, sehr peinlich, weil niemand sich erhob, um zu sprechen. Das war neu und ist absolut selten.« Am nächsten Tag versuchte Melanie Klein, ihn aufzumuntern. »Wenn es eine Sache gibt, mit der die Psychoanalytische Gesellschaft nicht umgehen kann, dann ist es das Thema Tod«, sagte sie.

Bedrückt legte Jaques »The Mid Life Crisis« beiseite. Als Nächstes schrieb er über weit weniger persönliche Themen, darunter eine Theorie der Zeit und der Arbeit. »Ich war absolut überzeugt davon, dass der Aufsatz ein völliger Fehlschlag gewesen war«, erinnerte er sich.

Doch er vergaß nicht, wie es sich anfühlte, als dieser besorgte Mann auf dem Gipfel des Hügels zu stehen. Ungefähr sechs Jahre später reichte er den Aufsatz beim *International Journal of Psychoanalysis* ein, das ihn in seiner Ausgabe vom Oktober 1965 unter dem Titel »Death and the Mid-life Crisis« veröffentlichte.

Diesmal reagierte man nicht mit Schweigen, sondern enormem Interesse auf Jaques' Theorie. Die Midlife-Crisis passte nun zum herrschenden Zeitgeist.

Als ein im Jahr 1900 geborener Mann hatte man nur eine 50-prozentige Chance, sechzig Jahre alt zu werden. Die durchschnittliche Lebenserwartung für Männer lag damals bei etwa zweiundfünfzig. Damals war es recht und billig, vierzig für den Anfang vom Ende zu halten.

Doch steigt die Lebenserwartung in wohlhabenden Ländern pro Jahrzehnt um ca. 2,3 Jahre. Jemand, der in den Dreißigern geboren wurde, hatte demnach schon eine knapp 80-prozentige Chance, das sechzigste Lebensjahr zu erreichen. Das schenkte dem Alter von vierzig neue Vitalität. *Life Begins at Forty* – Das Leben beginnt mit vierzig – war 1933 in Amerika der Bestseller unter den Sachbüchern. Walter Pitkin, der Journalist, der es geschrieben hatte, erklärte: »Vor dem Maschinenzeitalter waren Männer mit vierzig verschlissen.« Doch dank der Industrialisierung, neuer Medikamente und elektrischer Geschirrspüler »wenden Männer wie Frauen sich jetzt von der uralten Aufgabe *Überleben* der fremdartig neuen Aufgabe zu, das Leben zu genießen.«

Als Elliott Jaques 1965 »Death and the Mid-life Crisis« publizierte, war die durchschnittliche Lebenserwartung in der westlichen Welt bereits auf rund siebzig Jahre gestiegen. Deshalb war es sinnvoll, sein Leben in den Dreißigern oder Vierzigern zu ändern, denn man konnte erwarten, lang genug zu leben, um die neue Karriere oder den neuen Partner noch zu genießen.

Und es wurde leichter, das eigene Leben zu ändern. Die Zahl der berufstätigen Frauen erreichte Rekordstände, was ihnen mehr finanzielle Unabhängigkeit brachte. Berufstätige der Mittelschicht nahmen in noch nie dagewesener Zahl Psychotherapie und Paarberatung in Anspruch, weil sie versuchten, sich selbst zu verstehen. Die Leute begannen, die Ehe nicht mehr nur als romantische Institution, sondern als Mittel zur Selbstverwirklichung zu betrachten. Scheidungsvorschriften wurden gelockert, und die Scheidungsrate schoss in die Höhe.

Es gab dramatische gesellschaftliche Umbrüche, von der Bürgerrechtsbewegung bis zur Einführung der Antibabypille. Und es waren nicht mehr nur einzelne Personen, die unter der Midlife-Crisis litten. Die ganze Gesellschaft schien davon betroffen zu sein.

Die Vorstellung, dass eine Midlife-Crisis sich nicht vermeiden lässt, verbreitete sich bald von Jaques' wissenschaftlichem Aufsatz in die Populärkultur. Und gemäß der neuen gängigen Auffassung fand diese vornehmlich in den Vierzigern statt. In ihrem Buch *The Middle-Age Crisis* von 1967 behauptete Barbara Fried, die Krise sei »ein normaler Aspekt des Wachsens, für Vierzigjährige so natürlich wie das Zahnen einer jüngeren Altersgruppe«.

Die Midlife-Crisis, die fünf oder sechs Jahre vorher noch kaum existiert hatte, wurde plötzlich wie eine biologische Unvermeidlichkeit betrachtet, die einen erfassen und sogar umbringen konnte. »Ein Mensch, der damit ringt ... weiß noch nicht einmal, dass in seinem Körper etwas passiert, eine physische Veränderung, die sich auf seine Gefühle auswirkt«, hieß es 1971 in einem Artikel der *New York Times*. »Doch er quält sich mit Unentschlossenheit, Rastlosigkeit, Langeweile, der Frage ›Wozu das alles?‹, und dem Gefühl, eingeengt zu sein.«

Die Krise ging bald über Jaques' ursprüngliche Definition hinaus und umfasste praktisch jeden inneren Konflikt. Man konnte in eine Midlife-Crisis geraten, weil man zwar alles erreicht hatte, was man sich vorgenommen hatte, aber jetzt keinen Sinn mehr darin sah. Oder man geriet hinein, weil man nicht genug erreicht hatte.

Managementtheoretiker ermahnten Unternehmen, doch ja sorgsam mit ihren krisengeschüttelten Mitarbeitern umzugehen. 1972 warnte sogar eine Arbeitsgruppe der US-Regierung davor, dass derartige Krisen für einen Anstieg der Selbstmordrate bei Männern zwischen fünfunddreißig und vierzig sorgen könnten. »Ein generelles Gefühl der Überflüssigkeit scheint Manager der mittleren Ebene zu erfassen, sobald diese Ende dreißig sind. Ihre Karrieren scheinen dann eine Art Plateau erreicht zu haben, und ihnen wird bewusst, dass es in ihrem Leben von nun an nur noch lange, aber unvermeidlich bergab gehen wird.«

Trotz einiger biologischer Vermutungen betrachtete man die Midlife-Crisis hauptsächlich als ein Problem der Mittel- und Oberschicht. Ihre klassischen Opfer waren weiß, berufstätig, männlich und hatten genügend Freizeit, um über ihre persönliche Entwicklung zu sinnieren, sowie die Mittel für Sportwagen und Geliebte. Leuten aus der Arbeiterklasse oder Afroamerikanern traute man Selbstverwirklichung erst gar nicht zu. Frauen galten wegen Ehe, Menopause und dem Abschied erwachsener Kinder auch als eigene Kategorie.

Doch bald kamen Frauen dahinter, dass die Midlife-Crisis im Zuge der aufkommenden Frauenbewegung auch als Befreiungsmöglichkeit taugte: Wenn du dein Leben hasst, kannst du es ändern. Diese Idee fand in Gail Sheehy die perfekte Botschafterin.

Sheehy war die Tochter eines Managers aus der Werbebranche in Westchester. Gehorsam hatte sie Hauswirtschaft gelernt, einen Arzt geheiratet und ein Baby bekommen. Aber dieses Leben gefiel ihr nicht. Anfang der Siebziger war sie geschieden und arbeitete als Journalistin.

Im Januar 1972 war Sheehy wegen eines Auftrags in Nordirland, als dem jungen katholischen Demonstranten, den sie gerade interviewte, ins Gesicht geschossen wurde. Der Schock über diese beinah tödliche Erfahrung fiel bald mit der erschreckenden Erkenntnis zusammen, Mitte dreißig zu sein. »Irgendein Eindringling packte meine Seele und schrie: ›Zieh Bilanz! Dein halbes Leben ist schon vorbei.‹«

Wissenschaftler, mit denen sie sprach, erklärten, diese Panik mit fünfunddreißig sei normal, weil Erwachsene ebenso wie Kinder Entwicklungsphasen durchlaufen würden. Sheehy reiste kreuz und quer durch Amerika und interviewte gebildete Männer und Frauen aus der Mittelschicht im Alter zwischen achtzehn und fünfunddreißig über deren Leben. Im Sommer 1976 veröffentlichte sie ein fast vierhundert Seiten starkes Buch mit dem Titel *Passages: Predictable Crises of Adult Life* (dt. *In der Mitte des Lebens. Die Bewältigung vorhersehbarer Krisen*). Im August stand das Buch bereits auf Platz 1 der Sachbuch-Bestsellerliste der *New York Times*. Über ein Jahr lang hielt es sich dort in den Top Ten. Ich erinnere mich noch an das Cover mit den Regenbogenstreifen auf dem Nachttisch meiner Mutter.

Sheehy war in Amerika auf die Jagd nach der Midlife-Crisis gegangen und war fündig geworden. »Ein Gefühl von Stagnation, Ungleichgewicht und Depression ist vorhersehbar, wenn wir uns dem Übergang zur Lebensmitte nähern«, schreibt sie.

Die Leute können damit rechnen, »manchmal folgenschwere Perspektivwechsel, oft rätselhafte Unzufriedenheit mit dem Kurs zu erleben, den sie nur wenige Jahre vorher mit Begeisterung eingeschlagen haben«. Die Jahre zwischen siebenunddreißig und zweiundvierzig sind »praktisch für jeden die Spitzenjahre des Unbehagens«. Außerdem schrieb sie, dass diese Krisen auch Frauen erlebten.

Mit Sheehys Buch wurde eine Idee, die schon ein Jahrzehnt lang zunehmend thematisiert worden war, eine schlichte Tatsache des Lebens. Schon bald gab es Kaffeebecher, T-Shirts und Brettspiele, die einen herausforderten: Kannst du die Midlife-Crisis überleben, ohne durchzudrehen?

Aber geschahen diese Krisen in der Lebensmitte wirklich?

Der Anthropologe Stanley Brandes hatte seine Zweifel. Als er selbst auf die vierzig zusteuerte, bemerkte er all die Ratgeber in seiner Buchhandlung in Berkeley. Sie warnten ihn vor einem bevorstehenden tiefgreifenden Umbruch in seinem Leben.

Brandes musste an Margaret Meads Klassiker von 1928 denken: *Coming of Age in Samoa* (dt. *Jugend und Sexualität in primitiven Gesellschaften. Band 1: Kindheit und Jugend in Samoa*). Darin argumentiert Mead, dass man in Amerika erwarte, dass weibliche Teenager beim Heranwachsen eine Krise durchmachen, was dann viele von ihnen tatsächlich tun. Sie beobachtete jedoch, dass man auf Samoa bei Teenagern nicht mit emotionalen Turbulenzen rechne, und diese dann auch nicht stattfänden.

Brandes spekulierte, ob die Midlife-Crisis vielleicht ebenso ein gesellschaftliches Konstrukt sei. »Es war so eine Art

Streich, den meine Gesellschaft mir spielte, und ich musste nicht so empfinden«, stellte er fest. Seine Theorie dazu veröffentlichte er 1985 in dem Buch *Forty: The Age and the Symbol* (dt. *Um vierzig. Lebensalter oder symbolische Zahl*).

Brandes verfügte nicht über viele Daten zum Thema, doch bald analysierten Wissenschaftler die Ergebnisse verschiedener Studien, darunter eine große namens »Midlife in the United States« oder MIDUS, die 1995 begann. Welche Erkenntnis brachte all das über die Midlife-Crisis?

»Die meisten Menschen erleben keine Krise«, sagt Margie Lachman von der Brandeis University und Mitglied des ursprünglichen MIDUS-Teams. Lachman erklärt, Menschen in der Lebensmitte seien typischerweise gesund, führten ein aktives gesellschaftliches Leben und befänden sich wirtschaftlich gesehen auf dem Höhepunkt ihrer Karriere. Demnach »sind die Leute ziemlich zufrieden«.

Einige derjenigen, die von einer Midlife-Crisis berichteten, »neigten zu Krisen« oder seien höchst neurotisch, sagt Lachman. Sie würden Krisen während des gesamten Lebens durchmachen, nicht nur in der Mitte. Und etwa die Hälfte der Menschen mit einer Midlife-Crisis äußerten selbst, diese hinge mit einem Ereignis in ihrem Leben, einem gesundheitlichen Problem, Jobverlust oder einer Scheidung, jedoch nicht mit dem Altern an sich zusammen.

Nur zehn bis zwanzig Prozent der Amerikaner erleben gemäß MIDUS und anderen Daten etwas, das man als eine Midlife-Crisis bezeichnen kann.

Nach diesen Erkenntnissen verwarfen die meisten Wissenschaftler die These, wonach die Midlife-Crisis von biologischen Ursachen ausgelöst wird. Sie betrachten sie vornehmlich als gesellschaftliches Konstrukt. Dieselben Massenmedien, die einst die Midlife-Crisis verkündeten, begannen damit, sie zu widerlegen. So erschienen Dutzende Artikel mit Variationen der Überschrift »Mythos Midlife-Crisis«.

Aber gleichzeitig war die Vorstellung auch zu verlockend, um ganz und gar entzaubert zu werden. Sie war bereits Teil des Diskurses der westlichen Mittelschicht geworden, denn sie bot eine frische Selbstverwirklichungsgeschichte darüber, wie das Leben eigentlich sein sollte.

Ein weiterer Grund für den Erfolg dieser Idee liege darin begründet, meint Margie Lachman, dass die Leute Lebensphasen nun mal gern Namen geben, wie *terrible twos* bei Kleinkindern. Dabei sagen »in Wirklichkeit die meisten Leute, die ich kenne, dass ihre Zweijährigen ganz zauberhaft sind«. Und so hält sich die Midlife-Crisis wohl nicht zuletzt deshalb, weil sie so einen griffigen Namen trägt.

Elliott Jaques beobachtete staunend die Lawine, die sein Aufsatz ausgelöst hatte. Aus aller Welt kamen Anfragen zum Nachdruck von »Death and the Midlife Crisis«.

Jaques hatte sich da bereits längst anderen Themen zugewandt. Er wurde ein Spezialist für Beziehungen am Arbeitsplatz und entwickelte eine Methode, um Arbeitskräfte hierarchisch danach zu bewerten, wie viel Zeit zwischen dem Beginn und dem Abschluss ihrer Aufgabe liegt. Er war außerdem als Berater für die Organisationsstruktur der US Army und der Kirche von England tätig und verfasste mehr als zwanzig Bücher. Über die Midlife-Crisis schrieb er nie mehr.

Jaques starb 2003. Seine zweite Ehefrau, Kathryn Cason, war Mitbegründerin eines Instituts zur Verbreitung von Jaques' Ideen zur Organisationspsychologie. Sie erzählte mir, dass die Midlife-Crisis nur »ein winzig kleiner, früher Teil seiner Arbeit« war und etwas, worüber Jaques »nach zwanzig oder dreißig Jahren nicht mehr sprechen wollte«. Sie empfahl mir, seine späteren Werke zu lesen.

Ich muss zugeben, dass ich das nicht getan habe. Jaques hatte eine Menge großer Ideen, doch die ganze Welt interessierte sich hauptsächlich für diese kleine. Und so lautet die Überschrift seines Nachrufs in der *New York Times*: »Elliott Jaques, 86, Wissenschaftler, der den Begriff ›Midlife-Crisis‹ prägte«.

Sie wissen, dass Sie Mitte vierzig sind, wenn...

... Ihre Füße rätselhafterweise um eine Größe zugelegt haben.

... Leute, die Ihnen alt vorkommen, Sie jetzt wie Ebenbürtige behandeln und Dinge sagen wie: »Für uns spielt das keine Rolle mehr, aber für unsere Kinder.«

... Sie mehrere Frauen kennen, die gerade in den Wechseljahren sind.

... Sie immer noch nicht wissen, was »Perimenopause« ist, und es eigentlich auch nicht wissen wollen.

... Sie jüngeren Freunden, die sich vor dem vierzigsten Geburtstag fürchten, erklären: »Vierzig ist was für Amateure.«

... Leute so tun, als wären sie überrascht, weil Sie drei Kinder haben.

11

So lernen Sie, *Jung* zu sein

Wenn ich über die Jahre zwischen vierzig und fünfzig nachdenke, fällt mir oft der Film *Gravity* ein, in dem Sandra Bullock eine nervöse Astronautin auf ihrer ersten Weltraummission spielt. Sie ist eine perfekt trainierte Wissenschaftlerin, und die NASA hält sie für geeignet, ins All zu fliegen. Doch sie ist starr vor Angst. Erleichtert nimmt sie Anweisungen von George Clooney, dem schnoddrigen, erfahrenen Commander entgegen, der schon viele Male im Weltraum war. Die beiden sind sogar durch ein Kabel miteinander verbunden.

Doch dann gibt es einen Unfall, als ihr Raumschiff von Weltraumschrott getroffen wird. Damit Bullock eine Chance hat zu überleben, löst Clooney sich von ihr und schwebt davon. Sie hat auch den Funkkontakt verloren und ist ganz allein im All, wo niemand ihr Anweisungen gibt, wie sie sich retten soll. Wenn sie sicher zur Erde zurückkehren will, muss sie rauskriegen, wie sie das ganz allein bewerkstelligen kann.

Ich fühle mich, als hätte auch Simon sich inzwischen von mir abgekoppelt. Er hat wohl genug davon, mein auserkorener Erwachsener zu sein. Der Vergleich hinkt ein wenig. Simon kann nicht einmal Auto fahren. Wir sind auch immer noch ein Paar. Aber nach und nach merke ich, dass er nicht mehr bereit ist, mich hinsichtlich der Formulierungen in meinen beruflichen E-Mails zu beraten oder mir bei der Entscheidung zu helfen, ob ich eine zweitägige Dienstreise antreten soll oder nicht. (»Wenn du das machen willst, tu es doch einfach«, brummt er.) Er verbringt keinen Abend mehr damit, gemeinsam mit mir zu dekodieren, was eine Bekannte damit meinte, als sie mich »kompliziert« genannt hat, oder mein Ego wieder aufzurichten, nachdem ich einen ausgesprochen unhöflichen Tweet abgekriegt habe.

Ich kann Simons neue Haltung durchaus verstehen. Schließlich bin ich ein vollausgebildeter erwachsener Mensch. Ständig erteile ich meinen Kindern Ratschläge und Anweisungen. Etwas ältere Freunde haben schon ihre Kinder zu mir geschickt, damit ich ihnen Tipps für die Berufswahl gebe. Und für ein paar Mütter in der Mongolei bin ich wohl so eine Art persönlicher Guru. (Ich stelle sie mir gern in einer Jurte vor, wo sie ihren Kleinkindern beibringen, »merci« zu sagen.)

Mein persönlicher Guru, Simon, hat seine eigenen Probleme. Er kann nicht mehr gut schlafen und schafft es zeitlich kaum, seine Arbeit zu bewältigen. Außerdem reist er ständig nach London, um seine Mutter zu besuchen, die dort in einem Pflegeheim lebt.

Und er ist es müde, von mir gleichzeitig vergöttert und infantilisiert zu werden. In Sachen Politik und bei der Einschätzung von Menschen verlasse ich mich auf sein Urteil, aber ich beklage mich über seine mangelnden praktischen Fähigkeiten. »Sollte ich mich jemals von dir scheiden lassen, dann wegen jemandem, der Gardinen aufhängen kann«, sage ich zum

Beispiel eines Abends, während ich im Wohnzimmer auf der Leiter stehe.

Mir ist auch bewusst geworden, dass ich inzwischen relativ oft nicht einer Meinung mit Simon bin oder seinem Rat nicht folge. Ich finde ihn nach wie vor extrem scharfsinnig, aber er wirkt auf mich jetzt nicht mehr wie jemand, der einen direkten Zugang zur Weisheit Platons hat, sondern wie ein intelligenter Mensch mit einem bestimmten Standpunkt.

Also löse umgekehrt auch ich mich von Simon. Und ich bin nicht die Einzige, die in den Vierzigern ihren auserkorenen Erwachsenen aufgibt. Das ist typisch für dieses Lebensjahrzehnt. Es liegt hauptsächlich daran, dass die eigenen Eltern – unsere ursprünglichen Erwachsenen – alt werden. In den meisten Gesprächen mit ihnen geht es nun um Gesundheit. Laut einer Studie von 2013 über Amerikaner zwischen 37 und 48 hat ein Drittel bereits einen Elternteil verloren, einer von zehn sogar beide. Einer von fünf kümmert sich regelmäßig um alte Eltern oder andere Verwandte. Heutzutage höre ich alle paar Monate von Freunden, dass sie Mutter oder Vater verloren haben. »Wie geht es deinen Eltern?«, das ist plötzlich eine Frage, die meine Altersgenossen einander stellen. Und zwar nicht aus Höflichkeit, sondern aus echter Sorge.

Wir allein durchs All schwebenden Astronauten müssen selbst zurechtkommen, aber wie? In *Gravity* gibt Sandra Bullock zuerst verzweifelt auf, bis ihr klar wird, dass sie dafür ausgebildet wurde, ein Raumschiff allein zu steuern. Am Ende schafft sie es zurück zur Erde – allerdings erst, nachdem sie schwerelos und in einem Paar Männershorts sexy aussah.

Wie absolvieren Menschen im echten Leben den Übergang zum Erwachsensein? Um das herauszufinden, beginne ich, Carl Jung zu lesen. Jung macht sowohl in seinen Schriften wie auch in seinem eigenen Leben klar, dass es nicht nur biologisch unvermeidlich ist, auf eigenen Beinen zu stehen. Ein Mensch muss das einfach tun, um erwachsen zu werden.

Jung kam 1875 als Sohn eines Pastors in der Schweiz zur Welt. Als vielversprechender junger Psychiater arbeitete er in den frühen 1900er-Jahren an einer psychiatrischen Klinik in Zürich, als er den Ideen von Sigmund Freud begegnete, der damals gerade berühmt wurde. Die beiden Männer begannen einen Briefwechsel und bearbeiteten das im Entstehen begriffene Feld der Psychoanalyse bald gemeinsam. Freud als deren Entdecker und der neunzehn Jahre jüngere Jung als sein vermutlicher Erbe. 1910 war Jung Herausgeber der wichtigsten psychoanalytischen Fachzeitschrift und Präsident der Internationalen Psychoanalytischen Vereinigung. Er beschrieb seine Beziehung zu Freud als eine von »Vater und Sohn«.

1912 war Jung siebenundddreißig, führte eine florierende Privatpraxis und lehrte an der Universität Zürich. Er war mit Emma, der Tochter eines bedeutenden Uhrenfabrikanten, verheiratet. Das Paar lebte mit seinen Kindern in einem riesigen Haus mit Blick über den Zürichsee, das Jung selbst entworfen hatte.

Doch Jungs Differenzen mit Freud waren immer schwerer zu überbrücken. Freud war ein säkularer, rationaler Mensch und wollte die Psychoanalyse als Wissenschaft betrachtet wissen. Der Pastorensohn Jung hatte eine mystisch-künstlerische Seite und fühlte sich zunehmend zu uralten Mythen und dem Okkultismus hingezogen. Diese Überzeugungen hatte er unterdrückt, um Arzt und ein Schüler Freuds zu werden, doch als er auf die vierzig zuging, kamen sie wieder zum Vorschein.

Ihre Vater-Sohn-Beziehung bröckelte. »Mir wurde klar, wie sehr ich mich von Ihnen unterscheide. Diese Erkenntnis wird genügen, um eine radikale Veränderung meiner ganzen Haltung zu bewirken«, schrieb Jung im November 1912 an Freud.

Er schlage vor, »dass wir unsere privaten Beziehungen aufgeben«, schrieb Freud sechs Wochen später aus Wien.

Nachdem er mit Freud gebrochen hatte, wurde Jung von vielen in der psychoanalytischen Szene praktisch gemieden, und so legte er auch die Präsidentschaft der Psychoanalytischen Vereinigung nieder. Jung war der Astronaut, der sich, nachdem die Verbindung gekappt worden war, allein durchschlagen musste. Allerdings hatte er nur eine vage Vorstellung davon, wie er das tun sollte.

An diesem Punkt half es, dass Jung mit einer Erbin verheiratet war. Er gab seine Lehrtätigkeit auf und reduzierte die Tätigkeit in der Privatpraxis. Entschlossen begab er sich auf die Suche nach universellen Wahrheiten, indem er das Funktionieren der eigenen Psyche erforschte.

Mit etwa achtunddreißig stürzte Jung sich in eine ungefähr sechsjährige Reise in sein Inneres, bei der er Stimmen und Visionen im Wachzustand heraufbeschwor und anschließend niederschrieb, was er erlebt hatte. Manchmal fürchtete er, verrückt zu werden. Als 1914 der Erste Weltkrieg ausbrach, glaubte er, einige seiner Gewaltvisionen seien Vorahnungen gewesen. Auch legte er sich eine Geliebte zu, und zwar eine ehemalige Patientin von Mitte zwanzig. Er bestand darauf, sie sonntagabends zum Essen mit nach Hause zu bringen.

Schließlich gelang Jung der Durchbruch: in Form der wiederkehrenden Vision eines alten Mannes namens Philemon. Jung sprach zu ihm, während er im Garten spazieren ging. Irgendwann kam er zu dem Schluss, dass dieser Philemon seine eigene innere Autorität repräsentierte. Jung hatte Freud aufgegeben und einen neuen Mentor in sich selbst entdeckt. (Dieser innere Lehrer war jedoch nicht perfekt; später warf man Jung antisemitische Ansichten vor.)

Jung versuchte für den Rest seines Lebens zu begreifen, was während dieser fiebrigen sechs Jahre mit ihm passiert war, und entwickelte letztlich eine Theorie darüber, wie Menschen zu Erwachsenen werden. Seiner Ansicht nach werden wir von der Pubertät bis etwa zum fünfunddreißigsten Lebensjahr von unseren Egos beherrscht. Das ist der unstete Teil unseres Selbst, der nach sozialem Status und Anerkennung von anderen strebt. Während dieser Phase achten wir Konventionen, gründen Familien und bauen an unserer Karriere.

Doch zwischen fünfunddreißig und vierzig ändert sich etwas. Wie Jung auch beginnen Leute in diesem Alter einem Teil ihres Ichs gegenüberzutreten, den sie bislang versteckt und für den sie sich geschämt haben. Vielleicht haben sie sogar ihr Leben um den Versuch, ihn zu verstecken, organisiert. Jung nannte diesen verborgenen Aspekt der Persönlichkeit den »Schatten«. Der sei das, was eine Person nicht zu sein wünsche.

Mir wird bewusst, dass ich durchaus Menschen kenne,

die sich mit ihrem Schatten auseinandergesetzt haben. Etwa eine Freundin, die ein Jahrzehnt lang verkündete, sie schreibe einen Roman, bis sie schließlich eingestand, sich fortan lieber ihrem wirklichen Talent zu widmen: Schmuckdesign.

Eine andere Frau, die ich kenne, war verheiratet und hat zwei Kinder. Irgendwann gestand sie ihm und sich selbst, dass sie sich noch nie zu Männern hingezogen gefühlt habe.

Sich seinem Schatten zu stellen, das kann ernüchternd sein, und nicht jeder schafft es, sich mit den Konsequenzen auseinanderzusetzen. Eine intelligente Freundin, die in jungen Jahren einen intellektuell vielversprechenden Eindruck machte, gesteht mir bei einem Abendessen, dass sie nun wisse, ihre Aufmerksamkeitsspanne genüge nicht für kontinuierliche harte Arbeit. »Ich bin siebenundvierzig Jahre alt und habe nichts von dem erreicht, was andere Leute mir mit fünfundzwanzig prophezeit haben«, sagt sie.

Aber sich mit dem eigenen Schatten auseinanderzusetzen, das kann auch kraftspendend sein. Bei der Lesung eines vierzigjährigen Autors fragt jemand aus dem Publikum, warum er sich entschlossen habe, eine Detektivgeschichte zu schreiben. »Weil ich eingesehen habe, dass ich nie einen philosophischen Roman verfassen werde«, erwiderte er.

Jung glaubte, sobald man sich seinen Schatten eingestanden und ihn ans Licht gebracht habe, verliere er etwas von seiner Macht. Dann ziehe sich das Ego ein Stück weit zurück, sodass ein anderer Teil der Persönlichkeit hervortreten könne: das Selbst. Im Unterschied zum Ego ist das Selbst konstant, weil es ein fixer, innerster Bestandteil eines Menschen sei. Er nannte diesen Prozess Individuation.

Nicht jedem gelingt die Individuation, aber ich habe sie bei anderen schon gesehen. Das Geschäft meiner Freundin, die jetzt Schmuck designt, boomt. Die lesbische Ehefrau hat sich scheiden lassen und inzwischen eine Frau geheiratet.

Keiner dieser Leute hat eine sechsjährige Krise im Stil von Jung durchgemacht. Eher war es so, dass sie um die vierzig in der Lage waren, die Kluft zwischen ihrem angestrebten und dem tatsächlichen Selbst realistisch einzuschätzen. Sie stellten sich Fragen wie »Was ist möglich?«, »Worin bin ich wirklich gut?« und »Was macht mir tatsächlich Freude?« Sie hörten auf, das zu machen, von dem sie glaubten, sie sollten es tun. Am Ende waren sie extrem erleichtert.

Ich habe meine Individuation noch nicht angetreten, aber immerhin habe ich begonnen, mir meine Schwächen einzugestehen. Beim Mittagessen erzähle ich einer Freundin, dass ich vielleicht gar keine Persönlichkeit oder irgendwelche unverrückbaren guten Eigenschaften besitzen würde. Ich habe das Gefühl, ihr das sagen zu müssen, bevor unsere Freundschaft weiter fortschreitet.

Dann wappne ich mich gegen eine Zurückweisung, aber stattdessen widerspricht sie mir.

»Du hast gute Eigenschaften«, sagt sie liebenswürdig.

Für den Moment begnüge ich mich damit.

Dank meines neuen Status als Autorin werde ich zu einer Cocktailparty in einer Pariser Bibliothek eingeladen. Als ich dort eintreffe, staune ich: Abgesehen vom Personal bin ich eine der Jüngsten im Raum. (Die meisten anderen Gäste sind Leute im Ruhestand, die die Bibliothek durch Spenden fördern.)

Bei meinem ersten Glas Champagner lausche ich der Rede über Marquis de Lafayette. Als ich mir an der Bar ein zweites Glas hole, komme ich zufällig mit einem attraktiven Briten in den Siebzigern ins Gespräch. Auch er ist ein hiesiger Autor.

Ich kenne ihn, da ich auf dem College eines seiner Bücher gelesen habe. In seinen Vierzigern, auf dem Höhepunkt seines Ruhms und Erfolgs, hätte er mich vermutlich kaum zur Kenntnis genommen.

Aber unsere Champagnerlaune kaschiert die Tatsache, dass er eine über siebzigjährige große Nummer ist und ich eine über vierzigjährige kleine bin. Er lacht über meine Scherze und erkundigt sich danach, was ich schreibe. Seine Aufmerksamkeit gibt mir das Gefühl, jung und begehrenswert zu sein. Da wird mir klar, dass ich mich so schon seit Jahren nicht mehr gefühlt habe.

Ich erzähle, dass ich über Vierzigjährige recherchiere, dieses Jahrzehnt aber schwer zu fassen sei. Meist reagieren die Leute ratlos, wenn ich das sage, doch die Augen dieses Autors beginnen zu leuchten, als sei er von Jung regelrecht inspiriert.

»In den Vierzigern werden Sie Sie selbst«, sagt er. Dann beugt er sich näher zu mir und raunt: »Wenn man es mit vierzig nicht begriffen hat, dann begreift man es nie.«

Wir stehen grinsend an der Bar, während grauhaarige Paare in Abendgarderobe an uns vorbeischlendern. In diesem Moment verstehe ich, dass die Vierziger noch etwas anderes sind: das Jahrzehnt, in dem man mit älteren Herren flirten muss, wenn man sich noch wie die Ballkönigin fühlen möchte.

Sie wissen, dass Sie über vierzig sind, wenn...

... Sie einen realistischeren Blick auf die Zukunft haben. Sie sehen sich Videos vom Burning Man an, wissen aber, dass Sie das Festival nie selbst besuchen werden.

... Sie einsehen, dass aus Ihnen nie mehr jemand werden wird, der eine Schüssel mit Äpfeln sieht und beschließt, »schnell einen Apfelkuchen zu machen«.

... Sie aufgehört haben so zu tun, als gehörten Sie zu den Leuten, die andere auf einen Drink treffen. Sie verabreden sich mit ihnen zum Abendessen.

... Sie erkannt haben, dass acht Stunden ungestörter Schlaf ohne medizinische Hilfsmittel eine der größten Annehmlichkeiten des Lebens sind. Wobei, streichen Sie »ohne medizinische Hilfsmittel«.

12

So kleiden Sie sich

Vielleicht habe ich ja bereits begonnen, mich meiner inneren Autorität zu nähern, aber da stellt sich auch schon ein neues Problem: Ich weiß nicht mehr, was ich anziehen soll. Das Gewicht, das ich wegen der Chemotherapie verloren hatte, ist wieder drauf, aber darum geht es gar nicht. Mein Körper hat sich irgendwie verändert. Nichts passt mehr richtig. Meine Arme, die ich immer gern betont habe, fühlen sich an, als hätte ich sie mit einer alternden Tante getauscht.

Zum ersten Mal in meinem Leben können die falschen Klamotten mich gefährlich alt aussehen lassen. In einer bestimmten gemusterten Jacke komme ich mir vor, als würde ich zu einer Canasta-Runde gehören. Und ich kann nichts mehr auf ironische Weise tragen. Bedruckte T-Shirts und dazu Sandalen, das war jahrelang mein Lieblingslook, aber in Verbindung mit meinem Mittvierziger-Gesicht kommt das einfach nur kindisch rüber. Harmlose Basics, etwa ein schlichtes schwarzes Kleid, wirken plötzlich *zu* basic. Und alles, was flattert oder glitzert, vermittelt den Eindruck, ich hätte es gerade aus der Wühlkiste beim Discounter gefischt. Fast jeden Morgen stehe ich am Ende halbnackt neben einem Haufen Sachen, die ich anprobiert und verworfen habe.

Doch ich bin nicht die Einzige. Freundinnen berichten mir, dass sie immer mehr Körperteile bedecken müssen. »Ich habe Beine wie eine alte Frau«, flüstert meine Freundin Lucy ins Telefon, als sie mich aus dem Büro anruft, um sich mit mir zum Hosenkaufen zu verabreden.

Männer meines Alters stehen modisch auch am Scheideweg. »Jeden Tag nehme ich meine Hemden mit den coolen Mustern aus dem Schrank, aber sie sind immer alle eine Spur zu eng am Bauch«, erklärt mir ein Vierzigjähriger aus Philadelphia. (Er geht regelmäßig joggen und hofft, dass sie ihm eines Tages passen.)

Das sind neue Probleme, und wir wissen nicht recht, wie wir sie bewältigen sollen. Sind wir einfach zu alt für den Inhalt unserer Kleiderschränke geworden? Sind wir denn nicht zu jung dafür, um uns »unserem Alter gemäß« zu kleiden? Und was würde es bedeuten, wenn wir das tun wollten? Was genau sollen Leute über vierzig tragen?

Ich lebe in einer der Modemetropolen der Welt. Also fange ich an, nach Hinweisen bei Frauen meines Alters Ausschau zu halten, die ich im Supermarkt oder in der Schule meiner Kinder sehe.

Aber das bringt nichts. Die Frauen huschen viel zu schnell vorbei, als dass ich die Grundprinzipien ihrer Outfits erkennen könnte. Auch wenn ich stundenlang jemand Elegantem gegenübersitze, begreife ich nicht wirklich, wie diejenige aus einem Pulli und einem Cocktailring so viel *Je ne sais quoi* machen kann.

Ich will diese Frauen sowieso nicht exakt kopieren. Und

selbst wenn ich es täte, würde derselbe Look bei mir vermutlich nicht funktionieren.

Ich kann mich aber auch nicht auf mein Geburtsrecht berufen: Shopping. Obwohl ich nun schon seit Jahren in Paris lebe, habe ich noch nicht raus, wie man hier einkauft. Die amerikanischen Boutiquen, mit denen ich aufgewachsen bin – darunter auch die meiner Mutter –, waren eine Mischung aus *place to be* und Therapiecouch. Während man etwas anprobierte, erzählte man der Verkäuferin, was man alles an sich selbst hasste. Andere Kundinnen wurden in die Unterhaltung einbezogen, und bald wusste man alles über deren Urlaube, Diäten und Scheidungen. Alle waren sich einig, dass es so nicht weitergehen konnte.

So läuft das immer noch. Eine amerikanische Verkäuferin hat mir erzählt, dass eine ihrer Kundinnen in den Wechseljahren einmal verschiedene Tuben Gleitgel für die Vagina im Regal aufgereiht und nach ihrer persönlichen Vorliebe sortiert hat.

»Was für eine Jeansgröße haben Sie?«, rief eine Verkäuferin mir einmal durch den ganzen Laden zu.

»Wenn ich vorher noch mal aufs Klo gehe, passe ich, glaube ich, in eine sechsundzwanzig«, rief ich zurück.

»Das sagen alle meine Kundinnen: ›Ich bin einen Stuhlgang von Größe sechsundzwanzig entfernt«, erwiderte sie.

Diskretion ist überflüssig. In amerikanischen Boutiquen sind wir Frauen alle Kameradinnen in der epischen Schlacht um gutes Aussehen. Als ich ein Teenager war, ging einmal eine Frau, die zugenommen hatte und grau geworden war, vor dem Laden meiner Mutter vorbei. Die Frauen drinnen kommentierten, sie habe aufgegeben – eine Mahnung, was passieren kann, wenn man kapituliert.

In Paris funktioniert das nicht. Verkaufspersonal ist hier höflich, aber distanziert, es murmelt Größen diskret und benutzt das formelle *Vous*. Die Kundschaft lässt sich nicht zu neurotischen Monologen in der Umkleidekabine hinreißen. Als ich einen Rock zurückgebe, den ich anprobiert habe, und der jungen Verkäuferin sage, ich müsse erst zwei Kilo abnehmen, bevor ich ihn kaufe, schweigt sie nur kühl. Offenbar habe ich etwas viel zu Intimes preisgegeben.

Es gibt auch praktisch keine Solidarität zwischen Kundinnen. Einmal trete ich gleichzeitig mit einer Frau aus der Umkleide, die genau das gleiche Outfit anprobiert wie ich. Während wir uns im selben Spiegel betrachten, vermeidet sie Blickkontakt. In französischen Läden kämpft jede Frau in ihrem eigenen Schützengraben für sich allein.

Ich habe irgendwo gelesen, dass es zwei Arten von Käufern gibt: Diejenigen, die sehen, was ihnen gefällt, und es einfach kaufen, und diejenigen, die erst alle möglichen Optionen sehen müssen, bevor sie sich entscheiden können. Die französische Kundschaft scheint hauptsächlich zur ersten Sorte zu gehören. Sie peilen eine einzige Jacke oder Hose an, betrachten sich stumm darin, und kaufen dann oder eben nicht.

Shopping ist hierzulande auch nicht reine Frauensache. So sitzt vielleicht ein Ehemann auf einer Couch und schaut interessiert zu, während sie Kleidung anprobiert. Dann besprechen sie in gedämpftem Ton die Vor- oder Nachteile der anprobierten Jacke. Es tut der Männlichkeit auch keinen Abbruch, sich zu einer Bluse zu äußern. Simon dagegen wirft, wenn ich von meinen Einkaufsexpeditionen zurückkehre, eine Sekunde lang einen Blick auf meine Beute, murmelt »hübsch« und widmet sich dann wieder seinem Buch.

Jemand hat mir erzählt, dass die Pariserinnen typischerweise ein *signature piece* pro Saison kaufen – eine Jacke oder ein Paar Schuhe –, das sie dann in ihre bereits vorhandene Garderobe integrieren. Ich beschließe, das auch zu tun, kann mich aber nicht entscheiden, welches Stück ich auf diese Weise auszeichnen soll: Die grünen Wildlederstiefel? Einen Jumpsuit, weil die diese Saison so gefragt sind? Vielleicht einen Vintage-Pelz? Wenn ich die bereits erwähnten zwei Kilo abnehme, könnte ich es vielleicht mit einem maskulinen Look wie Diane Keaton in *Annie Hall* probieren. Ich kaufe ein außergewöhnliches Stück, dann noch eines. Bald ist mein Schrank voller vergeblicher Versuche, mein *pièce de résistance* zu finden.

Ich bin eine Käuferin der zweiten Sorte, die alle Optionen sehen muss. Etwas zum Anziehen zu kaufen, das fühlt sich wie die Erforschung all meiner möglichen Ichs an. Ich kann beispielsweise einen Laden auf der Suche nach Jeans betreten, aber eine Stunde später stehe ich mit Bergen von Tops, Schuhen, Kleidern und Badeanzügen in der Umkleide. Ich probiere alles an, was mir in die Finger kommt, von weiten Hosen bis zu langen Kleidern oder Faltenröcken.

Französisches Verkaufspersonal bekommt solche Kundschaft nicht oft zu sehen und gerät bei der Aussicht auf einen riesigen Einkauf ganz außer sich. Doch nach 45 Minuten in einer Umkleide stecke ich bis zum Hals in Klamotten und unausgesprochener Selbstverachtung. Dann stürze ich entweder unter Entschuldigungen hinaus, ohne irgendwas zu kaufen, oder ich habe ein so schlechtes Gewissen, dass ich einfach irgendeinen Pulli aus dem Haufen ziehe und bezahle.

Am nächsten Tag plagt mich Reue, und fast immer möchte ich den Pullover zurückgeben. In Amerika wundert sich niemand, wenn man in einen Laden zurückkommt, weil man seine Meinung geändert hat.

In Frankreich dagegen sind Rückgaben zwar gesetzlich erlaubt, aber sie werden einem so schwer wie möglich gemacht. Als ich einmal einen ungetragenen Schal in einem französischen Kaufhaus zurückgeben will, schnüffelt der Verkäufer theatralisch die ganze Länge ab, um sicherzugehen, dass der Schal nicht nach mir riecht, und verlangt dann zu erfahren, was denn mein Problem damit sei. Irgendwann ist mir darauf eine Antwort eingefallen, die französisches Verkaufspersonal auf der Stelle zum Schweigen bringt – auch wenn es meist eine Lüge ist: Meinem Mann gefiel es nicht.

Unterm Strich bedeuten all diese Einkäufe und Retouren viele vergeudete Stunden mit wenig vorzeigbaren Resultaten. Ich weiß immer noch nicht, was ich morgens anziehen soll.

Dann lerne ich Bryn Taylor kennen. Sie stammt ursprünglich aus New Jersey und reist kreuz und quer durch Amerika, um Männer und Frauen in Sachen Kleidung zu coachen. In Paris will sie die französische Mode unter die Lupe nehmen, und wir verabreden uns zum Kaffee.

Ich hatte eine zierliche, jammernde Stylistin mit riesiger Sonnenbrille erwartet. Doch Taylor ist kräftig, unprätentiös und groß. (Ihr Vater und ihr Onkel waren Basketball-Profis.)

Sie hat raspelkurze schwarze Haare und trägt einen schlichten blauen Blazer. Sie sagt, sie rät ihrer Kundschaft – viele davon in den Vierzigern – zu Marken mittlerer Preisklasse. »Ich komme aus New Jersey. Wir sind in Malls aufgewachsen. Ich bin eigentlich kein Luxusmensch«, erklärt sie.

Taylor sagt, ihre Klienten bestehen anfangs oft darauf, »einzigartig« aussehen zu wollen. »›Einzigartig‹ ist ein Wort, das ich öfter zu hören kriege, als Sie sich vorstellen möchten«, erzählt sie mir. Doch meist können diese Menschen nicht erklären, was sie damit meinen, und schicken Taylor Fotos von Outfits, die jeweils wenig miteinander zu tun haben. »Man bekommt da eine ganze Collage von jemandes Gehirn. Vieles zusammenhangslos, unrealistisch. Die Leute wissen selbst nicht, was sie eigentlich möchten.«

Die Kleiderschränke ihrer Kundschaft klingen sehr nach meinen. Anhäufungen von gescheiterten Versuchen, einzigartig auszusehen. Eine Frau mag zwanzig schwarze Hosen besitzen, die in ihren Augen alle »falsch« sind.

Und so wie ich berichten diese Kunden Taylor, dass sie beim Einkaufen völlig die Orientierung verlieren. »Sie sind einfach überwältigt«, sagt sie. Sie wissen nicht mehr, was ihrem Alter angemessen ist, und haben oft Probleme mit ihrem Körperbild. »Bauch, Arme und Po sind die drei großen Problemzonen«, meint Taylor. »Ich würde sagen, dass die Mehrheit meiner Kundinnen ab vierzig ihre Arme nicht mehr zeigen will.«

Diese Frauen sind sich dessen, was ihnen an sich nicht gefällt, dermaßen bewusst, dass sie nicht mehr genau wissen, was sie tatsächlich mögen. »Es ist fast, als würden sie in einem Körper leben, den sie nicht verstehen oder erkennen«, sagt sie.

Das ist ein kulturelles Problem. In den USA und in Großbritannien »bilden Angst und Sorge die Essenz der Mode«, schreibt der Anthropologe Daniel Miller, dessen Arbeitsschwerpunkt auf Kleidungs- und Konsumverhalten liegt. In unserer Version des Feminismus erwarten Frauen, »ihre Entscheidungen selbst zu treffen und sie sich nicht durch Druck von außen diktieren zu lassen«. In der Mode, wie auch in anderen Bereichen, wollen wir uns nicht durch unsere Herkunft, unseren gegenwärtigen Lebensabschnitt oder auch nur durch den eigenen Körper einschränken lassen. Natürlich will ich nicht kaufen, was an der Schaufensterpuppe hängt, und Bryn Taylors Kunden beharren darauf, »einzigartig« auszusehen. Irgendwo tief in unserer amerikanischen (oder britischen) Seele glauben wir, wir müssten einen ganz eigenen Stil erfinden.

Das ist für normale Frauen ohne Designerausbildung eine ziemlich schwere Aufgabe. Noch dazu, wo die meisten von uns ja bereits Schwierigkeiten haben zu beschreiben, welcher Style ihnen gefällt. Und dann haben wir unsere Körper in einen verschleiernden Nebel gehüllt, der uns kaum noch erkennen lässt, wie wir wirklich aussehen. In einer Studie haben über 90 Prozent der befragten Collegestudentinnen angegeben, »Fat Talk« zu machen. Das ist eine Unterhaltung, bei der zwei normalgewichtige Gleichaltrige bestreiten, die jeweils andere sei fett, während sie das aber von sich selbst behaupten.

Und im Unterschied zu Frankreich scheint Shoppen in der englischsprachigen Welt den Ruf zu haben, etwas Triviales zu sein. Ein mädchenhaftes Laster, das man nicht allzu ernst nehmen soll. Als einmal eine Kundin sich nicht entscheiden konnte, hörte ich eine Verkäuferin in Amerika zu ihr sagen: »Es ist ja nur ein Kleid.«

Wir versuchen, uns selbst durch die Wahl unserer Outfits zu finden und einzigartig zu sein. Doch gleichzeitig schämen wir uns auch für unsere Körper, kommen uns irgendwie blöd dabei vor, dass wir uns so viele Gedanken um Klamotten machen. Kein Wunder also, dass wir zwanzig Paare der falschen Hose kaufen.

Bryn Taylors Lösung des Problems mit der »Einzigartigkeit« ist, es zu ignorieren. Stattdessen konzentriert sie sich auf das Budget und den Figurtyp ihrer Kunden. Wenn sie dann einen besonders gutgeschnittenen Blazer entdeckt, empfiehlt sie ihn vielleicht mehreren Frauen. Wenn jemandem ein blauer Blazer gut steht, rät sie möglicherweise noch zu einem weißen oder einem aus Leder. (Blazer sind, wie ich bald merke, ein typisches Kleidungsstück für Übervierzigjährige.) Genauso wird Taylor, wenn eine Frau sich in Etuikleidern wohlfühlt, nach einem weiteren Etuikleid mit einem neuen Detail Ausschau halten.

Daraus ergibt sich dann von alleine ein einzigartiger Look, einfach durch die individuelle Wahl von Schnitt, Farbe und Accessoires. »Außerdem spielt die Sache mit der Einzigartigkeit sowieso keine Rolle mehr, sobald eine Kundin die Sachen trägt, die ihr passen«, sagt Taylor. »Man klammert sich an ›einzigartig‹, weiß aber gar nicht, was man damit meint. Ich denke, diese Frauen wollen einfach gut aussehen.«

Mir wird bewusst, dass Taylor mit ihrer für New Jersey typischen Pragmatik eine Einstellung zu Mode hat, die im Grunde genommen auch typisch für Paris ist. Es gibt viele Französinnen, denen Fehlkäufe passieren und die ihre Oberarme verstecken wollen. Aber bestimmte gesellschaftliche Botschaften in Frankreich lassen das Einkaufen weniger traumatisch wirken.

Erstens habe ich noch nie eine Französin sagen hören, sie wolle »einzigartig« aussehen. Die Frauen hier möchten fast immer »elegant« und »chic« sein.

Das hat teilweise damit zu tun, dass der französische Feminismus nach Gleichberechtigung strebt, dabei jedoch alle Codes der Eleganz und Verführung unangetastet lässt. In einem Fernsehinterview fragt der Journalist Simone Veil die französische Feministin, die maßgeblich an der Legalisierung von Abtreibung in Frankreich beteiligt war, ob sie ihr Markenzeichen, den Chignon, lösen würde, damit die Zuschauer ihr langes Haar einmal offen sehen könnten.

»Sofort, wenn Sie möchten«, erklärt Veil mit einem koketten Lächeln und beginnt sogleich, die Haarklammern aus ihrer Frisur zu ziehen.

Die eigene Erscheinung ernst zu nehmen, das gilt hier nicht als herabsetzend oder oberflächlich. »Für mich zeigt es eine Art Depression an, wenn man das Interesse an schöner Kleidung und Make-up verliert«, erklärt Inès de la Fressange, ein bekanntes Model von über sechzig. Sie verkörpert die allgemeinen Ansichten der wohlhabenden Pariser.

Christine Lagarde, die den Internationalen Währungsfonds leitet, hat kein Problem damit zu erzählen, wer sie modisch beeinflusst hat. So berichtet sie in einem Interview, sie habe von einer ihrer ehemaligen Chefinnen, die sehr stark und elegant war »und immer sehr großen Wert auf ihr Äußeres legte«, gelernt, sich gut anzuziehen.

Die Amerikaner sind Lagarde ein warnendes Beispiel. »Wenn ich in den Achtziger- und Neunzigerjahren nach Amerika kam, sah ich dort eine Menge berufstätiger Frauen, die sich immer wie Männer kleideten. Das beeinflusste mich auch – dahingehend, es keinesfalls zu tun.«

Wenn man statt nach Einzigartigkeit nach Eleganz strebt, vermindert das den Druck ein wenig. Es gibt gängige Formeln für einen eleganten, schicken Look, fast so wie Rezepte für einen Schokokuchen. Und warum sollte man versuchen, ein ganz eigenes Rezept für Eleganz zu kreieren, wenn man nicht gerade in der Modebranche tätig ist? Ansonsten bekäme man wahrscheinlich in einer Umkleidekabine einen Nervenzusammenbruch.

Pariserinnen machen natürlich auch nicht alles richtig. Vergessen Sie Fat Talk. Insbesondere ab dreißig und vierzig ermutigt man Französinnen sogar, eiskalt und pragmatisch ihre eigenen Vorzüge und Schwächen einzuschätzen. Keine glaubt dann noch, dass sie alle Arten von Hosen tragen kann.

»Ich habe Glück, weil meine Eltern groß und schlank waren und meine Kleidergröße sich nicht geändert hat«, erklärt Lagarde im Interview. (In ihren Zwanzigern war sie Synchronschwimmerin in der französischen Nationalmannschaft.)

Carine Roitfeld, die ehemalige Herausgeberin der französischen *Vogue* und inzwischen auch über sechzig, äußert sich ähnlich selbstkritisch. »Ich habe kein üppiges Dekolleté, aber hübsche Beine und Fesseln, deshalb trage ich Röcke«, erklärt sie. »Ich habe keinen schönen Mund, deshalb schminke ich meine Augen und trage keinen Lippenstift.«

Es ist einfacher, sich beim Shopping zu fokussieren, wenn man, so wie Roitfeld, ganze Kategorien von Kleidern schon ausgeschlossen hat. »Ich liebe weite Mäntel, aber die sind nichts für mich – ich würde darin verloren wirken«, sagt sie. »Am Ende läuft mein Stil auf einen Rock hinaus, der meine schmale Taille betont, dazu Strümpfe mit Naht, High Heels und ein Pullover.«

Um seinen eigenen Stil zu finden, muss man allerdings mehr tun, als eine Tabelle der eigenen Stärken und Schwächen anzufertigen. Agathe Buchotte, Besitzerin der Pariser Boutique AB33, erklärt mir, man müsse auch »sein eigenes Image bedienen können«. Das bedeutet, sich nicht nur seiner Figur, sondern auch seiner Qualitäten bewusst zu sein. Das, was andere Leute sehen, wenn sie einen anschauen. Wie auch immer man aussieht, man sollte sich dessen bewusst sein und es verkörpern.

Das erklärt, warum manche Frauen mit so wenig Aufwand dermaßen anziehend wirken. Sie kennen sich selbst und treffen selbstbewusste, bestimmte Entscheidungen. Das wird ab vierzig noch wichtiger. Wenn wir uns nicht sicher sind, wo unser Körper anfängt und aufhört, wissen wir auch nicht, was andere in uns sehen. Wenn wir dann alle erdenklichen Versionen von uns ausprobieren, ist uns das anzusehen. Eine Frau über vierzig, die ihre eigene Figur nicht kennt, wird jeden Morgen Probleme beim Anziehen haben.

Buchotte meint, dass es gar nicht so leicht ist, den Nagel auf den Kopf zu treffen. Ich bin schon oft an ihren Schaufenstern vorbeispaziert und habe die Outfits bewundert, die den lässigen Chic ihres Ladens verkörpern. Buchotte sagt, sie verbringe oft Stunden damit zu entscheiden, was sie den Schaufensterpuppen anziehen soll. – Ein weiterer Grund dafür, sich auf etablierte Kombinationen von Experten zu verlassen. Sie setzt auf Ensembles, die selbstverständlich wirken. Da herrscht eine allgemeine Harmonie, der man den Plan dahinter nicht ansieht.

Und die Franzosen schätzen Ästhetik nicht nur um ihrer selbst willen. Sie gehen von einer symbiotischen Beziehung zwischen dem, was man trägt, und dem Wohlbefinden aus. Wenn man sich selbst kennt und sich in seiner Haut wohlfühlt, dann ist es leichter, die richtige Kleidung auszusuchen. Sobald man dann in einem Stil gekleidet ist, der zu einem passt, fühlt man sich auch schon besser.

Das erklärt, warum ab vierzig Klassiker wie »das kleine Schwarze« plötzlich zu basic wirken. Ihnen fehlt es an Persönlichkeit und Definition. Dann kann es aussehen, als mangele es auch uns daran. Wenn unsere Haut etwas fleckiger geworden ist, können wir in zarten, flatterigen Blumenkleidern verlorengehen oder hinter zu kräftigen Mustern verschwinden.

Die Lösungen sind verschieden, aber eine zuverlässig gute Wahl sind moderne, strukturierte Outfits mit klaren Linien und unerwarteten Details. Sie sollten weder zu langweilig noch zu exotisch sein. Ein paar wohlüberlegte Details machen den Unterschied: der Kragen einer gemusterten Bluse, der unter einem hochwertigen Pullover hervorschaut, ein weicher Satin-Blazer, den man zu allem tragen kann. (Ja, ich habe mich dem Blazer-Kult angeschlossen.) Und wenn es eine typische Farbe für uns Vierziger gibt, dann ist es Dunkelblau.

Die Richtlinien für Männer sind so ähnlich. »Früher wollte ich Kleider, die etwas über mich aussagten. Jetzt möchte ich nur noch solide Stücke kaufen, die perfekt sitzen«, gesteht mir der Freund aus Philadelphia. Dann beschreibt er mir ehrfürchtig einen »maßlos überteuerten Blazer aus weichem Sweatshirt-Stoff«, den er vor fünf Jahren wegen der gediegenen Farbe und seiner Schlichtheit nicht einmal gesehen hätte. Aber er passt ihm perfekt. »Er hat gar nichts Außergewöhnliches, aber inzwischen ist er eines meiner Lieblingsstücke.«

Ich stelle fest, dass französische Kunden und Verkäufer sich auf *la silhouette* konzentrieren – die Konturen des ganzen Ensembles. Auch dafür gibt es Formeln. Trägt man einen voluminösen Pullover, kombiniert man ihn mit einer schmalen Hose. Weite Hosen verlangen dagegen nach figurbetonten Oberteilen. Ein Rock im A-Schnitt sieht mit kleinem Absatz besser aus. Nachdem man sich für die grundsätzliche Form entschieden hat, sind einzelne Elemente weniger wichtig. Von den meisten Oberteilen und Hosen kann man auch günstigere Versionen erstehen, solange die Silhouette noch stimmt.

Diese ganze Eleganz kann natürlich auch steif wirken. In Paris gibt es einfach keine Uhrzeit, zu der man in Jogginghose in den Supermarkt gehen kann. Pariser sehen zum Teil auch deshalb so gut aus, weil es demütigend wäre, es nicht zu tun. Kleidung ist hier nicht nur Ausdruck der eigenen Persönlichkeit, sondern eine Art Rüstung, eine undurchdringlich-schicke Fassade, damit man nicht Zielscheibe von Tratsch wird. Selbst in den eigenen vier Wänden und im engsten Familienkreis erfordern gesellschaftliche Normen, dass man anständig angezogen ist.

Wenn man den französischen Regeln folgt, gibt es dafür eine existenzielle Belohnung: Wer seinen Körper gut kennt, lernt auch sich selbst besser kennen. »Wer ich bin, das bestimmt natürlich teilweise mein Aussehen, und vice versa«, schrieb die Amerikanerin Ursula L. Le Guin (die allerdings französische Literatur studiert und einen Franzosen geheiratet hat).

»Ich will wissen, wo ich anfange und aufhöre, welche Größe ich habe und was mir steht«, schrieb Le Guin, die mit 88 starb. »Ich befinde mich nicht ›in‹ diesem Körper, ich *bin* dieser Körper. Ob mit oder ohne Taille.«

Experten sagen, sobald man seinen Mode-Code einmal geknackt hat, sollte man nicht weit davon abweichen. Der eigene Stil entwickelt sich mit den Jahren. (Der Fehler, der einen älter mache, bestehe darin, seinen Stil *nicht* zu ändern, sagt Inès de la Fressange.) Allerdings mahnt Buchotte: »Es muss Ihnen immer ähneln. Sie müssen bei sich selbst bleiben.«

Befreit von dem Druck, meine eigene modische Persönlichkeit zu kreieren, marschiere ich also in meine Lieblingsboutique und liefere mich ganz der Verkäuferin dort aus. Ich bin so verzweifelt, dass ich mir keine Gedanken darüber mache, zu viel von mir preiszugeben. (Obwohl ich meine Fashionkrise strategisch in einen der zweimal pro Jahr in Frankreich stattfindenden Sales gelegt habe.)

»Ich brauche Hilfe«, sage ich. Dann erkläre ich ihr, dass ich von Brigaden modisch gekleideter Frauen umgeben bin, aber nicht weiß, was ich selbst anziehen soll.

Sie sieht mir in die Augen, um sich zu versichern, dass ich es ernst meine. Dann sagt sie mir ganz unverblümt, was an meinem Outfit nicht stimmt: meine Sandalen wären kindisch, meine Handtasche mit den Pailletten sei *moche* – ein ziemlich eindeutiges Wort für hässlich.

Dann schlendert sie durch den Laden und nimmt dies und das aus den Regalen: eine abgeschnittene schwarze Skinny-Jeans, ein gemustertes blaues Tanktop und dazu einen marineblauen Blazer mit Dreiviertelärmeln. Nichts davon wäre mir selbst ins Auge gefallen. Die Dinge sprechen mich auch nicht gerade an.

Doch als ich damit aus der Umkleide trete und auch noch die Wedges anziehe, die sie mir gibt, sehe ich ein Mitglied der schicken Armee der Pariserinnen im Spiegel.

Die Jeans passt perfekt und hat genau den richtigen Stretchanteil. Das gemusterte Top sorgt dafür, dass das Ensemble nicht zu langweilig wirkt. Die Jacke fährt das Ganze einerseits etwas herunter, aber andererseits sorgen die Dreiviertelärmel für Überraschung und Verve. Alle drei Sachen sind qualitativ gute Basics, weder langweilig noch plakativ. Die Farben passen zusammen, sind aber nicht Ton in Ton. Die Absätze schmeicheln mir, aber ich könnte trotzdem ziemlich weit damit gehen. Zum ersten Mal, seit ich mittleren Alters bin, wirkt meine Erscheinung harmonisch.

Plötzlich verstehe ich, dass ich Hunderte von Dollars und unzählige Samstagnachmittage verplempert habe, um etwas zu entdecken, was jede Pariserin mir sofort hätte sagen können: Ich werde nie wie Diane Keaton aussehen. Ich bin eine zierliche Aschkenasim mit breiter Hüfte und schmaler Taille, der Skinny-Jeans, Blazer und kleine Absätze stehen. Später werde ich noch einen Pferdeschwanz und ein paar Armreifen hinzufügen.

Ich erlebe noch eine weitere Erleuchtung: Ich habe hübsche Fesseln. Bevor ich vierzig wurde, habe ich meine Fesseln nie als Pluspunkt gesehen. Nun sind sie zusammen mit meinen Waden die einzigen Körperteile, die aus jeder Perspektive immer noch gut aussehen. Daher plane ich ganze Outfits so, dass meine Fesseln maximal zur Geltung kommen.

Mein neuer Look ist nicht besonders einzigartig. Bald fällt mir auf, dass einige dieser eleganten Damen, die ich in Paris sehe, Versionen des gleichen Ensembles tragen. Sie haben denselben Körpertyp wie ich, daher funktionieren sie an ihnen genauso. Und doch sieht diese Uniform – weil wir einfach unterschiedliche Menschen sind, verschiedene Farben, Materialien, Schuhe und Frisuren tragen – an jeder anders aus. Wir sind modisch gesehen höchstens Cousinen.

Ich bin mir nicht sicher, ob ich schon gelernt habe, mein Selbstbild richtig zu bedienen, aber zumindest habe ich meinen Stil gefunden. Und trage seither ausschließlich Variationen davon. Auf eigene Gefahr weiche ich gelegentlich davon ab. Und seit ich nicht mehr versuche, einzigartig zu erscheinen, sehe ich endlich wie ich selbst aus.

Regeln für die Mode ab vierzig

… Wenn Sie drei Kleidungsstücke auf einmal erstehen, wird eines davon ein Fehlkauf sein.

… Der lange Faltenrock, der auf dem Bügel so toll aussieht, wird so nie über Ihre Hüften fallen.

… Wenn Ihnen das Outfit der Schaufensterpuppe gefällt, dann kaufen Sie genau das. Versuchen Sie nicht, den Look selbst zu kreieren.

… Was Sie schon beim Anprobieren stört, wird Sie immer stören. Wenn die Schuhe im Laden ein klein wenig drücken, werden sie auf der Straße die Hölle sein.

… Es lohnt sich, gelegentlich verschwenderisch zu sein, wenn das Stück Ihnen bei jedem Tragen Wohlbefinden und Selbstvertrauen schenkt.

… Halten Sie sich ansonsten zurück. Kaufen Sie lieber weniger Sachen von besserer Qualität. Männer sollten in ein Paar handgenähte Budapester investieren, die sie zu allem tragen. Schuhe und

Handtaschen müssen nicht von den teuersten Designern stammen. »Ein Haufen Luxusmarken kann nach fünfundvierzig fatal sein«, sagt Inès de la Fressange.

13

So altern Sie anmutig

Zwar weiß ich jetzt, was ich anziehen soll, aber ich habe noch ein anderes Problem: Ich sehe nicht mehr ganz wie ich selbst aus. Meine Denkfalten – diese beiden senkrechten Linien zwischen den Augenbrauen, die manche auch »die Elf« nennen – verschwinden nicht mehr, nachdem ich mir morgens das Gesicht gewaschen habe. Und wenn ich durch Paris laufe, dann fühle ich mich plötzlich, als hätte ich ein Hautproblem. Fremde Menschen scheinen mich anzustarren, oder besser: nicht mich, sondern mein Alter.

Offenbar ist dieses Gefühl nicht ungewöhnlich. Eine kanadische Soziologin schreibt, dass manche ältere Frauen eine riesige Kluft zwischen ihrem Aussehen und ihrem wahren Selbst spüren. Sie schildert eine Einundsiebzigjährige, die sich vorstellt, was ihre Nachbarn denken, wenn sie sie sehen: »Eine alte Dame, die ihren Hund spazieren führt.« Dabei »stecke immer noch ich darin, das Äußere ist nur so eine Art Hülle«.

Ich fühle mich nicht wie eine Hülle. Ich fühle mich wie ich selbst, aber mit einer Elf auf meiner Stirn. Und ich spüre, wie mein Geist und mein Körper beginnen, sich zu gabeln. Ich schätze, das fängt in den Vierzigern an, und der Abstand wird dann immer größer. Das erklärt auch, warum ich anfangs immer zusammengezuckt bin, wenn Kellner mich »Madame« nannten. »Madame« bedeutet, dass mein Äußeres sich von meinem Wesen entfernt.

Niemand möchte ein älteres Wesen besitzen. Ich kenne Amerikaner Mitte sechzig, die immer noch zusammenzucken, wenn man sagt, sie seien »mittleren Alters«. Ab einem gewissen Punkt ist man praktisch verpflichtet zu sagen, dass man sich viel jünger fühlt, als man ist. Sich tatsächlich so alt zu fühlen, wie es dem eigenen Alter entspricht, wäre wie das Eingeständnis, müde, gesetzt und nicht in der Lage zu sein, mit elektronischen Geräten umzugehen.

Dieser Zwiespalt nervt. Es ist keine Midlife-Crisis, aber eine ständige Belastung. Ich sehe immer und überall wie eine Dame Mitte vierzig aus. Es ist keine Tarnung, die ich manchmal ablegen kann. Wenn ich an Frauen vorbeigehe, die in etwa mein Alter haben, betrachte ich sie mit stummer Solidarität und frage mich, wie es ihnen wohl ergeht.

Nach einigen Monaten mit diesem Gefühl – jedes Mal, wenn ich das Haus verlasse –, begreife ich endlich, warum diese fremden Leute mich so anstarren. Es hat nichts damit zu tun, dass ich alt aussehe, sondern entsetzt.

Frauen wird nahegelegt, sich vor dem Altwerden zu fürchten. Und damit sollen wir in jungen Jahren beginnen.

Ich erinnere mich, stolz darauf gewesen zu sein, dass ich in der siebten Klasse noch aussah wie eine Sechstklässlerin. Schon als Teenager machte ich Armgymnastik, damit ich niemals »Fledermausflügel« bekäme. (Ich kriegte sie trotzdem.)

Als ich zwischen zwanzig und vierzig war, vernahm ich

folgende eindeutige Botschaft der Gesellschaft: Ich befand mich auf dem Höhepunkt und würde nie mehr so gut aussehen. Frauen wurde suggeriert, diese kurze Phase jugendlicher Schönheit nostalgisch zu betrachten, *während sie sich noch darin befanden*. Laut einer Studie machen sich Frauen zwischen fünfundzwanzig und fünfunddreißig mehr Sorgen über Attraktivitätsverlust im Alter als diejenigen aller anderen Altersgruppen.

Schließlich die vierzig zu erreichen ist in etwa so wie die Szene im Horrorfilm, wenn die Heldin begreift, dass das Monster sich bereits *im Haus* befindet. Die Schlaffheit, das Ausdünnen und die Falten, die wir jahrzehntelang gefürchtet und zu verhindern versucht haben, suchen uns jetzt heim.

Frauen – und ein paar Männer – in meinem Bekanntenkreis beschreiben das, was mit ihren Körpern passiert, als würden sie Szenen aus *Der Exorzist* nacherzählen. Die Veränderungen machen eigentlich den Einsatz von Spezialeffekten nötig.

»Mein Hintern und mein Bauch haben die Plätze getauscht«, beklagt sich eine Frau.

»Meine Haut ist wie Papier«, jammert eine andere.

»Ich habe nicht nur ein Doppel-, sondern ein Dreifachkinn!! Schluss mit diesem Wahnsinn!!!«, schreibt mir ein vierzigjähriger Freund, nachdem ich ihm gutgläubig einen fröhlichen Schnappschuss von uns beiden geschickt habe. (Natürlich hatte ich nur darauf geachtet, dass ich auf dem Bild gut aussah.)

Wenn Leute, die älter sind als wir, davon erzählen, wirkt der Film nur noch gruseliger.

»Die Jahre zwischen vierzig und fünfzig sind toll, genieß

sie«, rät mir eine Überfünfzigjährige. »Ab fünfzig fällt dein Gesicht.« (Ich stelle mir dazu die Szene mit dem schmelzenden Gesicht in *Jäger des verlorenen Schatzes* vor.)

Frauen scheinen mit dem Altern auf zweierlei Arten umzugehen. Die erste besteht darin, einfach zuzusehen, wie es passiert. (Angehörige dieser Gruppe haben wahrscheinlich auch kein Problem mit Horrorfilmen.) Als ich das Thema Alter bei einer vierundvierzigjährigen Freundin anspreche, listet sie sofort alle jüngsten Veränderungen in ihrem Gesicht auf: beginnende Hängebacken, Tränensäcke, Falten am Hals (»und ich habe immer alle mit so einem gruseligen Hals verachtet«, fügt sie hinzu) und die Furche zwischen ihren Augenbrauen. Sie gibt sich selbst die Schuld an der Elf: »Damit muss ich schon als Teenager angefangen haben, weil ich dachte, damit würde ich intelligenter aussehen.«

Ich dagegen gehe mit dem Alter so um wie mit Horrorfilmen: indem ich den Blick abwende. Allerdings gelingt es mir nicht, meine Elf zu übersehen, weil sie auf jedem aktuellen Foto von mir zu sehen ist. (Smartphones sind die Feinde des Alters.) Aber ich bemühe mich, nur noch ohne Brille in den Spiegel zu schauen – einer der Vorzüge der nachlassenden Sehkraft ist dieses automatische Photoshopping. Immer habe ich mich über Schauspielerinnen aufgeregt, die auf Bildern so ein erstauntes »Oh!«-Gesicht machen, damit ihre Züge straffer wirken. Instinktiv nehme ich diesen Ausdruck inzwischen auch jedes Mal an, wenn ich mich selbst betrachte. Meine Tochter nennt das mein »Spiegelgesicht«.

Das Älterwerden scheint nicht allen etwas auszumachen. Studien zufolge sorgen sich lesbische und afroamerikanische

Frauen weniger um ihre mit dem Alter nachlassende Attraktivität. Als ich eine deutsche Bekannte wiedertreffe, die ich jahrelang nicht gesehen habe, hat sie sich in eine alternde Erdmutter verwandelt, die sich nichts aus ihren strahlenförmigen Lachfalten macht oder daraus, dass die Hälfte ihrer langen blonden Haare inzwischen ergraut ist. Ein Anwalt aus meinem Bekanntenkreis hat geradezu begeistert in den Modus »Ich werde mein Vater« umgeschaltet: Mit gerade mal einundvierzig verkündet er, fortan keine T-Shirts mehr zu tragen.

Aber die meisten Leute, die ich kenne, stresst es, und für die Schönen ist es besonders schlimm. Ein attraktiver schwuler Mann erzählt mir, dass er früher sofort wusste, welche Männer homosexuell waren, weil sie offensiv mit ihm flirteten. Mit dem Alter ist sein entsprechender Radar unzuverlässig geworden.

Eine sehr hübsche Frau Mitte vierzig sagt, früher habe sie regelmäßig ein Upgrade in die Business Class erhalten, einfach indem sie mit dem Typ am Check-in-Schalter flirtete. Sie musste auch keine Urlaubspläne machen, weil Männer sie auf ihre Yachten einluden. In den letzten Jahren seien die Upgrades und Einladungen selten geworden. Sie flirtet nach wie vor mit dem Typ beim Check-in. Nur kommt dabei nichts mehr heraus. Ich kann mir vorstellen, dass sie rumläuft und sich fühlt, als würde ihr ein Körperteil fehlen.

Was soll man mit über vierzig machen? Eine Möglichkeit ist, Verwirrung um sein Alter zu stiften. Ein Texaner erzählte mir von der Taktik seiner Großmutter: Erzähl jedem, du wärst sieben Jahre *älter*, als du bist.

Ich: Dann behaupte ich, über fünfzig zu sein…?

Er: Dann sagen alle, wie fantastisch du aussiehst.

Ich: Und wenn ich behaupte, ich wäre dreißig?

Er: Dann glaubt dir keiner.

Es gibt natürlich auch die Strategie, mit der ich aufgewachsen bin: Alle Anzeichen des Alters mit frühen, häufigen medizinischen Eingriffen bekämpfen. In Miami und anderswo sind Frauen mittleren Alters praktisch gezwungen, sich das Gesicht liften zu lassen; danach folgen regelmäßige Injektionen mit Botox und irgendwelchen Fillern, weil man sonst riskiert, abartig natürlich auszusehen. Ich kenne eine großartige Frau in Miami, die über fünfzig ist und nur deshalb als exzentrisch gilt, weil sie noch nie irgendwas hat machen lassen.

Andernorts geben selbst einige der überzeugtesten Feministinnen, die ich kenne, zu, sich zumindest ein paar Spritzen genehmigt zu haben. Wenn man das maßvoll tut, sieht es sogar ziemlich gut aus.

Ich erzähle Simon, dass ich mit dem Gedanken an ein bisschen Botox spiele, um meine Elf etwas zu kaschieren.

»Tu es nicht«, sagt er. Dabei hatte ich keine Ahnung, dass er zu weiblicher Hautpflege überhaupt eine Meinung besitzt. Aber er meint, er habe ältere Frauen beobachtet, und der Trick bestünde darin, natürlich, aber mit Eleganz zu altern.

Ich glaube, das meint auch eine Freundin von mir, als sie berichtet, sie halte sich an eine Philosophie, die »Altern mit Grazie« heißt. Da ginge es darum, »die natürlichen Veränderungen des Körpers zu akzeptieren«. Als ich sie nach konkreteren Details frage, gesteht sie mir, dass sie sich da auch nicht sicher sei. Sie fand nur den Begriff so inspirierend. Anschließend erzählt sie mir von ihrer Fettabsaugung.

Ich möchte auch mit Grazie altern. Und ich vermute, dass damit nicht gemeint ist, an allen Spiegeln vorbeizuschauen, die zunehmende Größe meiner Tränensäcke zu ignorieren oder mir einzureden, mit »Madame« sei nicht ich gemeint.

Und ich möchte auch nicht den Rest meines Lebens damit verbringen, mich nach meinem Aussehen mit dreißig zu sehnen. Das ist antifeministisch und nutzlos. Vielleicht sogar schlecht für meine Gesundheit. Eine amerikanische Studie ergab, dass junge Leute, die »negative Klischees übers Alter« verinnerlicht hatten, in den darauffolgenden vier Jahrzehnten mit größerer Wahrscheinlichkeit an Herzproblemen litten. Ich schätze auch, dass es einem schwererfällt, sich aufzuraffen und Sport zu treiben oder keinen Berg Cookies in sich reinzufuttern, wenn man den eigenen Körper nur für eine Hülle hält.

Aber was ist die Alternative? Gibt es eine andere, gesündere, vernünftigere Art, mich meiner Elf zu stellen?

Vielleicht. Falls es da ein Geheimnis gibt, dann hat es mit der Psyche zu tun und mit dem Geheimnis, sich richtig anzuziehen. Man muss die Kluft zwischen der Hülle und dem Selbst überbrücken. Mit anderen Worten: Man muss sich seinem Alter stellen und sogar stolz darauf sein.

Wahrscheinlich idealisiere ich die Franzosen ein wenig. Aber mir ist aufgefallen, dass Frauen hier einen etwas anderen Kurs einschlagen als ich, eine Amerikanerin. Wie Hélène, die sexy Mittsechzigerin, erklären mir viele, dass sie sich vornehmen, *bien dans son âge* zu sein – grob gesagt, ihr Alter mit Fassung zu tragen und sich darin wohlzufühlen.

Die Frauen, die mir begegnen und anscheinend tatsächlich

mit Grazie altern, sehen so alt aus, wie sie sind. Sie wirken nicht auf magische Weise jünger. (»Der Versuch, jung auszusehen, ist der schnellste Weg, um alt auszusehen«, sagt Inès de la Fressange.)

Doch diese Frauen verbinden gemeinsame Eigenschaften. Sie scheinen sich alle ins Leben zu stürzen und sich in ihrem Körper wohlzufühlen. Sie sehen nicht entsetzt oder weltfremd aus oder so, als betrachteten sie gerade ihren persönlichen Horrorfilm. Klar, sie hätten sicher nichts gegen ihren Bauch, wie er mit fünfundzwanzig war. Und von ihrer Elf sind sie jeweils wohl auch nicht begeistert. Aber sie betrauern nicht permanent eine vergangene Version ihrer selbst. Sie bewohnen und genießen ihren Körper und ihr Alter, wie sie gegenwärtig sind (und verwenden eine Menge Energie darauf, sich instand zu halten). *Bien dans son âge* zu sein bedeutet, die beste Version von sich zu leben, egal wie alt man gerade ist. Ich kenne Frauen, die eigentlich überhaupt nicht schön sind, aber trotzdem blendend aussehen.

Genauso wie gute Kleidung ab vierzig Entscheidungen erfordert, die Ihr Wesen reflektieren, und Sie nicht einfach die gängigen Basics tragen sollten, bedeutet auch gutes Aussehen mit zunehmendem Alter, Akzente zu setzen und Freude daran zu haben, was Ihre Besonderheit ausmacht. Nach schematischer Perfektion zu streben bringt da eher nichts.

Ein Teil des Reizes junger Frauen mit ihren glatten Gesichtern ist, dass auf ihrer Haut noch keine Geschichte geschrieben steht. Theoretisch kann man alles auf sie projizieren. Wenn Frauen älter werden, sehen sie aus, als hätten sie eine Geschichte. Die französische Version besteht darin, diese

Geschichte nicht als unwillkommenen Ballast zu betrachten, sondern als Teil der Besonderheit und des Reizes jeder Frau. So gesehen wäre es seltsam, die vierzig zu erreichen oder noch älter zu werden, ohne eine solche Geschichte zu haben.

Einige Französinnen lassen sich im Gesicht liften und unterziehen sich Injektionen oder anderer Prozeduren. Aber die damit verbundenen Ziele sind relativ bescheiden. »Ich versuche, fünf Jahre loszuwerden«, bemerkte eine Pariserin mir gegenüber. Während Amerikanerinnen es gleich mit zwanzig versuchen.

»Schönheit bedeutet, die Menschlichkeit in jemandem zu sehen«, erklärt Elsa Weiser, Gründerin des nach ihr benannten Schönheitsinstituts im noblen 6. Pariser Arrondissement. Sie warnt auch davor, die eigene Einzigartigkeit zu eliminieren, wenn man sich die Züge zu stark glätten lässt. Vor allem ab einem gewissen Alter »wollen wir ja nicht aussehen wie frisch ausgepackt. Wir sind nicht tiefgekühlt, sondern lebendig.«

Ich erlebe eine Art Durchbruch, was meine eigene Besonderheit angeht, als ich bei einem Abendessen einer Amerikanerin vorgestellt werde, die genau wie ich aussieht – nur ein bisschen größer. Außerdem ist sie nicht jüdisch, sondern im Glauben der Kirche Jesu Christi der Heiligen der Letzten Tage aufgewachsen. Im Grunde genommen ist sie also meine mormonische Doppelgängerin. Einen Moment lang starren wir einander an, als uns beiden die Ähnlichkeit auffällt.

Sie ist nicht umwerfend oder makellos oder besonders schlank. Aber die Mischung ihrer Eigenschaften ist ansprechend und attraktiv. Ich kann mir gut vorstellen, dass sie für jemanden wichtiger ist als alle anderen Menschen auf der Welt, obwohl es Millionen anderer, objektiv hübscherer Frauen gibt.

Diese Erkenntnis haut mich fast um. Zum ersten Mal sehe ich, warum jemand mich um meiner selbst willen wollen kann. Einfach weil ich ich bin.

»Oh, mein Gott, jetzt verstehe ich, warum man mich sexy finden kann!«, verrate ich ihr.

Selbst in Frankreich passiert es nicht automatisch, dass man »sich in seinem Alter wohlfühlt«. Das ist ein bewusster, erwachsener Akt. Man muss glauben, dass die individuelle Gestalt, Psyche und Auswahl an Eigenschaften – inklusive des Alters – einen berechtigten Platz auf der Welt haben. Es bedeutet, eine Entscheidung darüber zu treffen, wie man altern wird. Und es bedeutet zu glauben, dass der Mensch im Spiegel man selbst ist.

Sie wissen, dass Sie eine Frau über vierzig sind, wenn...

... Freundinnen, die sich aus Überzeugung schon immer geweigert haben, sich die Haare zu färben oder die Achseln zu rasieren, plötzlich nicht mehr auf charmante Weise rebellisch, sondern zottelig aussehen.

... Leute auf der Straße Sie nur noch beachten, wenn Sie gerade vom Friseur kommen. Dafür beginnt Ihre Tochter jetzt Blicke auf sich zu ziehen.

... Sie auf eine »Pool Party« gehen, wo aber fast keine der Frauen einen Badeanzug trägt, und wenn doch, damit nicht aufsteht.

... Sie die versteckten Kosten hinter den Dingen sehen. Sie wissen jetzt, dass hinter jeder glamourösen und abenteuerreichen Kindheit eine Mutter steckt, die sich um Schulanmeldungen und das Packen kümmert.

... Sie keine Geduld mehr mit Blendern haben.

14

So lernen Sie die Regeln

Schon seit meiner Kindheit sammle ich Lebensweisheiten. Das sind kompakte Wahrheiten darüber, wie die Welt funktioniert. Meine erste Regel bekam ich mit neun oder zehn zu hören, als ich auf dem Rücksitz einer Nachbarin von der Schule nach Hause gefahren wurde. Ich hatte unserer Nachbarin Mrs Gross gerade erklärt, sie könne ruhig in unsere Straße abbiegen, weil sie Vorfahrt habe.

Mrs Gross blieb trotzdem stehen. Stattdessen sah sie mich nur im Rückspiegel an und meinte: »Du kannst Vorfahrt gehabt haben und trotzdem tot sein.«

Das sagte sie so ernst und überzeugend, dass ich wusste, es wäre dumm, ihren Rat nicht zu beherzigen. Außerdem wurde mir klar, dass vermutlich in jedem Erwachsenen ein paar solcher Wahrheiten steckten, die er aus seiner Lebenserfahrung gewonnen hatte. Ich war damals geradezu verzweifelt bemüht, die Welt zu verstehen und mich darin zurechtzufinden. Wenn es mir gelänge, die entscheidenden Lektionen von vielen Leuten zu lernen, dann wäre ich bestimmt auf fast jede Situation vorbereitet. Diese Regeln würden mich nicht weise machen, aber immerhin ungefähr in Richtung Weisheit weiterbringen. Dann würde ich zumindest manches selbst richtig machen.

Bald merkte ich allerdings, dass Leute selten tiefschürfende Dinge sagen, wenn sie es eigentlich tun sollten. So stand der Rabbi jeden Samstag vor unserer Gemeinde und flüsterte ein Geheimnis ins Ohr des Kindes, das in jener Woche seine Bar Mitzwa feierte. Ich vermutete, er gäbe einen Rat preis, der sie bis ins Erwachsenenleben führen würde. Deshalb sehnte ich mich danach, ihn auch zu erfahren. Doch als ich an der Reihe war, flüsterte er nur so was wie »Das ist ein wichtiger Tag«, dann ertönte die Orgel.

Dafür tauchten Regeln öfter dann auf, wenn ich nicht mit ihnen rechnete. Sie blubberten einfach aus jemandem heraus. Als ich schon älter war, spitzte ich die Ohren, als erwähnt wurde, dass »ein Mann einem schon beim ersten Date erzählt, was er will«, oder dass »jede Frau, die sehr dünn ist, eine Menge Zeit investiert, um so auszusehen«. Mir schienen das Fakten zu sein, die jede Erwachsene auf Lager haben sollte.

Klischees machten mich misstrauisch. Ich bevorzugte Wahrheiten, die selbstverständlich wirkten, aber so knapp und spezifisch waren, dass kaum jemand von ihnen Notiz nahm. »Ein sauberer Po ist das Geheimnis guter Gesundheit«, ließ mich einmal ein Freund wissen, als er aus dem Badezimmer kam. »Lass dich bloß nicht scheiden«, sagte eine Kollegin nach einer erbitterten Auseinandersetzung mit ihrem Exmann.

Konversationstipps ließen sich sofort umsetzen. Einmal hörte ich einen Comedian sagen, wenn man sich aus einer langweiligen Unterhaltung befreien wolle, »muss man Fragen stellen, die der Gesprächspartner mit einer Zahl beantworten muss«. Eine Geschäftsfrau erzählte mir einmal, bei ihren Abendeinladungen seien drei Themen tabu: Kinder, Jobs und Immobilien. (Ich habe eine Schwäche für Regeln, die im Dreierpack daherkommen.)

Ebenso sammle ich Regeln ohne offensichtlichen Nutzen. Das gibt mir das Gefühl, für Unvorhersehbares gewappnet zu sein – das ist meine Entsprechung eines Kellers mit Wasser- und Munitionsvorräten. Ich fand es aufregend, als ein Produzent in einer Radiosendung erwähnte, das Low-Budget-Filme nicht viele Sprechrollen haben sollten, weil man den Schauspielern mehr bezahlen müsse, wenn sie Text haben. (Deshalb stünden die Kellnerinnen in Billigproduktionen meist nur stumm mit ihren Blöckchen da.)

Mein Lackmustest dafür, ob eine Regel es verdient, in mein persönliches Pantheon aufgenommen zu werden, ist die Frage, ob sie sich als letzte Worte eignen würde. Könnte ich mir vorstellen, dass jemand auf dem Sterbebett im Kreis seiner Lieben sagt: »Man beherrscht eine Sprache fließend, wenn man jemandem in dieser Sprache erklären kann, wie man seine Schuhe zubindet«? (Das kann ich auf Französisch.)

Für mich ist es auch ein Glücksfall, wenn jemand eine Regel wiederholt, die er aus dem Mund eines anderen gehört hat. Eine Frau, deren Mann mit ihrer Freundin geschlafen hatte, erzählte mir von der sehr vernünftigen Erklärung ihrer Therapeutin: »Leute schlafen eben mit Leuten, die sie kennen.« (Im Notfall halte ich das für ausgezeichnete letzte Worte.) Jemand anders hat mir den Rat einer Freundin weitergereicht, der meiner Vermutung nach das Erfolgsrezept einer modernen Ehe enthält: Eine Frau muss alle sieben bis zehn Tage mit ihrem Mann schlafen, sonst dreht er ein bisschen durch.

Ein besonderes Faible hatte ich für Regeln, die Rechenformeln enthielten, vielleicht weil sie mir wissenschaftlich vorkamen. »Zwei Drittel sind süß«, sagte ein Freund mal zu mir und meinte damit, etwas sei niedlich, wenn es zwei Drittel der üblichen Größe hatte. (Das war die wichtigste Erkenntnis, die er aus seiner kurzen Ehe mit einer kleinen, bezaubernden Frau mitnahm.)

Als ich begann, ins Ausland zu reisen, fing ich auch an, dort Ausdrücke zu sammeln. Sprichwörter in anderen Sprachen haben den Vorteil, in ihrem Herkunftsland geprüft zu sein und für mich ganz neu zu klingen. Als Austauschstudentin in Japan lernte ich, dass »sogar Affen von Bäumen fallen«. (Seither habe ich zahlreiche Gelegenheiten gefunden, um das in nicht-japanischer Umgebung zu sagen, auch wenn mir das oft irritierte Blicke einbrachte.)

Ich liebe auch die selbsterklärende Stärke der italienischen Redensart »Der Appetit kommt beim Essen« und den weltgewandten französischen Spruch »Nur Freunde können enttäuschen«. Wenn etwas zu spät kommt, sagt der Holländer, es sei »wie Senf nach dem Essen«.

Ich kann nicht immer beurteilen, ob etwas ein etablierter Ausdruck in einer für mich fremden Sprache ist oder nur die zufällige Formulierung eines Ausländers. »Besser am falschen Ort mit den richtigen Leuten als am richtigen Ort mit den falschen Leuten«, sagt eine Pariserin zu mir. Erst später erfahre ich, dass das nur ihr Mann einmal während einer Busfahrt gemurmelt hat.

Nach und nach dämmerte mir, dass ich diese Bonmots nicht sammelte, um mehr übers Leben zu lernen, sondern um meine Unwissenheit zu kaschieren. Die Brücke erwies sich jedoch als zu lang, als ich in meinen Zwanzigern begann, Sätze zu wiederholen, die zu einem Talentscout aus Hollywood gepasst hätten, der nach dem Mittagessen seine Zigarre schmauchte. Wie zum Beispiel »Kleide dich britisch, denke jiddisch« (bezogen auf Lew Wasserman) oder »Zeig mir eine schöne Frau, und ich zeige dir einen Mann, der es leid ist, sie zu vögeln«.

Mein Wunsch nach Lebensregeln hat mich auch abergläubisch gemacht. So erzählte mir die Gastgeberin bei einem formellen Mittagessen, wenn beim Servieren ein Kuchenstück umkippt, wird derjenige, der es bekommt, sechs Jahre lang nicht heiraten. Danach hielt ich mich bei Desserts eher an Brownies, weil die einen tieferen Schwerpunkt haben. Erst Jahre später begriff ich, was sie mir wahrscheinlich damit sagen wollte: Wenn du einen Mann finden willst, dann iss weniger Kuchen.

Auch für Religion war ich empfänglich. Denn was ist praktizierter Glaube denn anderes als eine Sammlung kleiner Regeln für den Alltag? Als ich mich ab zwanzig genauer mit dem Judentum beschäftigte, wurde mir schnell klar, dass ich auf die Goldader aller Lebensregeln gestoßen war. Fromme Juden befolgen nicht nur Hunderte Gebote aus dem Alten Testament, sondern studieren außerdem die jahrhundertelange Auslegung durch Rabbiner zu ihrer Anwendung in Myriaden von Situationen.

- Was, wenn ein Mann vom Dach fällt, aus Versehen auf einer anderen als seiner eigenen Frau landet und mit ihr Geschlechtsverkehr hat?
- Was, wenn man das Haus vor Pessach sorgsam von allen Brotprodukten gereinigt hat und dann, Augenblicke bevor der Feiertag beginnt, ein Stückchen Brot durchs Küchenfenster in den Suppentopf fällt? Darf man die Suppe dann noch essen?

Ich habe gelernt, dass es ein Gebet gibt, das man sprechen soll, bevor man in einen Doughnut beißt, und ein anderes, bevor man einen Pfirsich isst. Der Segen, der über eine Kartoffel zu sprechen ist, unterscheidet sich von dem für Kartoffelchips, weil diese keine Ähnlichkeit mehr mit der ursprünglichen Knolle haben. (Es gibt eine lebhafte Debatte unter Rabbinern über Pringles, da diese von der Form her kartoffeliger aussehen.)

Ich liebte all diese Details. Ich kam mir vor, als würde ich mit den Zwangsneurosen meiner Vorfahren in Verbindung treten. Kein Wunder, dass ich Tipps zu Low-Budget-Filmen sammelte, die ich niemals drehen würde. Schließlich stamme ich von Menschen ab, die von unwahrscheinlichen Szenarien besessen gewesen zu sein schienen.

Ich befolgte all diese religiösen Vorschriften nicht, aber ich sammelte sie. Wenn Gott nicht will, dass ich Krabben esse, müsste ich dann nicht auch beherzigen, dass er mich am Samstagnachmittag nicht Tennis spielen sehen will? (Erfahrene Gläubige wissen, wo man hier eine Grenze ziehen muss. Ich war zeitweise mit einem orthodoxen Juden zusammen, der alle Regeln befolgte, bis auf die, die außerehelichen Sex untersagte.)

Am Ende entschied ich mich gegen einen religiösen Lebenswandel. Ich war schon verunsichert genug, ohne mir Gedanken darüber zu machen, welcher Segen über Erdnussbutter zu sprechen sei (es gibt jeweils einen für solche mit Stückchen und solche ohne). Aber vor allem fühlte sich ein halbwegs frommes Leben für mich, die ich ohnehin schon eine Schwäche für Regeln hatte, nicht spirituell, sondern zwanghaft an.

Also suchte ich lieber wieder täglich Trost in meiner Auswahl säkularer Prinzipien. Nur kamen mir die mit zunehmendem Alter immer fadenscheiniger vor. Meine beliebigen Regeln vermittelten mir nicht das Gefühl, erwachsener zu sein. Sie halfen mir nicht bei der Einschätzung oder dem Verständnis anderer Leute und erzeugten kein Mitgefühl. Erwachsensein bedeutete eindeutig nicht, die zufälligen Erkenntnisse und Beauty-Tipps von irgendwem wie ein Staubsauger aufzunehmen. Es war wohl an der Zeit, dass ich zu eigenen Einsichten kam.

Die 10 Gebote für Vierzigjährige

1. Winken Sie niemals jemandem, wenn Sie etwas Kurzärmeliges tragen.

2. Kaufen Sie keine etwas zu kleine Jeans in der Hoffnung, dass Sie bald abnehmen werden.

3. Schlagen Sie keine Verabredung zum Lunch mit jemandem vor, mit dem Sie eigentlich nicht zu Mittag essen wollen. Ihre Mitmenschen werden weit weniger enttäuscht sein, als Sie denken.

4. Wenn Sie jemanden treffen, der in der Modebranche arbeitet, tragen Sie nicht Ihr »trendigstes« Outfit. Tragen Sie Schwarz.

5. »Nett« ist als Eigenschaft für einen guten Freund nicht ausreichend, aber notwendig.

6. Wenn Sie sich fragen, ob das die Tochter oder die Freundin eines Mannes ist, handelt es sich wahrscheinlich um die Freundin.

7. Falls Sie sich fragen, ob es die Mutter oder die Großmutter eines Kindes ist, handelt es sich wahrscheinlich um die Mutter (insbesondere wenn sie Zwillinge hat).

8. Es gibt keine Erwachsenen. Alle improvisieren nur, aber manche tun das besonders selbstbewusst.

9. Verzeihen Sie Ihren Expartnern, selbst den fürchterlichen. Auch die haben nur improvisiert.

10. Es ist okay, wenn Sie keinen Jazz mögen.

15

So werden Sie weise

In den Vierzigern ändert sich so einiges. Ich bin über die Pointe von Witzen überrascht, die ich eindeutig schon mal gehört habe. An Flughäfen starre ich auf den Bildschirm, der die Nummer meines Gates anzeigt, um diese bereits wenige Sekunden später wieder vergessen zu haben. Ich kenne die Lehrer meiner Kinder vom Sehen, kann mich aber ums Verrecken nicht an ihre Namen erinnern. (Zu meiner Verteidigung kann ich allerdings anführen, dass sie Franzosen sind. Hier ist es nicht ungewöhnlich, dass eine Lehrerin ständig neu heiratet.)

Doch in den Vierzigern ändert sich noch eine Sache. Etwas, das einen unter Umständen für die sich in Luft auflösenden Gate-Nummern entschädigen kann: Werde ich neuerdings mit einer ungewohnten Situation oder einem Problem konfrontiert, poppt in meinem Kopf eine Art Karteikarte auf. Auf ihr sind andere, ähnliche Situationen vermerkt, in denen ich schon war und von denen ich den Ausgang kenne. Dank dieser Karteikarte weiß ich dann in etwa, was ich als Nächstes tun muss.

Nur damit wir uns richtig verstehen: Ich bin kein Orakel oder so, und mein Themengebiet ist beschränkt. Ich besitze keinerlei Karteikarten zu chinesischer Politik oder zur Weiterverbreitung atomarer Vernichtungswaffen. Aber in einst schwierigen Alltagssituationen weiß ich heute recht genau, wie ich mich verhalten sollte. Ich lasse mich nicht mehr so lange von Reue und Zweifeln lähmen, sondern kann mein Leben stattdessen aktiv in die Hand nehmen. Oft bin ich nicht mal versucht, Simon um Rat zu fragen.

Ich freue mich über diesen neuen Karteikartenkatalog in meinem Kopf und habe bemerkt, dass andere in meinem Alter auch über so etwas zu verfügen scheinen. Wird uns das eines Tages womöglich doch noch weise machen?

Seit Jahrtausenden strebt der Mensch nach Weisheit, aber die Erste, die sich in neuerer Zeit wissenschaftlich damit beschäftigt hat, ist die New Yorkerin Vivian Clayton.

Clayton wurde 1950 in Brooklyn geboren. Ihre Mutter war Stenographie-Lehrerin auf einer High School, und ihr Vater hat Pelzmode entworfen. Schon von klein auf staunte Clayton darüber, wie unterschiedlich ihre Eltern waren.

»Meine Mutter besaß nicht viel emotionale Intelligenz, und ihre Fähigkeit, Mitgefühl zu empfinden, war deutlich weniger ausgeprägt als bei meinem Vater. Sie neigte dazu, impulsive Entscheidungen zu treffen, und konnte recht verletzend sein«, erzählt mir Clayton am Telefon.

Ihr Vater war deutlich ausgeglichener und überlegte reiflich, bevor er sich zu etwas entschloss. Manchmal entschied er sogar, dass es das Beste sei, gar nichts zu tun. Er hatte auch stets im Blick, was seine Entscheidungen für seine Tochter bedeuteten, und schien generell zu wissen, wie andere reagieren und empfinden würden. »Seine größte Stärke war Einfühlungsvermögen«, erinnert sie sich.

Claytons Vater, Simon, war kein herausragender Geschäftsmann. Als sie mal einen Tag bei ihm im Büro verbrachte, saßen sie gemeinsam an seinem Arbeitstisch. Bis er irgendwann eine Schlafmatte ausrollte und auf ebenjenem Tisch ein Nickerchen machte. Sie staunte über den winzigen Radius, in dem das Leben ihres Vaters stattfand: »Das war seine ganze Welt.«

Und trotzdem war er zufrieden in seiner kleinen Welt. Jahrelang schrieb er eine wöchentliche Kolumne mit dem Titel »Simon Sez« für eine Pelzhändlerzeitung, beschrieb die Eigenheiten seines Alltags in den vier Häuserblöcken, aus denen Manhattans Pelzviertel bestand.

Clayton fiel auch auf, dass ihre Mutter mit ihrem impulsiven Verhalten nur selten erreichte, was sie wollte, während die Herangehensweise ihres Vaters häufig von Erfolg gekrönt war. »Nach und nach gelangte er zu einem Entschluss, der von seiner reiflichen Überlegung profitiert zu haben schien«, so Clayton.

Er konnte sich auch außergewöhnlich gut selbst einschätzen. »Er wusste, dass er nicht besonders ehrgeizig war. Er kannte seine Schwächen. Manchmal entschuldigte er sich dafür, nicht perfekt zu sein.«

Clayton versuchte immer noch, die schwer fassbaren Qualitäten ihres Vaters zu begreifen, als sie für ein Proseminar in Psychologie eine Arbeit über Weisheit schreiben musste, die dann in eine Promotion und eine Vollzeitbeschäftigung mit dem Thema Weisheit mündete. Soweit sie wusste, war sie die Einzige, die sich ausgiebig damit beschäftigte.

Deshalb musste Clayton erst mal definieren, was Weisheit überhaupt ist. Auf der Suche nach gemeinsamen Merkmalen studierte sie alle möglichen Quellen – angefangen von der Bibel über klassische Dramen und Texte von Henry David Thoreau bis hin zu Reden von John F. Kennedy. Sie bat Juraprofessoren, Anwälte und pensionierte Richter, ihr die weisesten Menschen zu beschreiben, die sie kannten.

Anfang 1978 veröffentlichte Clayton eine Reihe von revolutionären Arbeiten, die besagen, dass Weisheit ein Entscheidungsprozess sei, bei dem jemand mit Hilfe seines Verstandes und seiner Gefühle Fakten analysiere und dann darüber nachdenke. Sie machte deutlich, dass Weisheit nicht dasselbe wie Intelligenz sei. Intelligenz sage einem, *wie* etwas geht. Weisheit dagegen besitze auch eine moralische und soziale Dimension, versetze einen in die Lage zu entscheiden, ob man etwas tut oder lieber lässt.

Clayton begriff, dass man kein Genie sein muss, um weise zu sein. Man muss »angemessen intelligent« sein, um alle an einer Entscheidung beteiligten Faktoren zu verstehen. Man muss aber auch in der Lage sein, Mitgefühl zu empfinden »und es mitberücksichtigen, wenn man zu einer Entscheidung oder einem Urteil gelangt«. Und da weise Entscheidungen ein längeres Nachdenken erfordern, werden sie in der Regel langsam getroffen. Mit anderen Worten, Claytons Definition von Weisheit hatte viel mit ihrem Vater zu tun.

Wegen ihrer herausragenden Forschung bekam sie das Angebot, an der Columbia University in New York zu lehren: eine triumphale Rückkehr in die Stadt, in der ihr Vater auf seinem Arbeitstisch Nickerchen gemacht hatte.

Ihre Arbeit zog weiteres Interesse an der Beschäftigung mit dem Thema Weisheit nach sich. Journalisten befragten sie dazu in Interviews. Hohe Tiere an der Columbia wollten wissen, wann sie denn noch etwas veröffentlichen würde. Kollegen und Konkurrenten auf diesem Gebiet tauchten in ihrem Büro auf, um mehr über ihre Fortschritte herauszubekommen. Konnte sie vielleicht messen, wie weise ein Mensch ist? Konnte sie anderen Weisheit beibringen?

Aber Weisheit ist und bleibt ein schwer zu fassendes Thema. Intelligenz ist »die Fähigkeit, logisch zu denken, sich eine Vorstellung von der Realität zu machen und diese zu abstrahieren«, schrieb Clayton in einer Arbeit von 1982. Während Weisheit »die Fähigkeit, die menschliche Natur zu begreifen, mit einschließt, und die ist paradox, widersprüchlich und ständigen Veränderungen unterworfen«.

Mit einunddreißig traf Clayton eine Entscheidung, die ihr Umfeld erstaunte: Sie kündigte ihre Stelle an der Columbia. Die Weisheit drohte sie aufzufressen. Sie wollte sich nicht ihr ganzes Leben damit beschäftigen. Außerdem kannte sich Clayton: Sie war langsam und gründlich, mit Druck von außen konnte sie nur schwer umgehen. »Ich habe erkannt, dass ich keine echte Akademikerin bin«, gestand sie mir. »Wenn ich also etwas aus meinem Leben machen und Geld verdienen wollte, musste ich von dort weggehen und etwas Neues lernen.«

Nachdem Vivian Clayton ihre Forschungen zum Thema Weisheit eingestellt hatte, wurde ihre Arbeit von vielen anderen fortgesetzt. Bald darauf gab es das »Berliner Weisheitsparadigma«, die »Gleichgewichtstheorie der Weisheit« und das »Emergent Wisdom Model«.

Ein Yale-Psychologe rief ein Projekt ins Leben, mit dem er Schülern Weisheit beibringen wollte.

Viele miteinander konkurrierende Begriffsbestimmungen entstanden: Einige Forscher definierten Weisheit pragmatisch als die Fähigkeit, weit verbreitete Probleme zu lösen. Andere beschrieben sie eher esoterisch als »Höhepunkt persönlichen Wachstums« oder als »tiefgreifendes Verstehen des Lebens«, als »Wunsch, die Wahrheit zu kennen«. Wieder andere hielten Weisheit für ein Ideal, nach dem man streben solle, das man aber höchstwahrscheinlich nie erreichen werde.

Obwohl es keine verbindliche Definition von Weisheit gibt, haben sich jedoch einige gemeinsame Merkmale oder Schnittmengen herauskristallisiert:

Weise Menschen sind in der Lage, das große Ganze zu sehen. Sie können über das konkrete Problem hinaus denken, den breiteren Kontext und die langfristigen Auswirkungen erfassen. Sie lassen sich nicht von der Mehrheit beeinflussen.

Gleichzeitig ist ihnen bewusst, dass ihr Wissen, ihr Urteilsvermögen und ihre Sichtweise begrenzt sind. Sie sind bescheiden. Ihnen ist klar, dass sämtliche Entscheidungen nur mit unzureichenden Informationen getroffen werden und deshalb gar nicht perfekt sein können.

Sie wissen, dass das Leben nicht eindeutig, sondern kompliziert ist. Sie haben einen Blick für Grautöne, statt alles nur schwarz oder weiß zu sehen. Sie wissen, dass die meisten Menschen und Situationen sowohl gute als auch schlechte Seiten haben, und können diese rasch erkennen. Der legendäre niederländische Fußballer Johan Cruyff wies darauf hin, dass manche Spieler auf den ersten Blick wie Nieten wirken könnten. Doch wenn man ihre verschiedenen Qualitäten analysiert – den linken oder rechten Fuß, ihre Fähigkeit zu köpfen, ihr Tempo usw. –, werde man merken, dass sie vieles extrem gut beherrschen.

Weise Menschen wissen, dass jede Situation unterschiedlich ausgehen, jede Handlung unvorhergesehene Konsequenzen haben kann. Selbst gute Lösungen haben unsichtbare Schattenseiten. Wenn ich beispielsweise meinen Mann auf eine neue Wohnung hinweise, die größer und günstiger ist als die, die wir jetzt haben, weigert er sich, über einen Umzug auch nur nachzudenken, und behauptet, der Umzugs- und Eingewöhnungsstress würde die Vorteile gleich wieder zunichtemachen.

Weise Menschen kennen sich selbst, ihre guten und schlechten Eigenschaften, ganz genau. Sie sind mit ihrer Familiengeschichte und der Epoche, in der sie leben, bestens vertraut. Als Angela Merkel noch Kanzlerkandidatin war, traf sie sich mit dem damaligen britischen Premierminister Tony Blair. Blairs Stabschef erinnert sich, dass sich die zukünftige Kanzlerin ohne übertriebene Ehrfurcht vor Blair aufbaute und ganz entwaffnend sagte: »Ich habe zehn Schwächen.« Dann zählte sie sie nacheinander auf, beginnend mit »fehlendes Charisma«. Blair war beeindruckt.

Gleichzeitig sind sie nicht selbstbezogen. Sie nehmen

auch fremde Standpunkte wahr und akzeptieren, dass andere Menschen Ziele und Werte haben, die sich von ihren unterscheiden. Neurotiker sind selten weise, nicht einmal wenn sie hochintelligent sind – ganz einfach, weil sie sich viel zu sehr mit sich selbst beschäftigen.

Sie besitzen eine gute Menschenkenntnis. Sie verstehen, wie andere denken und können voraussehen, wie sie sich wahrscheinlich in verschiedenen Situationen verhalten werden. Sie nehmen ihre Motivation und ihre Gefühle wahr und können einschätzen, wie sich ihr Handeln und ihre Entscheidungen auf andere auswirken werden.

Ihre Menschenkenntnis ist nicht nur abstrakt. Ein weiser Mensch interessiert sich aufrichtig für andere und handelt gütig, mitfühlend, anteilnehmend. Er bevorzugt die Konfliktlösung, den Kompromiss, Großzügigkeit und Vergebung. Außerdem glaubt er an uneigennützige Fürsorge. Als Nelson Mandela Präsident von Südafrika war, erhob er sich jedes Mal, wenn die Angestellte mit dem Tee sein Büro betrat, und blieb so lange stehen, bis sie wieder weg war. Mandela beschloss, nicht für eine zweite Amtszeit zur Verfügung zu stehen, damit sein erst seit kurzem demokratisches Land einen friedlichen Machtübergang erleben konnte. Weise Menschen lassen sich nicht von persönlichem Vorteil leiten, sondern haben vor allem das Allgemeinwohl im Blick.

Weise Menschen sind pragmatisch und anpassungsfähig. Sie können mit den Unwägbarkeiten des Lebens umgehen. Wenn ihre Überzeugungen der Realität nicht mehr standhalten, ändern sie ihre Meinung. »Weise Menschen sind in der Lage, die Gegebenheiten so zu nehmen, wie sie sind, und zwar mit Gelassenheit«, erklärt die Soziologin Monika Ardelt. Sie streben nicht nach Unerreichbarem und sind in der Lage, sich zu ändern. Ich habe einmal gehört, wie jemand erklärt hat, warum Barack Obama ein weiser Politiker war: Er wollte nicht mehr, als er kriegen konnte.

Weise Menschen haben Erfahrung. Das setzt »großes faktisches und prozedurales Wissen voraus«, so die Psychologen Paul Baltes und Jacqui Smith. Man kann nicht weise und gleichzeitig unwissend sein. Man benötigt Fakten, die das eigene Urteil unterfüttern. Weise Menschen nutzen diese Informationen, um herauszufinden, worauf sie sich in einer bestimmten Situation konzentrieren und was sie getrost vernachlässigen dürfen.

Sie besitzen Resilienz, psychische Widerstandsfähigkeit. Sie lernen aus negativen Erfahrungen und erholen sich von Rückschlägen. Wenn etwas schiefgeht, verlieren sie weder das emotionale Gleichgewicht noch ihren Sinn für Humor. Sie konzentrieren sich auf die positiven Seiten und können die Vergangenheit loslassen. Gleichzeitig gehen sie auch nicht völlig irrational davon aus, dass sie der oder die Größte sind.

Sie wissen, wann es besser ist, nichts zu tun. Wir Menschen haben den Drang, Dinge voranzutreiben: Taucht ein Problem auf, möchten wir etwas dagegen unternehmen. Weise Menschen wissen, dass es manchmal das Beste ist, gar nicht in Aktion zu treten oder abzuwarten, selbst wenn andere fordern, dass sie handeln sollen. Kanzlerin Angela Merkel bat den ehemaligen französischen Präsidenten Nicolas Sarkozy einmal, sie bei der Problemlösung nicht so unter Druck zu setzen. Und erklärte, dass sich das Problem, das man lösen möchte, häufig verändere oder sogar verschwinde, wenn man nicht gleich eine Entscheidung treffe. »Ich bin jemand, der sich lieber Zeit lässt, weil ich gelernt habe, dass Langsamkeit eine gewaltige Hoffnung innewohnt«, sagte sie.

Als ich auf dem OP-Tisch lag, um meine Zwillinge zur Welt zu bringen, untersuchte der Geburtshelfer meinen Muttermund. Er war von mehreren Leuten in Chirurgenkitteln umringt, die es kaum erwarten konnten, endlich loszulegen und notfalls sogar einen Kaiserschnitt zu machen. Auch er selbst trug bereits OP-Klamotten.

Er hätte die Babys mit der Saugglocke holen oder mich aufschneiden können. Stattdessen beschloss er, gar nichts zu tun, und sagte allen, sie sollten in zwanzig Minuten noch mal wiederkommen. Er wusste aus Erfahrung, dass die Zwillinge, wenn er ihnen noch etwas mehr Zeit gab, vermutlich ganz von selbst im Geburtskanal landen und auf althergebrachte Weise zur Welt kommen würden. Zwanzig Minuten später taten sie genau das.

Wenn weise Menschen beschließen, was zu tun oder zu lassen ist, treffen sie oft die richtige Entscheidung. Denn all die oben genannten positiven Merkmale zählen nur als Weisheit, wenn man häufig recht behält. Weise Menschen haben angesichts der Unwägbarkeiten des Lebens die Bereitschaft und die außergewöhnliche Fähigkeit, logisch nachvollziehbare Entscheidungen zu treffen, so Baltes. Oder wie sagt der Neurowissenschaftler Elkhonon Goldberg so schön: Weise Menschen haben nicht nur tiefen Einblick in die Natur der Dinge, sondern wissen vor allem auch genau, was zu tun ist, um sie zu ändern.«

Sobald die Forscher eine Arbeitshypothese von Weisheit hatten, konnten sie Menschen Tests unterziehen, um zu sehen, ob diese weise waren oder nicht. Und messen, ob Weisheit mit dem Alter tatsächlich zunimmt. Sind Menschen über vierzig weiser als beispielsweise Menschen um die zwanzig?

Legt man einen recht großzügigen Weisheitsmaßstab an, lautet die Antwort: nicht unbedingt.

»Die meisten Weisheitsforscher würden sagen, dass Weisheit nicht automatisch mit dem Alter zunimmt, ja, dass sie bei älteren Menschen eher selten vorkommt«, schrieb Ardelt. Sie fand genauso viel Weisheit bei Studenten wie bei über Zweiundfünfzigjährigen (auch wenn Ältere mit einem Universitätsabschluss beim »Weisheitstest« deutlich besser abschnitten als die Studenten.)

Vivian Clayton fand heraus, dass Menschen mit fortschreitendem Alter Weisheit immer seltener mit dem Lebensalter in Verbindung bringen, sondern eher mit Verständnis für andere, mit Einfühlungsvermögen. »Weisheit gibt es in jedem Alter, sogar in der Kindheit«, sagte sie zu mir und meinte damit mehr oder weniger dasselbe wie der altrömische Autor Publilius Syrus, der die Sentenz »Großartige Fähigkeiten begründen Weisheit und nicht die Lebensspanne« prägte.

Und obwohl man mit zunehmendem Alter nicht notwendigerweise weiser wird, »*kann* die Weisheit sehr wohl mit dem Alter zunehmen«, beobachtete Ardelt: Wer weise sein möchte, braucht »Motivation, Entschlusskraft, Selbstkenntnis, Selbstbetrachtung und Offenheit für alle möglichen Erfahrungen, um die dafür notwendige innere Arbeit zu leisten.«

Wenn Forscher sich mit einzelnen Aspekten von Weisheit beschäftigen, finden sie heraus, dass sich viele davon in der Lebensmitte verbessern. Menschen über vierzig oder fünfzig sind positiver eingestellt als Jüngere, können ihre Gefühle besser kontrollieren, sind nicht so selbstbezogen und besser in der Lage, andere einzuschätzen. Mit dem Ergebnis, dass sie vermutlich auch besser darin sind, sich über soziale Konflikte Gedanken zu machen.

Menschen in der Mitte ihres Lebens besitzen mehr »kristalline Intelligenz«, wie Wissenschaftler das nennen, sprich die Fähigkeit, Rückschlüsse zu ziehen, aufgrund von eigenen Erfahrungen zu urteilen und das Wissen auf neue Situationen anzuwenden.

Das erinnert verdammt an die Karteikarten, die da in meinem Kopf aufpoppen und mich daran erinnern, wie ganz ähnliche Situationen ausgegangen sind. Sie sind nur ein Merkmal für Weisheit, das ich aber gerne mitnehme. Wir Frauen in den Vierzigern hätten diese Karteikarten zwar schon früher gut gebrauchen können, benötigen sie aber jetzt mehr denn je. Sie poppen nämlich dann auf, wenn wir gerade mit Kindererziehung, alt werdenden Eltern und anstrengenden Karrieren alle Hände voll zu tun haben. Wir hatten noch nie so viel Verantwortung und so wenig Freizeit.

Immer häufiger will man eine Entscheidung, einen guten Rat von uns. Als mir eine Freundin erzählte, ihr Mann hätte gestanden, mit mehreren anderen Frauen geschlafen zu haben, war sie fest davon überzeugt, dass das auch das Aus für ihre Ehe bedeutete.

Ich sah das anders, weil eine Karteikarte in meinem Kopf

aufpoppte – mit lauter Beispielen von Ehen, die alle möglichen Klippen umschifft hatten. Ich erzählte ihr, dass ich miterlebt hätte, wie traumatische Erlebnisse Teil einer lebenslangen Liebesgeschichte geworden sind und nicht ihr trauriges Ende, und drängte sie, keine impulsive, unumkehrbare Entscheidung zu treffen.

Das hätte ein furchtbarer Rat sein können. Ich bin nach wie vor weit davon entfernt, weise zu sein, und sehe meist nur »das kleine Ganze«. Aber es hilft schon, ein bisschen weniger ahnungslos zu sein, und auch das nehme ich gerne mit. Meine Karteikarten haben mich zu einem glücklicheren Menschen gemacht. Sie sind ein guter Anfang für das, was ich mir schon während der Pubertät gewünscht habe: mehr Wissen, weniger Reue und einen besseren Überblick über das, was gerade los ist.

Nachdem Vivian Clayton die Columbia University verlassen hatte, zog sie nach Kalifornien und machte eine Ausbildung zur geriatrischen Neuropsychologin. Sie eröffnete eine Privatpraxis, in der sie beurteilt, ob ältere Menschen noch geschäftsfähig sind oder nicht – auch eine Art, sich mit Entscheidungsfindung zu beschäftigen, wenn auch aus einem ganz neuen, alltagsbezogenen Blickwinkel heraus.

Aus der Ferne verfolgte Clayton, wie das Gebiet der Weisheitsforschung langsam zu einem eigenen Zweig innerhalb der Psychologie wurde. Sie kann zahlreiche Weisheitsforschungszentren an mehreren großen Universitäten aufzählen. Aber auch noch fast vierzig Jahre später ist sich Clayton ganz sicher, dass sie damals, als sie New York verließ, die richtige Entscheidung getroffen hat.

»Ich habe es nie bereut«, erzählt sie mir. »Ich habe das gemacht, was mir wichtig war, und ich wusste einfach, dass es
Zeit wird, weiterzuziehen.«

Sie wissen, dass Sie über vierzig sind, wenn...

... Ihnen klar ist, dass nicht alle älteren Menschen weise sind.

... Sie Ältere nach wie vor um Rat fragen, in der Hoffnung, dass diese mehr wissen.

... Sie die guten und schlechten Eigenschaften eines Menschen sehen und gelernt haben, dass manche Leute auf bestimmten Gebieten sehr schlau, auf anderen jedoch völlig nutzlos sind. Sie haben nämlich schon »intelligente Idioten« und »charmante Schurken« erlebt.

... Sie die Schwächen eines Menschen kennen und ihn trotzdem mögen.

... Sie merken, dass Sie im Rhythmus Ihrer Generation leben, auch wenn Sie den lange nicht begriffen haben.

16

So geben Sie Ratschläge

Wenige Wochen nach meinem fünfundvierzigsten Geburtstag bekomme ich eine Mail von einer amerikanischen Hochschule für Kunst und Design in Paris. Die Dekanin möchte, dass ich die Rede bei der diesjährigen Diplomverleihung halte.

Die Zeremonie wird bereits in einem Monat stattfinden, sodass ich vermutlich nur eine Notlösung bin. Außerdem hat die Schule nur fünfunddreißig Absolventen, und das Honorar wird nicht für das Kleid reichen, das ich mir kaufen muss, um die Rede überhaupt halten zu können. (Viele der Absolventen studieren Modedesign.)

Trotzdem sage ich zu. Der nächsten Generation – oder zumindest einem winzigen Teil davon – Ratschläge zu erteilen fühlt sich an wie ein wichtiger Schritt auf meinem langen Weg zum Erwachsenendasein.

Doch was genau soll ich diesen Studenten sagen? Sie interessieren sich nicht für französische Kindererziehung. Und ich habe keinerlei Erfahrung darin, vor Universitätsabsolventen Reden zu halten. Auf meiner Abschlussveranstaltung hielt ein US-Senator seine Standard-Wahlkampfrede und wünschte uns anschließend viel Glück.

Ich schaue mir jede Menge solcher Reden im Internet an, um mich davon inspirieren zu lassen. Nachdem ich ungefähr ein Dutzend gesehen habe, begreife ich, dass es drei goldene Regeln gibt: 1. Die besten Reden dauern weniger als fünfzehn Minuten. 2. Ist der Redner prominent, hilft das ungemein. 3. Aber nur, weil jemand einmal in einer Sitcom aufgetreten ist, hat er deswegen noch lange keinen guten Rat parat.

Ich erkenne auch, dass solche Reden ein überwiegend amerikanisches Phänomen sind. Die Briten halten zwar Abschlussreden, holen sich dafür aber keine Motivationsredner von außen. (Die Abschlussrede an der englischen Universität meines Mannes wurde fast ausschließlich auf Latein gehalten!)

Französische Universitäten kennen so eine Zeremonie eigentlich gar nicht, sie mailen einem das Diplom einfach zu. Eine Professorin an einer der besten Hochschulen von Paris erzählt mir, dass sie ihren Studenten einmal Steve Jobs' Stanford-Rede von 2005 vorgespielt hat. Darin erzählt Jobs, wie er die Uni ohne Abschluss verlassen hat, um Kalligraphie zu lernen, was damals sinnlos erschien, aber später zur Grundlage der Schrifttypen auf Apple-Computern wurde. Er schließt daraus, dass man nur seiner Leidenschaft folgen müsse: Am Ende ergeben noch die seltsamsten Entscheidungen einen Sinn und werden ein wichtiger Bestandteil der eigenen Lebensgeschichte.

Die französischen Studenten waren wenig beeindruckt, nannten das Ganze »vollkommen realitätsfremd« und »typisch Kalifornien«.

Das bringt mich in eine sehr heikle Situation. Der Sinn

einer solchen Rede vor Uni-Absolventen besteht schließlich darin, ihnen etwas Ermutigendes mit auf den Weg zu geben. Die meisten, die ich mir angeschaut habe, lassen sich in dem Satz zusammenfassen: Ja, Sie schaffen das, und zwar so und so. Aber ich werde in Paris vor Absolventen sprechen, die nur zu einem Viertel Amerikaner sind (die rund zweihundert Studenten stammen aus achtundvierzig Ländern). Bin ich zu positiv, wirke ich unbedarft, denn die Botschaft einer französischen Abschlussrede dürfte lauten: »Nein, Sie schaffen das nicht. Das wird nichts. Sie brauchen es gar nicht erst zu versuchen.«

Wenige Tage vor meiner Rede wohne ich der Fashion Show am Ende des Studienjahrs bei. Während ich darauf warte, dass sie beginnt, fange ich ein Gespräch mit einem Studenten neben mir an, und er fragt, was ich hier mache.

»Ich bin Schriftstellerin und werde am Samstag die Abschlussrede halten«, sage ich. Er wirkt erstaunt. Er hat noch nie von mir gehört und auch nichts von dem gelesen, was ich geschrieben habe. »Ich war sowohl geschmeichelt als auch überrascht, dass man mich gefragt hat«, füge ich hinzu.

Er erwidert: »Na ja, irgendwann im Leben bitten einen die Leute einfach, bestimmte Dinge zu tun, und dann denkt man sich: ›Gut, hab ich zwar noch nie gemacht, aber probier ich's halt mal aus.‹«

Jetzt bin ich diejenige, die staunt. Mit gerade mal zweiundzwanzig hat er das schon gelernt! Millennials scheinen in ihren Zwanzigern und Dreißigern deutlich weiter zu sein als meine Generation damals – vielleicht, weil sie damit aufgewachsen sind, Gleichgesinnte in Chatrooms zu treffen und

Fernsehsendungen mit Titeln wie *Awkward – Mein sogenanntes Leben* zu gucken. Zu meiner Zeit redete man nicht über peinliche Zwischenfälle, sondern machte sie einfach durch.

Zwei Tage später ziehe ich mein neues lilafarbenes Kleid an und nehme die Metro zu dem Hotel, in dem die Abschlusszeremonie stattfindet. In dem prächtigen Ballsaal sind ungefähr einhundertfünfundzwanzig Leute versammelt, einschließlich der Eltern, die aus der ganzen Welt eingeflogen sind. In dem Moment wird mir klar, dass ich mein Honorar lieber auf die Bank legen und etwas aus meinem Kleiderschrank hätte tragen sollen: Fast alle kommen in Schwarz.

Die Absolventen sind zwar keine Autoren, trotzdem werden sie vermutlich genau wie ich viel Zeit allein in irgendwelchen Zimmern verbringen und mühsam versuchen, etwas zu kreieren. Deshalb erzähle ich ihnen in weniger als fünfzehn Minuten, wenn auch ganz ohne Promifaktor, wie man das schafft. Vieles davon gilt auch für meinen eigenen Schaffensprozess:

Sie sind qualifiziert. Oder besser gesagt, Sie sind nicht der einzige Hochstapler da draußen. Der Student neben mir auf der Fashion Show hatte vollkommen recht: Man fühlt sich nie perfekt auf die nächste Aufgabe vorbereitet. Aber das tut niemand, also einfach machen!

Alles, was passiert, ist eine mögliche Inspiration. Oder wie Nora Ephron so schön sagt: »Alles ist bloß abgeschaut.« Wenn jemand eine Anekdote erzählt, man ein wiederkehrendes Gesprächsthema bemerkt oder einfach um die Ecke biegt und etwas entdeckt, das einen berührt ... einfach verwenden.

Wenn man sich intensiv mit einem Projekt beschäftigt, wird einem sowieso vieles in der Umgebung auffallen, das dazu passt.

Halten Sie bewusst nach Inspiration Ausschau. Lesen und betrachten Sie die Arbeiten von Künstlern, die Sie bewundern. »Fast alles, was ich tue, habe ich den Arbeiten anderer zu verdanken und der Überlegung, das kann ich auch«, sagt die Schriftstellerin Miranda July.

Bleiben Sie in Ihrem Zimmer, und zwar offline: Es muss gar kein richtiges Zimmer sein. Man kann auch in einem belebten Café für sich sein. Ich habe schon beim Spazierengehen oder Metrofahren Ideen bekommen (vor allem die Linie acht kann ich sehr empfehlen). Finden Sie heraus, was Ihre produktivste Tageszeit ist, und verteidigen Sie diese vehement gegen den Alltag. Ein Großteil des Lebens besteht aus unverplanter Zeit zwischen den Ereignissen. Vertreiben Sie sich diese nicht mit Pornos oder Katzenvideos. Sie müssen ein wenig leer im Kopf werden und leicht gelangweilt sein, damit das Gehirn Ideen ausspuckt. In der Einsamkeit »verschaffen sich die inneren Stimmen Gehör«, schrieb der Dichter Wendell Berry.

Haben Sie eine Idee, schreiben Sie sie sofort auf. Vertrauen Sie nicht darauf, dass Sie sich schon noch daran erinnern werden. Haben Sie stets ein Notizheft und einen Stift dabei – und etwas Gutes zu lesen.

Wenn Sie etwas kreieren wollen, müssen Sie das Rad nicht jedes Mal neu erfinden. Es ist kein Betrug, auf Bewährtes zurückzugreifen. Mein Mann zitiert da immer einen Redakteur, der sagte: »Sie können es schreiben, wie Sie wollen, aber ich werde es in eine chronologische Reihenfolge bringen.«

Nutzen Sie, was Sie haben. Ja, ich weiß, das klingt wie eine Binsenweisheit, aber es stimmt: Nutzen Sie jedes noch so merkwürdige Talent oder Fachwissen, das Sie besitzen. Räumen Sie Ihrem Auftrag, oder was immer es ist, oberste Priorität ein.

Ohne Recherche geht gar nichts. Ein Architekt erzählt mir, dass er niemals Angst hat, wenn er ein neues Gebäude entwerfen soll. »Ich sammle einfach Informationen, und dann nimmt das Gebäude automatisch Form an.« Kommt man trotz wochenlanger Bemühungen einfach nicht weiter, liegt es oft daran, dass man einfach noch nicht genug zum Thema weiß. In diesem Fall sollten Sie einfach noch mal einen Schritt zurückgehen und sich schlaumachen.

Heißen Sie auch Unpassendes willkommen. Als ich als Journalistin anfing, sagte mir ein älterer Reporter, dass man bei Recherchen unweigerlich auf Dinge stoße, die nicht zu der Geschichte passen, die man bereits im Kopf hat. Solche Dinge sind nervig und unpraktisch, man neigt dazu, sie außen vor zu lassen. Stattdessen sollte man lieber genauer hinschauen und ihnen nachgehen. Das bereichert die Arbeit, macht sie wahrhaftiger und weniger vorhersehbar und wappnet Sie außerdem gegen Kritik von außen.

»Seien Sie weder zu oberflächlich noch zu tiefgründig.« Laut dem Musiker Jarvis Cocker ist das das A und O, wenn es ums Schreiben von Rocksongs geht. (Ist man zu tiefgründig, wird man sich dafür schämen, wenn man älter ist, so seine Argumentation.) Er sagt auch, man solle sich nicht zu schade für Reime sein. Und zwar mit folgendem Beispiel: »*I don't want to see a ghost/It's what I fear the most.*«

Seien Sie großzügig. Viele, die man zu Beginn der eigenen Laufbahn kennenlernt, werden Jahrzehnte später immer noch da sein. Wenn man sich von Anfang an wie ein Arschloch verhält, werden sie sich daran erinnern.

Achten Sie auf das, was Sie nebenher machen. Als ich noch Wirtschaftsjournalistin in Brasilien war, nahm ich Samba-Unterricht. Irgendwann schrieb ich einen kurzen Artikel fürs Feuilleton meiner Zeitung darüber. Meine Chefs bekamen das kaum mit, und vermutlich hat ihn keiner je gelesen. Es sollte Jahre dauern, bis ich das Schreiben solcher Artikel zu meinem Beruf gemacht habe. Aber das war der erste Beitrag überhaupt, den ich wirklich mit Herzblut geschrieben habe.

Ignorieren Sie Neinsager. Leute aus anderen Branchen werden sagen: »Ich verstehe nicht, wie du das machst« oder »Ich könnte nie den ganzen Tag allein in einem Zimmer hocken.« Sie halten Sie für eine gestörte Besessene, die sich sogar noch beim Abendessen Notizen macht. Lassen Sie sich davon nicht beirren. Sie sind der Glückspilz! Und auch wenn Sie das jetzt noch anders sehen – Sie dürften von Tag zu Tag besser werden in dem, was Sie tun.

Sie haben zwar Einfluss auf Ihre Arbeit, aber nicht darauf, ob sie auch anderen Menschen gefällt. Ein mir bekannter Autor hat seine Zen-Methode einmal so zusammengefasst: absolutes Engagement beim Schreiben und absolute Gelassenheit über das Ergebnis.

Hauptsache erledigt – es muss nicht perfekt sein. Überwinden Sie Ihre Angst davor, etwas fertig zu machen. Nicht nur im Kindergartenalter ist es wichtig, etwas zu Ende bringen zu können, auch für Erwachsene ist das eine unverzichtbare Fähigkeit.

Es ist völlig in Ordnung, von etwas besessen zu sein. Denn nur dann leistet man wirklich gute Arbeit. Der inzwischen verstorbene amerikanische Komiker Garry Shandling hat einmal erzählt, wie er bei der Produktion einer Fernsehshow einem anderen Komiker begegnete, der ebenfalls eine Sendung produzierte. Shandling wollte wissen, wie es laufe. »Daraufhin er: ›Es ist so viel einfacher als gedacht. Es macht einfach nur Riesenspaß.‹ Da dachte ich mir nur: ›Oje.‹ Kurz darauf war er seinen Job los.‹«

Routinearbeiten fallen einem mit der Zeit immer leichter, aber Meisterwerke kommen so nicht zustande.

Diese schier übermenschliche Anstrengung ist es wert. Für die meisten Menschen sind eine Hochzeit oder die Geburt eines Kindes der absolute Höhepunkt im Leben. Aber wenn man aus irgendwelchen geheimnisvollen Tiefen seines Selbst eine Skulptur, ein Kleid, einen Duft oder einen Entwurf kreiert und andere damit begeistert, ist das ebenfalls ein Höhepunkt. »Es geht nicht darum, auf ein bestimmtes Ziel hinzuarbeiten, sondern um das Arbeiten an sich«, sagte die Künstlerin Maira Kalman: »Wenn man sich leidenschaftlich in seine Arbeit vertiefen kann, wird einen das glücklich machen – ich wage zu behaupten, für immer.«

Selbst, wenn Sie all diese Regeln befolgen, wird der erste Versuch furchtbar sein. Ein großer Teil des Schaffensprozesses besteht darin, die Kluft zwischen der wunderbaren

Vision von dem, was man gerade erschaffen will, und dem erbärmlichen Mist, den man gerade erschaffen hat, zu ertragen. Vergessen Sie nie, dass alles Gute, was Sie zu Gesicht bekommen, auch einmal als erste, katastrophale Skizze begonnen hat. Version Nummer zwanzig mag zwar immer noch nicht genial sein … aber Version Nummer eins ist es ganz bestimmt nicht!

Ich lasse die Absolventen mit zwei abschließenden Gedanken zurück. Der erste ist der beste Kreativtipp, den ich je von Simon bekommen habe: Wenn Sie aus einem Bus oder einem Taxi steigen, immer gucken, ob Sie was auf dem Rücksitz vergessen haben. Denn wenn Sie Ihr Portfolio verlieren, werden Sie den Job definitiv nicht bekommen.

Der zweite ist eine französische Redensart, die zwar positiv ist, aber nicht übertrieben: *Vous allez trouver votre place* – Sie werden Ihren Platz finden. Ich bin begeistert von der Vorstellung, dass es irgendwo auf der Welt eine Lücke gibt, die genauso geformt ist wie man selbst. Hat man sie einmal gefunden, passt man perfekt hinein. (Dass das mehrere Jahrzehnte dauern kann, lasse ich lieber unerwähnt.)

Daraufhin fühle ich mich wahnsinnig erwachsen, steige wieder in die Metro und fahre nach Hause.

Sie wissen, dass Sie über vierzig sind, wenn...

... Sie ein, zwei Dinge deutlich besser können als früher.

... Leute zwischen zwanzig und dreißig Rat bei Ihnen suchen und ihn sogar noch befolgen.

... Sie wirklich gute Ratschläge auf Lager haben und viele Ihrer Freunde auch.

... Sie wissen, dass die meisten Menschen genauso ahnungslos sind wie Sie.

... Ihre Eltern es aufgegeben haben, Sie ändern zu wollen.

17

So retten Sie, was noch zu retten ist

Ich bin noch ganz euphorisch von meiner Absolventenrede, als man mich bittet, einen Vortrag in Brasilien zu halten. Schon die Vorstellung, dorthin zurückzukehren, begeistert mich. Ich werde auf einer Veranstaltung namens *The International Seminar Of Mothers* in Belo Horizonte, einer mittelgroßen brasilianischen Stadt, sprechen. Die ist vor allem dadurch bekannt, dass Brasilien dort eine nationale Demütigung erlebt hat: Im Halbfinale der WM 2014 schlug Deutschland Brasiliens Nationalmannschaft mit 7:1.

Ich soll über französische Kindererziehung sprechen, deshalb mache ich mir keine großen Sorgen. Erst wenige Wochen davor mache ich mir über meinen Vortrag Gedanken, als mich eine der Organisatorinnen darüber informiert, dass vermutlich tausend Mütter kommen werden. Vor so einem großen Livepublikum habe ich noch nie gesprochen.

Da erst wird mir ebenfalls klar, dass ich eine ganze Stunde reden und anschließend noch Fragen beantworten soll. So lange am Stück habe ich noch nie sprechen müssen. (Das an der amerikanischen Universität war eher eine Diskussion.) Mein Standardvortrag zum Thema französische Erziehung dauert höchstens zwanzig Minuten.

»Das Publikum hat hohe Erwartungen«, schreibt mir die Organisatorin, die selbst eine brasilianische Mutter ist. Ich frage nach, worüber ich genau sprechen soll. Ich weiß nicht genau, was brasilianische Mütter besonders interessieren könnte. Mir wird immer mulmiger.

»Es wäre sehr interessant, wenn Sie ein wenig auf die Mutter/Frau-Perspektive eingehen könnten«, schreibt sie zurück.

Das ist alles. Ich finde im Internet ein Programm, das mir ausrechnet, dass ich bei durchschnittlichem Redetempo fünftausend Worte sagen muss. Also kopiere ich aus meinen verschiedenen Vorträgen fünftausend Wörter zusammen und bringe sie in eine logische Reihenfolge.

Dann nehme ich den Flieger nach Brasilien. Dass ich bald vor tausend Müttern stehen werde, fühlt sich beängstigend und höchst irreal an. Während des Nachtflugs habe ich einen Albtraum, in dem jemand meinen Zuhörerinnen ein Sexvideo von mir zeigt. Als ich aufwache, bin ich in Belo Horizonte.

Im Abholbereich des Flughafens treffe ich auf eine andere Rednerin. Es handelt sich um eine amerikanische Großmutter, die ebenfalls Erziehungsratgeber verfasst hat.

»Hat man Sie auch gebeten, eine ganze Stunde zu reden?«, frage ich, während wir unsere Koffer zum Taxi rollen.

»Ja, total bescheuert«, erwidert sie. Ich bin erleichtert, dass sie den Auftrag auch anstrengend findet.

Im Hotel treffe ich die Organisatorinnen endlich persönlich. Es handelt sich um mehrere brasilianische Tierärztinnen, die ins Tagungsbusiness eingestiegen sind. Das ist ihre erste Veranstaltung. Eine der Frauen ist groß und glamourös, sie hat so lange schwarze Haare, dass sie aussieht, als wäre sie einer Folge von *Drei Engel für Charlie* entstiegen.

»Sind Sie auch Tierärztin?«, frage ich.

»Ich bin auf Schweine – genauer gesagt Säue – spezialisiert«, erwidert sie.

Ich will auf mein Zimmer gehen und an meinem Vortrag arbeiten, doch stattdessen nimmt man mich mit auf eine Pressekonferenz, wo es vor Journalisten und brasilianischen »Mama-Bloggerinnen« nur so wimmelt. Eine der Bloggerinnen, eine Blondine mit Pelzweste, verkündet öffentlich, dass sie heute zum ersten Mal von ihrem Baby getrennt ist. Ihre Bemerkung sorgt für heftige Gefühlsausbrüche. Bald sind alle außer mir in Tränen ausgebrochen.

Bald darauf sitze ich an einem Tisch und begrüße einige der Konferenzteilnehmerinnen. Die meisten sind Zahnärztinnen, Marketingfrauen oder Vollzeitmütter. Jede trägt ein Namensschild, auf dem ihr Kleinkind abgebildet ist. Einige Schwangere präsentieren ein Ultraschallbild. Ich staune, wie jung sie alle aussehen. Als mein Buch vor wenigen Jahren erschien, sah ich auch noch so aus. Doch irgendwie habe ich mich in jemand Älteren verwandelt.

Fast jede Frau umarmt mich. An den drei Tagen in Brasilien werde ich öfter umarmt als in zwölf Jahren Paris. Viele wollen sich auch mit mir fotografieren lassen, und zwar so, dass unsere Köpfe sich berühren. Sollte in Zentralbrasilien demnächst eine Kopfläuseepidemie ausbrechen, bin ich »Patient null«.

Diesen Müttern scheint es schwerzufallen, ihrer Kinder Herr zu werden. Ich erfahre, dass es auf Portugiesisch zahlreiche Worte für »Wutanfall« gibt: *manha* heißt Quengeln und Jammern, während eine *chilique* totales Ausflippen bedeutet. Man erklärt mir, dass *mimada* verzogen bedeutet, *babá* Kindermädchen und *folguista* das Kindermädchen, das kommt, wenn das normale Kindermädchen seinen freien Tag hat.

Ich versuche erneut, an meinem Vortrag zu feilen, bekomme aber kaum Zeit dazu. Am nächsten Vormittag eile ich ins Erdgeschoss, um ihn zu halten. Eine der Organisatorinnen – eine Fachfrau für Rinder – erzählt mir, dass eine der Rednerinnen vor mir geschildert hat, wie ihr Mann zwei Monate vor der Geburt ihres Kindes gestorben ist. »Der Vortrag war unglaublich«, sagt sie. »Wir haben alle geweint.«

Ich betrete den riesigen Ballsaal, in dem gerade die Großmutter spricht. Tausend brasilianische Mütter mit Kopfhörern lauschen gebannt der Simultanübersetzung.

Es scheint gut zu laufen. Die Mütter sind hochinteressiert und kichern an den richtigen Stellen, als die Großmutter ihre Fragen beantwortet. Sie klingt aufrichtig und vernünftig – und genießt ihre Rolle als vortragende Expertin sichtlich. Zu herzlichem Applaus verlässt sie die Bühne.

Eine Minute später stellt mich die Redakteurin einer brasilianischen Elternzeitschrift vor. Auf einmal sehe ich mich einem Meer aus brasilianischen Frauen gegenüber. Es gibt kein Pult, deshalb muss ich meine siebzehnseitige Rede, den Laserpointer und das Mikrofon festhalten und dabei noch meine Brille auf- und absetzen, je nachdem ob ich auf meine Unterlagen oder ins Publikum schaue.

Die ersten fünf Minuten läuft alles glatt. Ich stelle mich auf

Portugiesisch vor und erzähle eine Anekdote darüber, wie ich in Paris ankam und mich wie eine Außerirdische fühlte. Ich spüre, dass sie bereit sind, sich auf mich einzulassen.

Doch dann gerät das Ganze irgendwie ins Stocken. Als ich Seite sechs meines Skripts erreicht habe, ist es so still im Raum, dass ich fast schon hören kann, wie die Übersetzung aus den kabellosen Kopfhörern kommt. Dass ich dem Publikum bei jedem Umblättern den Rücken zukehre, um das Mikrofon auf einem Stuhl hinter mir abzulegen, ist auch nicht besonders hilfreich. Ich stelle die Geduld der Anwesenden auf eine harte Probe. Auf Seite acht befürchte ich, dass die ersten Mütter gehen könnten.

Noch während ich rede, wird mir klar, dass ich, wäre das hier ein Film, ab sofort nicht mehr weiter vom Blatt ablesen, sondern meine Unterlagen zerreißen und frei und lebhaft von meinen Kämpfen als Mutter erzählen würde. Doch dafür müsste ich vor Adrenalin und Inspiration nur so sprudeln. Leider bin ich genauso gelangweilt wie das Publikum.

Ich quäle mich weiter, während ringsum resigniertes Schweigen einkehrt. Als ich endlich fertig bin, beantworte ich einige Fragen und gehe dann zu einem sehr verhaltenen Applaus von der Bühne.

Das Publikum hat die Konferenz nicht in Scharen verlassen. Mein Vortrag war wenig mitreißend und mittelmäßig, aber keine Katastrophe. Wie sagen die Franzosen so schön? *J'ai sauvé les meubles* – Ich habe das Mobiliar gerettet. (Das bedeutet, dass zwar das Haus niedergebrannt ist, ich es aber zumindest geschafft habe, ein paar Möbelstücke zu retten.) Ich fühle mich schrecklich.

»Nette Rede«, sagt die Großmutter, die zugehört hat. Vermutlich triumphiert sie innerlich.

Ich beglückwünsche sie zu ihrem Vortrag. Sie lächelt und gibt zu, dass sie wochenlang daran gearbeitet hat.

An diesem Abend gibt es ein Essen für die Vortragenden. Als eine der Frauen am Tisch beschreibt, was für eine Herausforderung es ist, ein Kind mit Down-Syndrom großzuziehen, brechen wieder alle außer mir in Tränen aus.

»Was habt ihr Brasilianer nur? Müsst ihr alle paar Stunden heulen?«, frage ich in dem Versuch, die Atmosphäre etwas aufzulockern. Alle starren mich an, als wäre ich ein Monster.

Erst da verstehe ich – wenn auch viel zu spät –, was all die brasilianischen Mütter von mir wollten, und zwar sowohl bei meinem Vortrag als auch beim Abendessen. Sie haben sich nicht nur Erziehungstipps gewünscht, sondern eine gemeinsame emotionale Erfahrung. Sie waren bereit, sich zu Tränen rühren zu lassen. Weinen steht in Brasilien für eine geglückte Begegnung, bedeutet, dass emotionale Verbundenheit entstanden ist. (»Die gemeinsame emotionale Erfahrung ist etwas typisch Brasilianisches«, erklärt mir die brasilianisch-amerikanische Schriftstellerin Juliana Barbassa wenige Wochen später. Die Tierärztinnen gingen fest davon aus, dass ich das wisse, und hielten es deshalb nicht für nötig, es mir zu sagen.

Beim Hauptgang spricht mich die Redakteurin, die mich am Vormittag eingeführt hat – eine charismatische Frau über fünfzig –, auf meinen Vortrag an. »Ich hatte das Gefühl, dass Sie sich selbst manchmal nicht ganz wohlgefühlt haben, mit dem, was Sie gesagt haben«, sagt sie vorsichtig.

»Ja, weil ich das Gefühl hatte, eigentlich viel interessantere Dinge erzählen zu können«, erwidere ich und gebe zu, dass ich es leid bin, immer wieder dasselbe zum Thema französische Kindererziehung zu sagen.

Sie legt ihre Gabel weg und ist sichtlich wütend.

»Tun Sie das nie wieder«, erwidert sie darauf. »Vergessen Sie die Erwartungen des Publikums. Halten Sie einfach die für Sie bestmögliche Rede, denn dann wird Ihnen das Publikum automatisch folgen. Die Leute wollen einfach wissen, wer Sie sind.« Inzwischen schreit sie beinahe. »Es geht einfach nur darum, eine Art Verbundenheit zu spüren.« Sie schimpft mich dafür, dass ich von meinem eigenen Stoff gelangweilt bin. »Respektieren Sie Ihre Arbeit. Verändern Sie sie. Wachsen Sie daran. Das ist Reife! Und das nächste Mal«, fährt sie fort, »lesen Sie bitte nicht vom Blatt ab.«

Als sie fertig ist, bin ich in Tränen aufgelöst. Es rührt mich, dass sie bereit ist, über meinen mittelmäßigen Vortrag hinwegzusehen, und das obwohl ich über vierzig bin. Es rührt mich, dass sie trotzdem Potenzial sieht. Und es rührt mich, dass ich ihr wichtig genug bin, mir das überhaupt zu sagen, obwohl ich meinen Vortrag nicht mehr korrigieren kann und sie mich vermutlich nie wiedersehen wird. In Paris hat mich noch nie jemand so zur Rechenschaft gezogen – außer, wenn ich nicht »*Bonjour*« gesagt habe. Ich habe einen Wohnort gewählt, an dem man gerne auf Distanz bleibt.

Ich bin auch deswegen in Tränen aufgelöst, weil mir auf einmal klar wird, was für eine einmalige Gelegenheit ich da gerade verschenkt habe. Vor tausend Leuten zu stehen – und das Tausende Meilen von zu Hause entfernt – ist *die* Chance, etwas ganz Neues zu erschaffen, eine besondere Art der Verbundenheit herzustellen. Statt das Publikum zu respektieren und darauf zu vertrauen, dass es mir trotz aller Unterschiede zwischen uns folgen wird, habe ich in meinem Vortrag nur eine unangenehme Verpflichtung gesehen und diese Chance vertan. Ich wünschte, ich könnte ihn noch mal halten.

Wenn etwas klappt, gibt einem das unheimlich viel Kraft. Schon ein winziger Erfolg motiviert und eröffnet einem neue Chancen. (Im Anschluss an die Konferenz wird die Großmutter – anders als ich – wiederholt nach Brasilien eingeladen.) Aber wenn etwas schiefläuft, geschieht das genaue Gegenteil. Noch Monate nach meinem Vortrag in Belo Horizonte muss ich nur daran denken, um mich ganz klein zu fühlen.

An dem Morgen, an dem ich Brasilien verlasse, kommt die Redakteurin in meine Hotellobby, um sich zu verabschieden. Nach unserer gemeinsamen emotionalen Erfahrung beim Abendessen fühle ich mich ihr verbunden, und sie verspricht, in Kontakt zu bleiben. Allerdings höre ich nie mehr etwas von ihr. Wir hatten eine Chance. Ich habe gerettet, was noch zu retten war. Und jetzt ist sie vorbei.

Sie wissen, dass Sie über vierzig sind, wenn ...

... Sie bereits die zweite Renovierung öffentlicher Plätze und Küchen von Freunden miterleben.

... Sie sich damit abfinden, dass Sie skandinavisches Midcentury-Design lieben, obwohl es fast schon klischeehaft für Ihre Generation steht.

... Sie sich fragen, ob Sie wohl noch für ein Weiterbildungsstipendium in Frage kommen.

... Sie jetzt die »ältere Dame« im Improvisationstheaterkurs sind.

... Sie jeden gegoogelt haben, der Ihnen einmal wichtig war, das wieder vergaßen und die Leute noch mal googelten.

18

So finden Sie heraus,
was eigentlich los ist

Nach der Geburt meiner Tochter schloss ich mich einer englischsprachigen »Babygruppe« von Frauen mit Kindern im gleichen Alter an. Wir trafen uns einmal die Woche reihum bei einer von uns zu Hause. Ich merkte schnell, dass ich mit den meisten dieser Mütter nur wenig gemeinsam hatte. Ich ging dorthin, um Anschluss und Tipps fürs Töpfchentraining zu finden, bemühte mich aber nicht besonders darum, beliebt zu sein. Ich sprach eine Frau mehrmals aus Versehen mit dem Namen ihres Babys an (beide begannen mit B). Als eine andere erwähnte, dass sie vorhabe, bei der amerikanischen Präsidentschaftswahl einen rechtsextremen Kandidaten zu wählen, sagte ich so was wie: »Sind Sie verrückt?« Die Frau reagierte verletzt und beleidigt. Eine Woche danach bekam ich eine Mail, in der mir mitgeteilt wurde, die Babygruppe falle aus. Später hörte ich, dass sich die Mütter ohne mich in einem Park getroffen hatten.

Es machte mir nichts aus. In einer Großstadt kann man schließlich überall Leute kennenlernen. Was ich vergaß, war, dass man mit zunehmendem Alter und zunehmender Sesshaftigkeit denselben Leuten immer wieder begegnet – genau wie im Berufsleben. Erst recht, wenn man Kinder im selben Alter hat. Hinzu kommt, dass die englischsprachige Welt in Paris sehr klein ist. Ich begegnete den Müttern aus der Babygruppe also noch jahrelang auf Halloweenpartys, englischen Quizabenden und Spielen der englischsprachigen Fußballmannschaft und hatte jedes Mal das Gefühl, dass sie mich hassten.

Als meine Tochter aufs Gymnasium kommt, stelle ich fest, dass die Frau, deren Wahlverhalten ich kritisiert habe, ihre Kinder auf dieselbe Schule schickt. Und damit nicht genug: Sie engagiert sich dort sehr. Ich sehe, wie sie auf Elternabenden Applaus für die Organisation der Weihnachtsfeier erntet.

Ich habe Fortschritte gemacht, seit ich aus der Babygruppe rausflog. Als Frau in den Vierzigern kann ich mich emotional besser beherrschen als früher. Ich gerate nicht mehr so leicht in unangenehme Situationen und bin mittlerweile in der Lage, mir meinen Teil zu denken, statt ungefiltert mit meiner Meinung herauszuplatzen.

Auch gefällt mir die Vorstellung überhaupt nicht, immer wieder mit Menschen zu tun zu haben, die mich verachten. Deshalb beschließe ich, die Sache zwischen uns aus der Welt zu schaffen. Als der Elternabend vorbei ist und alle in ein Klassenzimmer strömen, um dort noch gemeinsam etwas zu trinken, nehme ich meinen ganzen Mut zusammen und gehe auf die Mutter aus der Babygruppe zu.

»Hallo«, sage ich vorsichtig, aber freundlich.

Sie sieht mich verwirrt an.

»Ich bin's, Pamela.« Nach wie vor warte ich darauf, dass sich Abscheu in ihren fragenden Blick stiehlt.

»Wir waren zusammen in der Babygruppe«, hebe ich an.

Sie starrt mich noch eine weitere Sekunde lang an, als so etwas wie Wiedererkennen in ihren Augen aufblitzt.

»Moment mal, warst du mit Kara befreundet?«, fragt sie schließlich. Und das völlig wertfrei, sie versucht nur, höflich Kontakt zu der Fremden aufzunehmen, die ihr da gegenübersteht.

Ich war tatsächlich mit Kara befreundet. Und das scheint alles zu sein, woran sie sich noch erinnert. Sie hasst mich nicht: Sie weiß kaum noch, wer ich bin.

Auch wenn ich mich in den letzten Jahren menschlich weiterentwickelt habe, fehlt mir nach wie vor ein wesentliches Merkmal von Weisheit, nämlich die Gabe zu verstehen, was in anderen Leuten vorgeht. Ich würde gern mehr über Sozialdynamik wissen und besser begreifen, was andere bewegt und beschäftigt.

Zu meiner Verteidigung kann ich anführen, dass das nicht gerade leicht ist. Für Buddhisten ist es eine Lebensaufgabe, die Welt so zu sehen, wie sie ist, wenn nicht der Sinn des Lebens überhaupt. Sie sagen selbst, dass es sehr schwierig ist, das zu schaffen. Man kann kurze Glücksmomente haben, ohne zu begreifen, was eigentlich los ist. Aber für anhaltendes Glück und Wohlbefinden muss man sich selbst und sein Umfeld wirklich wahrnehmen können.

Etwas weniger Ahnungslosigkeit auf diesem Gebiet ist meinem Lebensglück sicherlich förderlich und hilft bestimmt auch beim Erwachsenwerden. Echte Erwachsene scheinen zu begreifen, was um sie herum vorgeht. Sie durchschauen Sozialdynamiken und erkennen, was andere umtreibt.

Menschen meines Alters sollten diesbezüglich dazugelernt haben. Im Durchschnitt schneiden Vierzig- und Fünfzigjährige beim »Reading the Mind in the Eyes«-Test von allen Altersgruppen am besten ab. Dabei bekommt der Proband mehrere Fotos zu sehen, die Augen von Menschen zeigen, und soll dann sagen, was diese fühlen. Im Alter von vierzig bis sechzig bleibt diese Fähigkeit relativ stabil – eine sehr wesentliche Fähigkeit im 21. Jahrhundert: Zu erkennen, was in anderen Menschen vorgeht, was sie gerade empfinden, ist nach wie vor etwas, das der Mensch besser kann als ein Computer. In wenigen Jahren mag das »Leutelesen« zu den wenigen Jobs gehören, die es noch gibt.

Aber wie genau kriegt man das hin? Was ist das Geheimnis, wenn man endlich klarsehen will? Ich habe wie gesagt Fortschritte gemacht, bekomme aber nach wie vor vieles nicht mit. Kann auch ich diese Fähigkeit erlernen, und wenn ja, wie?

Da fällt mir ein, dass ich einen Experten für dieses Thema in nächster Nähe habe: Mein Mann ist sehr gut darin zu erkennen, was in anderen vorgeht. Manchmal unterstelle ich ihm sogar hellseherische Fähigkeiten. Wenn wir uns nach einem Essen oder einem Gespräch verabschieden, frage ich ihn immer als Erstes: »Was war denn das gerade?«

Auf einer Party trafen wir mal eine Frau – eine ehemalige Journalistin –, die plötzlich sehr kühl reagierte, als ich mit ihr sprach. Ich musste sie also irgendwie verstört haben, oder nicht?

Simon sah das anders. Er meinte, sie habe sich im Gespräch mit zwei Journalisten plötzlich dafür geschämt, der Branche den Rücken gekehrt zu haben. Die Distanz habe genau da eingesetzt, als sie ihren neuen PR-Job beschrieb.

Simon ist nicht mehr bereit, mir von früh bis spät andere Menschen zu erklären. Aber er befindet sich in einer Hilfe-zur-Selbsthilfe-Phase und ist willens, seine Techniken mit mir zu teilen.

Eine davon konnte ich bereits zur Genüge beobachten: Er hört sehr genau zu, wenn Leute etwas sagen. Manchmal mit einer so grimmigen Konzentration, dass sie glauben, er würde böse gucken. Freunde haben mich schon beiseitegenommen und gefragt, »Hasst mich dein Mann?« (Normalerweise ist dem nicht so.)

Simon erklärt, dass er nach ganz bestimmten Hinweisen Ausschau halte. Zunächst einmal: Wann verliert jemand das Interesse? Er merkt sofort, wenn Blicke aus Langeweile abschweifen. (Zu seiner großen Verärgerung ertappt er mich häufiger dabei.) Er merkt auch, wenn jemand das Thema wechselt. »Wenn die Leute ›Das ist ja interessant!‹ sagen, ist das eine typische Redewendung, um auf etwas anderes zu sprechen zu kommen«, so Simon.

Simon achtet auch darauf, wofür der andere sich wirklich interessiert. Welches Thema erwähnt er immer wieder? Welche Sätze wiederholt er? Seiner Erfahrung nach haben die Leute eine wiederkehrende Botschaft, so etwas wie ein persönliches Motto. Sie wollen etwas ganz Bestimmtes über sich vermitteln, und das schwingt bei fast allem mit, was sie sagen. So eine Botschaft kann lauten: »Ich bin als Mutter oder Vater ganz entspannt!«, »Mein jährlicher Verdienst liegt im niedrigen sechsstelligen Bereich«, »Ich bin authentisch, statt irgendeinem Image entsprechen zu wollen« oder »Ich habe jede Menge Freunde.«

»Sie lügen nicht«, erklärt Simon, »trotzdem haben sich die meisten Leute eine Geschichte über sich zurechtgelegt, an die sie glauben. Und du musst verstehen, was für eine Geschichte das ist, ohne sie ihnen notwendigerweise abzukaufen.«

Ich nehme den Leuten ihre Mottos in der Regel ab und merke gar nicht, wenn ich auf zwischenmenschliche Propaganda reinfalle. Ich verabschiede mich aus einem Gespräch mit dem Gedanken: »Was sind das für entspannte Eltern mit so vielen Freunden!« Ich bin nach wie vor leicht davon zu beeindrucken, wie Leute aussehen, oder aber abgelenkt von der Sorge, was sie wohl über mich denken.

Vielleicht ist das so, weil ich in einem Umfeld aufgewachsen bin, in dem niemand analysiert wurde. Deshalb kam ich so gut wie nie auf die Idee, die Leute beim Reden zu beobachten, ihre Verhaltensmuster zu ergründen. Ich stecke in der Regel viel zu sehr in der Situation drin, um Unterschwelliges zu bemerken.

Doch als ich erst mal damit anfange, merke ich, wie viele wichtige Informationen mir bisher entgangen sind. Wie Männer, die einem schon beim ersten Date sagen, was sie wollen, werfen die Leute damit nur so um sich. Man muss nur darauf achten.

Dafür darf man sich nicht zu sehr mit sich selbst beschäftigen. Denn dann fällt das ganze Hintergrundrauschen weg, sodass man überhaupt erst in der Lage ist, Informationen zu empfangen. Simon ist kein Hellseher. Er denkt bloß nicht die ganze Zeit darüber nach, was andere von ihm halten. Das macht jede Menge Kapazitäten frei, mit denen man die Motive, Eigenschaften und Ziele seines Gegenübers verstehen kann. (»Wenn man sich nicht gerade völlig seltsam aufführt und Fragen stellt, mögen einen die Leute automatisch«, versichert er mir.)

Zum Glück fällt es einem mit zunehmendem Alter immer leichter, dieses Hintergrundrauschen im Kopf abzustellen. Im Durchschnitt sind wir weniger neurotisch als jüngere Leute, wie psychologische Studien beweisen. Das bedeutet, dass wir unsere Ängste nicht mehr so schnell auf andere projizieren, uns weniger häufig den Kopf darüber zerbrechen, was andere von uns denken.

Nach und nach gelingt es mir, mein Gegenüber ein wenig zu durchschauen, statt ihm einfach alles abzukaufen. Als ich eine hübsche Mutter vor der Schule meines Sohnes treffe, denke ich nicht dauernd: »Die ist so hübsch, die ist so hübsch, die ist viel hübscher als ich.« Stattdessen beobachte ich sie beim Reden und denke: »Sie ist hübsch, wirkt aber auch schüchtern, und vermutlich ist sie nicht besonders helle.«

Das ist schon mal eine deutliche Verbesserung. Dennoch stehe ich immer noch unter dem Eindruck meines überraschenden Gesprächs mit der Mutter aus der Babygruppe. Was mache ich bloß falsch?

»Hamlet«, sagt Simon.

Ich bitte ihn, mir das näher zu erklären.

»Neurotische Menschen glauben, dass das Leben wie in *Hamlet* ist: Sie selbst sind Hamlet, und alle anderen schauen sie an, urteilen positiv oder negativ über ihre Psyche. Doch in Wahrheit ist jeder sein eigener Hamlet und betrachtet die anderen als Nebenfiguren in seinem persönlichen Drama. Die meisten Menschen gleichen nicht alles, was jemand sagt, mit dessen Psyche ab. Und selbst wenn sie darauf achten, wie jemand rüberkommt, ist ihnen das nicht wirklich wichtig. Sie sind viel zu sehr damit beschäftigt, sich Sorgen um die Hauptfigur in ihrem Drama zu machen: um sich selbst.

»Man hinterlässt viel weniger Eindruck, als man glaubt, weil man keine wichtige Figur in ihrem Drama ist«, sagt er.

Simon erzählt von einer längst verflossenen Freundin, die während des Journalismus-Studiums ein Referat hielt. In der ersten halben Minute davon war sie so nervös, dass sie wie gelähmt war. Dann stammelte sie ein paar Sätze und verließ beschämt den Raum.

Um anschließend in Tränen aufgelöst zu Simon zu kommen – in der festen Überzeugung, dass die Kommilitonen sie für immer für eine Idiotin halten würden. Simon reagierte mit einer frühen Version seiner *Hamlet*-Rede.

»›Niemand macht sich Gedanken über dich‹, hab ich zu ihr gesagt. ›Jeder denkt nur an sein eigenes Referat, an denjenigen, auf den er gerade steht, an die eigenen Probleme. Alle haben dein Referat längst vergessen. Es spielt überhaupt keine Rolle mehr.‹« Sie war erleichtert.

Ich höre gut zu, als Simon diese Szene beschreibt, und muss an die vielen anderen Freundinnen denken, die er über die Jahre erwähnt hat – auch an die, die noch nie etwas von Stalin oder dem »Großen Vorsitzenden« Mao gehört hatte. Plötzlich wird mir klar, dass mein Mann auf einen ganz bestimmten Frauentyp steht: Er mag es, wenn sie wie ich ein wenig ahnungslos sind.

Als ich Simon gegenüber etwas Entsprechendes erwähne, streitet er das sofort ab. Ich muss ihn überrascht haben – zum einen durch die Tatsache, dass ich inzwischen über die nötigen Techniken verfüge, zum anderen, weil es einfach stimmt.

Und mir wird noch etwas bewusst, nämlich, dass ich mich bei meinen Bemühungen, klarer zu sehen, nicht ausschließlich auf meinen Mann verlassen darf. Es gibt weltberühmte Experten auf diesem Gebiet. Einige davon sind Ärzte.

Ärzte sind dafür bekannt, dass sie andere gut durchschauen können. Der Schriftsteller Arthur Conan Doyle war Arzt, bevor er Sherlock Holmes erfand, den Detektiv, der den Beruf eines Menschen nur dadurch errät, dass er dessen Hände betrachtet, oder dem ein wesentliches, fehlendes Detail am Tatort sofort ins Auge sticht. Als Holmes' Nebenfigur Watson über diese Fähigkeit staunt, schimpft Holmes und sagt: »Sie sehen wohl, aber Sie beobachten nicht.«

Ein weiterer Experte im genauen Hinschauen ist der ganz und gar reale Dermatologe Irwin Braverman.

Braverman, mittlerweile weit über achtzig, ist ein emeritierter Dermatologe der Yale School of Medicine. 1998 entwickelten er und eine Kuratorin des Yale Center for British Art ein Seminar, das angehenden Ärzten dabei hilft, ihre Wahrnehmung zu schulen. Der Kurs ist mittlerweile Pflicht und wird an mehr als siebzig Medizinfakultäten weltweit gelehrt. Auch die New Yorker Polizei und Scotland Yard haben Versionen davon genutzt.

Braverman, der in den Dreißigerjahren in Boston aufwuchs, hatte eigentlich nicht vor, sein Leben mit dem Studium von Haut zu verbringen. Er träumte davon, Architekt oder Archäologe zu werden.

»Ich bin ein sehr visueller Mensch«, erzählt er mir am Telefon von seinem Heimatort New Haven aus. »Ich bin schon immer gern in Museen gegangen, um mir Gemälde anzuschauen. Schon als Kind habe ich immer genau hingeschaut.«

Bravermans Familie – esperantosprachige, nach Amerika eingewanderte russische Juden – legte bei seinen beiden Berufswünschen ihr Veto ein. »Mein Onkel meinte 1930 oder 1940, dass er noch nie von einem jüdischen Architekten oder Archäologen gehört hätte, was auch stimmte. Und meine Eltern sagten, ich solle Arzt, Anwalt, Geschäftsmann oder *vielleicht* Journalist werden.«

Als junger Harvard-Student arbeitete Braverman in einem Labor. Deshalb entschied er sich für Medizin und spezialisierte sich letztlich auf die Dermatologie, wo Diagnosen in 90 Prozent der Fälle visuell gestellt werden, wie er mir erläutert. Als Dermatologe braucht man sich nur die Haut eines Menschen anzusehen, um Krankheiten festzustellen, die sich tief darunter abspielen. (Als er um die vierzig war, verfasste Braverman einen Klassiker der medizinischen Fachliteratur namens *Skin Signs of Systemic Disease*).

Nachdem er jahrelang gelehrt und Patienten untersucht hatte, merkte Braverman, dass seine Studenten zwar hervorragend Informationen auswendig lernen konnten, aber keine guten Beobachter waren. Sie sahen sich erst Dias von verschiedenen Hautausschlägen an und dann den Patienten, um zu gucken, zu welchem Dia er passte. Aber Medizin ist mehr, als sich Dias zu merken. »Mindestens einmal pro Tag sehe ich Dinge, die ich noch nie zuvor gesehen habe«, erzählt er.

Außerdem taten sich die Studenten häufig schwer, die Hautprobleme zu beschreiben, und übersahen weitere wichtige Krankheitsmerkmale. Sie konzentrierten sich ausschließlich auf das, was deutlich »anormal« war. Oder aber sie beschränkten sich auf die Beschwerden, die ihnen der Patient schilderte, statt sich Zeit zu nehmen, ihn ganzheitlich zu betrachten. »Manchmal geben auch harmlose Merkmale einen Hinweis darauf, was eigentlich los ist«, so Braverman.

Wie Sherlock Holmes verstand der Dermatologe irgendwann, was vielen seiner Studenten fehlte, nämlich eine Fähigkeit, die jeder gute Arzt nach jahrelanger Beschäftigung mit seinen Patienten besitzt. Sie besteht darin, sich einen Menschen oder ein Bild ganz genau anzuschauen, so lange hinzusehen, bis man immer mehr entdeckt. Man wirft nicht nur einen flüchtigen Blick darauf, sondern lässt nicht locker, bis man alles gesehen hat, was es zu sehen gibt. Das ist eine sehr intensive Art des Sehens, die Braverman »visuelles Analysieren« nennt.

»Wenn man genau zuhört und den Patienten reden lässt, findet man die Antwort meist in seiner Patientengeschichte«, erklärt er. »Was genau sagt die Person? Wie sagt sie es? Und was verschweigt sie? Hinweise darauf ergeben sich manchmal erst ganz am Ende einer Sprechstunde, fast schon im Nachhinein, wenn der Patient wie nebenbei bemerkt, dass er am Wochenende ausgiebig wandern war und hofft, dass ihn dabei keine Zecke gebissen hat.«

Braverman schloss daraus, dass die Lösung für die Schwächen seiner Studenten nicht auf medizinischem Gebiet lag, sondern auf dem seiner einstigen Leidenschaft: Kunst. Er fing an, Studienanfänger ins Yale Center for British Art mitzunehmen, wo sie sich Ölgemälde ansahen. Bei einer solchen Übung verbringen die Studenten fünfzehn bis dreißig Minuten damit, ein einziges Gemälde anzuschauen, normalerweise eines, das Menschen zeigt. Dann beschreiben sie ihren Kommilitonen sämtliche Merkmale. Danach nutzen sie ihre Beobachtungen, um das Bildgeschehen zu interpretieren.

Es ist ganz normal, dass sich einige wenige Studenten trotz dieses Kurses nicht verbessern. Ebenfalls wenige sind dermaßen geschulte Betrachter, dass sie keinerlei Unterstützung mehr benötigen. Die meisten liegen genau dazwischen. Je mehr sie üben, desto besser werden sie darin, die Gemälde visuell zu analysieren. Wodurch sich auch ihre Fähigkeit verbessert, Hautprobleme richtig einzuordnen.

»Nach solchen Kursen sagen die Studenten dann: ›Ich habe gemerkt, dass ich bisher nur sehr oberflächlich geschaut habe, bereits meine Schlüsse ziehe, bevor ich mir alles angesehen habe«, so Braverman. »Und davon kann ein jeder profitieren, nicht nur Ärzte.«

Mir gefällt die Vorstellung, dass man einfach nur länger hinschauen muss, um immer mehr zu sehen: Ein ganz typisches Merkmal für Menschen über vierzig. In dem Alter hat man gelernt, dass es nicht unendlich verschiedene Menschen, Probleme oder Situationen gibt. Vieles kommt immer wieder. Was die Welt nicht mehr so riesengroß und unübersichtlich macht, aber gleichzeitig umso interessanter. Man schaut sich

Dinge an, die man schon ganz oft gesehen hat, und entdeckt immer wieder etwas Neues.

Etwas ganz Ähnliches sagte auch Arthur Schopenhauer: »Die ersten vierzig Jahre unseres Lebens liefern den Text, die folgenden dreißig den Kommentar dazu.«

Ich habe zu viel um die Ohren, um in Museen auf Gemälde zu starren, nehme mir Bravermans Lektion dennoch zu Herzen. Ich möchte die Dinge so lange anschauen, bis ich mehr darin erkenne. Als Experiment beschließe ich, den Menschen genauestens zu betrachten, mit dem ich am häufigsten in Kontakt bin: mich selbst. Ich bin immer noch nicht besonders scharf darauf, mein Gesicht im Spiegel visuell zu analysieren, beginne aber damit, Listen mit Dingen, die ich mag und die ich nicht mag, anzulegen.

Dinge, die ich mag:

- Improvisieren
- Siegestreffer (die sich leider manchmal auch als Eigentore entpuppen können)
- Kreolenohrringe
- Suppencroûtons
- Lesben
- Pullis
- Kleider mit Gürtel
- Den metallischen ersten Schluck Wasser aus einer kalten Dose Perrier
- Das Wort »shimmy«

- Das Wort »boobies«
- Vollbäder
- Irischen Akzent
- Tee mit Milch
- Dass jemand mit zwei Doktortiteln in Deutschland als »Frau Doktor Doktor« angeredet wird.
- Gerechtigkeit
- Witze
- Die Fähigkeit, auch in Fremdsprachen Witze zu verstehen
- Dass der Politaktivist Abbie Hoffmann 1968, als ihm wegen angeblicher Spionage der Prozess gemacht wurde, bloß Quatsch zu reden schien, was sich dann allerdings als Jiddisch herausstellte. (Er nannte den Richter »einen Strohmann der WASP-Machtelite«.)
- Dass Archivare der University of Texas bei der Durchsicht von Isaac Bashevis Singers Schriften ein halbes Sandwich fanden.
- Kaffee am Morgen
- Wenn noch der ganze Tag vor mir liegt
- Kuchen
- Salat
- Salatblätter, die einem anderen zwischen den Zähnen hängen
- Zu merken, dass jemand Nägel kaut
- Zu beschließen, dass jemand hinterhältig ist
- Zu bemerken, dass jemand ein Handtaschenimitat trägt

- Nicht so nervös zu sein wie das Gegenüber
- Den Subtext zu kennen, aber es nicht zu sagen
- Zeit zu haben, eine modische Frau unbemerkt zu mustern
- Kurze Fingernägel
- Gespitzte Bleistifte
- Das erste Glas Champagner
- Den Moment, wenn man nach langem Hin- und Herge-schreibe per WhatsApp einfach anruft
- Aus dem Urlaub zurückzukommen
- Mein Fantasieleben, in dem ich mit Komikern abhänge und fluche
- Wenn ich etwas Tolles zu lesen habe
- Wenn ich etwas geschrieben habe
- Pfannkuchen
- Selbstvertrauen
- Thai Food und Bier
- Herauszufinden, dass noch jemand aus Miami stammt
- Das Gefühl, sich auch ohne Worte zu verstehen
- Mit Freunden Showmelodien mitzusingen

Dinge, die ich nicht mag

- Kleine Räume
- Clutches
- Süße Sojasauce
- Gemeinheit

- Ablehnung
- Überraschungspartys
- Anspannung
- Leute, die über Jetlag jammern
- Leute, die wütend werden, wenn man sich beim Geschlecht ihres Haustiers vertut
- Leute, die sagen, dass sie »keine Natur brauchen«
- Leute, die wollen, dass man ihren Besuch organisiert
- Leute, die gleich nach Betreten der Wohnung das WLAN-Passwort haben wollen
- Leute, denen man nicht trauen kann
- Ungerechtigkeit
- Leid
- Meine eigenen Vorurteile
- Unattraktive Hipsterpärchen
- Attraktive Hipsterpärchen
- Glühende Atheisten
- Sprachnachrichten
- Die Bezeichnung »mittleren Alters«
- Gleichgültigkeit
- Hast
- Auf jemanden zu warten, der zu spät kommt

Sie wissen, dass Sie denken wie jemand über vierzig, wenn ...

... Sie 48 Stunden lang nach einem bestimmten Wort suchen.

... dieses Wort »Hämorrhoiden« lautet.

... Sie sich nach Gesprächen nicht mehr fragen, was da eigentlich gerade los war.

... Sie mit Leuten zwischen zwanzig und dreißig reden und den riesigen Unterschied in Sachen Selbstvertrauen und Erfahrung spüren – eine trennende Kluft, die Sie ungern noch mal überbrücken wollen.

... Sie mit Leuten zwischen sechzig und siebzig sprechen, diese das oben Erwähnte aber nicht über Sie denken.

... Sie gelernt haben, dass Sie erstaunlich viel aus Menschen herausbekommen können, sobald Sie sich nicht mehr dauernd Gedanken darüber machen, was diese von Ihnen denken.

19

So denken Sie wie die Franzosen

Ein anderes Thema, mit dem ich mich immer wieder beschäftige, ist mein Heimatland. Es hilft, dass ich nicht in Amerika lebe und mich mit Menschen aus anderen Ländern vergleichen kann. So langsam habe ich den Verdacht, meine Probleme könnten kulturell bedingt sein.

Ich habe diesbezüglich einen Geistesblitz, als mir eine Freundin, die als Kind mit ihrer Familie aus Seoul nach Kalifornien zog, erzählt, dass sich ihre koreanischen Eltern häufig darüber beschweren, sie hätte kein *nunchi. Nunchi* bedeutet wortwörtlich »Augenmaß« auf Koreanisch, also die Fähigkeit, Dinge richtig wahrzunehmen. Leute mit *nunchi* empfangen auch unausgesprochene Signale und können andere durchschauen. Sie sind gut darin, Situationen und Zwischenmenschliches richtig einzuschätzen.

Es gibt keine genaue englische Übersetzung dafür. Anscheinend beschweren sich koreanische Eltern häufig darüber, dass ihre in Amerika aufwachsenden Kinder *nunchi* vermissen lassen. Diese Fähigkeit, die nur mit unterschiedlichen Begriffen übersetzt werden kann, ist in asiatischen Ländern hochangesehen. »Es wird erwartet, dass man sich in andere hineinversetzen kann«, schreiben die Psychologen

Hazel Rose Markus und Shinobu Kitayama in ihrer bahnbrechenden Studie von 1991 »Kultur und Selbstkonstruktion«. Das erfordert »die Bereitschaft und Fähigkeit zu fühlen und zu denken, was andere fühlen und denken, diese Informationen aufzunehmen, ohne dass es einem gesagt werden muss, und den anderen daraufhin zu helfen, ihre Wünsche und Ziele umzusetzen.«

In Amerika wird auf etwas anderes Wert gelegt: Statt uns in andere hineinzuversetzen, werden wir dazu angehalten, auf unsere eigenen Gefühle und Vorlieben zu hören und diesen Ausdruck zu verleihen. »Die amerikanische Kultur strebt einen eindeutigen Zusammenhalt zwischen Individuen also weder an, noch findet sie diesen lobenswert«, schreiben Markus und Kitayama. In den Vereinigten Staaten »versucht der Einzelne, sich von anderen unabhängig zu machen, indem er sich auf sich selbst konzentriert und seine unverwechselbaren, individuellen Merkmale erkennt und betont.«

Und das schon von klein auf. Wenn ich über Kindererziehung schreibe, fällt mir auf, dass Amerikaner – mich eingerechnet – davon ausgehen, dass jedes Kind hochindividuelle Schlafbedürfnisse und Geschmacksvorlieben hat. Krippen stehen wir misstrauisch gegenüber, weil so eine Einrichtung unmöglich Rücksicht auf die individuellen Rhythmen und Neigungen unseres Kindes nehmen kann. Mag ein Kleinkind keinen Reis, keine Orangen oder keine Avocados, darf es das auch laut sagen. Wir wollen, dass auch die Schule unsere Kinder dabei unterstützt, ihre persönlichen Bedürfnisse zu äußern.

Forscher haben herausgefunden, dass Amerikaner und Ostasiaten im Erwachsenenalter die Welt jeweils ganz anders wahrnehmen. Eine Metastudie ergab, dass Ostasiaten »sehr kontextfixiert« sind, also glauben, dass man die Interaktionen aller Beteiligten betrachten muss, um eine Situation oder das Verhalten eines Menschen richtig einschätzen zu können. Und da Information häufig nonverbal übermittelt wird, ist es äußerst wichtig, noch auf die kleinsten, unausgesprochenen Details zu achten. Mit anderen Worten, man braucht *nunchi*, um herauszufinden, was los ist.

Forscher sagen, dass der typische Amerikaner kaum auf den Kontext achte. Wir konzentrieren uns auf einzelne Akteure und ihre Entscheidungen, nicht darauf, was die Allgemeinheit in einer bestimmten Situation tut. Und der einzelne Akteur, auf den wir uns am meisten konzentrieren, sind wir selbst. Anstatt uns in andere einzufühlen, spüren wir unseren individuellen Vorlieben nach und stellen Fragen wie, »Welches Essen mag ich? Was macht meinen persönlichen Stil aus? Verwirkliche ich mich auch genügend selbst?«

Das kann dazu führen, dass sich manche Unterhaltungen anhören wie eine endlose Selbstbeweihräucherung. Neulich fragte ich eine Amerikanerin nach ihrem Beruf. Sie antwortete mir mit einem zehnminütigen Vortrag, in dem sie mir ihre gesamte Laufbahn schilderte. Damit gehorchte sie dem kulturellen Imperativ, sich selbst darzustellen, und merkte gar nicht, dass sie damit alle langweilte.

Kein Wunder, dass sich koreanische Eltern sorgen, weil ihr in Amerika aufwachsender Nachwuchs kein *nunchi* hat! Wir haben einfach nie gelernt, anderen sorgfältig zuzuhören und nonverbale Signale wahrzunehmen. Franzosen beschweren sich oft, wie langweilig Amerikaner sind, dass sie noch auf die kleinste Frage mit einem ellenlangen Vortrag antworten, so die Anthropologin Raymonde Carroll in *Cultural Misunderstanding*. Eine von einem Psychologen der Yeshiva University durchgeführte amerikanische Studie von 2014 fand heraus, dass es 42 Prozent der Teilnehmer gar nicht auffiel, dass Forscher zwei völlig unzusammenhängende Instant-Message-Chats miteinander verwoben.

Mit anderen Worten: Meine Ahnungslosigkeit ist nicht nur meine Schuld. Ich kann sie nicht mal meinen Eltern vorwerfen. Sie ist einfach ein Bestandteil amerikanischer Identität.

Aber man muss natürlich kein Asiate sein, um *nunchi* zu haben. Es ist eine Fähigkeit, die sich ganz unterschiedlich äußern kann: David Ben-Gurion, Israels erster Premierminister, war eindeutig sehr gut darin, Signale aus anderen Ländern richtig zu deuten, besaß also geopolitisches *nunchi*, konnte aber einzelne Menschen nur ganz schlecht einschätzen. (Seine Frau hingegen verfügte über zwischenmenschliches *nunchi*. Sie nahm an vielen Besprechungen teil, um ihm die Sozialdynamik anschließend zu erklären.) Eine Frau, die ich auf dem College kannte, hatte sogar eine Art *nunchi*-Übertragung. Wenn sie an anderen vorbeigehe, erzählte sie mir, »fühlt sich das manchmal so an, als wäre ich sie«.

Mein britischer Mann besitzt klassisches *nunchi*, und ich kann sehen, dass es unsere Tochter Bean von ihm geerbt hat. Als ich sie von einem Sommersportlager abhole, unterhalte ich mich mit zwei Teenagern, die sich gerade auf ein Fußballspiel vorbereiten. Sie wirken nett, doch Bean quengelt, dass wir gehen sollen.

»Hast du nicht gemerkt, dass sie sich über dich lustig gemacht haben?«, fragt sie, kaum dass wir im Wagen sitzen. Anscheinend habe ich ihr Kichern über Frauen mittleren Alters als Freundlichkeit missverstanden.

Gut möglich, dass Bean das in Frankreich gelernt hat. Ich fange langsam an zu glauben, dass in meiner Wahlheimat eine ganz eigene *nunchi*-Variante praktiziert wird, die sowohl zwischenmenschlich als auch introspektiv funktioniert. Man durchschaut seine Umgebung, aber auch sich selbst. Über Leute, die diese Fähigkeit nicht haben, heißt es wenig schmeichelhaft, dass sie *confiture dans les yeux* haben: Marmelade auf den Augen.

Ich bin nicht nach Frankreich gezogen, damit man mir Marmelade aus den Augen wischt, sondern rein Simon zuliebe (der seinerseits herkam, um den Londoner Immobilienpreisen zu entfliehen). Doch nach ein paar Jahren in Paris und immer besseren Französischkenntnissen merke ich: Es ist kein Zufall, dass das englische Wort für »Hellsehen«, *clairvoyance*, aus dem Französischen stammt und im Grunde genommen »klarsehen« bedeutet. Herauszufinden, was los ist – innerhalb der eigenen Familie, am Arbeitsplatz und im Bekanntenkreis – und zu wissen, wie man darauf zu reagieren hat, spielt im Leben der Franzosen eine wichtige Rolle.

Und zwar schon von klein auf. Staatliche Vorschulen legen Wert darauf, dass jeder wahrgenommen wird. Mütter sagen, ihre wichtigste Erziehungsmaßnahme sei die, ihre Kinder gründlich zu beobachten, um sie zu verstehen. Anschließend folgt eine detaillierte Charakterbeschreibung ihrer Kinder samt ihrer vielen widersprüchlichen Eigenschaften.

Meine Kinder lernen im Kindergarten nicht nur die Uhr-zeit, sie müssen auch definieren, was Zeit ist. Für französi-sche Erzieher scheint die gesamte Menschheitsgeschichte aus einer fein säuberlichen Abfolge von Ereignissen zu beste-hen. Schüler lernen sie in chronologischer Reihenfolge, von der Vor- und Frühgeschichte bis heute, um anschließend zu wissen, wie sie sich selbst darin verorten können. Die schrift-lichen Beurteilungen meiner Kinder aus Kindergartenzeiten beinhalten bestimmt ein gutes Dutzend Eigenschaften, da-runter auch so nebulöse wie ihre Fähigkeit, »eine kritische Distanz zur Sprache« zu haben.

Hier in Frankreich lernen Kinder schon sehr früh, erstaun-liche, paradoxe Eigenschaften wahrzunehmen. Dass mein jüngerer Sohn ein echter Franzose ist, merke ich daran, dass er sich, nachdem ich ihn gedrängt habe, eine Jacke anzuzie-hen, auf der Straße zu mir umdreht und sagt, »Mommy, ich friere gern ein bisschen.« Mein älterer Sohn erklärt, dass er seinen Hochstuhl loswerden möchte: Er hat ihn sich ganz ge-nau angeschaut und ist zu dem Schluss gelangt, »dass er zwar bequemer, aber eben auch babymäßiger« ist.

Die Menschen in Paris nehmen visuelle Reize viel deutli-cher wahr als ich. Selbst im Alltag scheinen sie alles ständig visuell zu analysieren. Als ich ein Poster zum Rahmen bringe, beschreibt der Verkäufer die genaue Wirkung, die jeder ein-zelne Rahmen auf das Poster haben wird. In Boutiquen sagen die Verkäuferinnen nicht: »Das steht Ihnen fantastisch« oder »Ziehen Sie das lieber wieder aus«, so wie man das aus Ame-rika kennt. Stattdessen sagen sie, dass mich die Farbe eines bestimmten Pullis »mehr zum Strahlen bringt«. Dass die eine rote Handtasche »vielseitiger« sei als die andere, weil sie etwas blaustichiger sei. Dass sich die Naturledersandalen mit meiner Hautfarbe beißen würden (was stimmt, nur dass mir das niemals aufgefallen wäre). Und dass die Brille, die ich aufprobiere, »mein Gesicht erschlägt«. Niemand hier sagt, dass ein Kleidungsstück dieses *je ne sais quoi*, dieses gewisse Etwas habe ... denn das wäre einfach viel zu vage!

Erwachsene Franzosen beschreiben die Sozialdynamik in ihrem Leben mit derselben romanhaften Präzision. Ich bin amerikanische Promiinterviews gewohnt, in denen Schauspielerinnen von ihrer harten Arbeit schwärmen, von ihrer aufopferungsvollen Liebe zu ihren Kindern. In den entsprechenden französischen Artikeln reden die Schauspielerinnen so gut wie gar nicht über ihre Arbeit oder ihren Nachwuchs. Stattdessen versuchen sie zu zeigen, dass sie genau wissen, wie sie ticken, und sich ihr Leben entsprechend eingerichtet haben.

Das gilt besonders für Schauspielerinnen über vierzig. Als die französische *Elle* Charlotte Gainsbourg nach ihrem Umzug von Paris nach New York porträtiert, nimmt Gainsbourg kein Blatt vor den Mund, was sie selbst oder ihr neues Leben betrifft.

»Ich bin kein einfacher Mensch. Ich halte mich nicht für besonders zugänglich und sage erst mal nicht viel«, verkündet sie.

Gainsbourg, die damals fünfundvierzig war, sagt, dass sie noch keine neuen Freunde in Amerika gefunden habe, aber auch in Paris nicht oft unter Leute gegangen sei: »Ich glaube ganz einfach nicht, dass ich ein Partytyp bin.« Sie erzählt, dass sie viel Zeit damit verbringe, allein durch New York zu laufen. »Ich fühle mich auch gerne ein bisschen labil«, fügt sie hinzu.

In amerikanischen Ohren mag das asozial klingen, doch im französischen Kontext betont das alles nur ihren hohen sozialen Status, es ist der Beweis dafür, dass Gainsbourg sich selbst durchschaut und ihr Leben entsprechend gestaltet.

Mit ein Grund, warum Franzosen so darauf versessen sind herauszufinden, was los ist, ist natürlich auch ihre Überzeugung, dass vieles besser ungesagt bleibt. Schon die höfische Kultur Frankreichs mochte elegante Fassaden lieber als Transparenz. Darüber hat sich Jean-Jacques Rousseau schon im achtzehnten Jahrhundert beschwert, als er in einem Brief bemerkte: »Das einzig Ehrliche an deiner höflichen Gesellschaft ist es, nie zu sagen, was du denkst, außer in abgemilderter Form, in Höflichkeitsfloskeln, Doppeldeutigkeiten und Halbwahrheiten.«

Doch daran konnte nicht einmal Rousseau groß was ändern. »Wer kein Blatt vor den Mund nimmt, kann von den Franzosen als naiv oder unhöflich wahrgenommen werden«, erklärt mir der französische Universitätsdozent Pascal Baudry.

Sollte Sie das verwirren, dann, weil es auch verwirrend ist: Man soll sich genau kennen, teilt dieses Wissen aber nur höchst selektiv. In manchen Situationen erwarten die Leute, dass man schummelt, in anderen soll man wieder ganz korrekt sein. »Lebe im Verborgenen, und du lebst glücklich«, lautet ein französisches Sprichwort.

Zu lernen, wann man sein wahres Ich zeigt und wann nicht, gehört zum Erwachsenwerden einfach dazu, aber auch zum Anpassungsprozess als Ausländer. Freunden und ausgewählten Interviewpartnern bei Zeitschriften gegenüber muss man unbedingt aufrichtig sein. Immobilienanzeigen preisen hingegen Wohnungen ohne *Vis-à-vis* an, sprich, man kann von keiner anderen Wohnung aus in sie hineinschauen. Das Zuhause ist privat, und am besten ist es, wenn Fremde nicht reinschauen können.

Nach einem Dutzend Jahren in Frankreich und einer ebenso langen Zeit des Zusammenlebens mit Simon hat sich mein *nunchi* verbessert. Ich merke jetzt, wenn ich jemanden langweile und wenn man mir mit Abscheu oder Verachtung begegnet. (Ich habe einen Onlinekurs im Entziffern von Mikromimik belegt. Diese beiden Gefühle lassen sich leicht erkennen, weil sie mit einer asymmetrischen Mimik einhergehen.)

Ich hab auch gelernt, wie ich meine Schwächen auf diesem Gebiet kompensieren kann: Immer, wenn ich mir einbilde, dass ein gut aussehender Mann mit mir flirtet, stelle ich mir vor, dass er mit Sicherheit ein anteilnehmender Homosexueller ist. Und wenn ich den Drang verspüre, einer neuen Freundin meine Wohnung zur Verfügung zu stellen, ziehe ich in Betracht, dass diese Frau vielleicht eine Persönlichkeitsstörung aufweist.

Trotzdem habe ich zunehmend das Gefühl, ungefähr zu wissen, was los ist. Als Simon und ich eines Tages zu unserer Wohnung hinauflaufen, kommen wir an einem Nachbarn vorbei, der vor seiner Etagentür steht. Er grüßt uns nicht und huscht gleich hinein.

»Wie unfreundlich!«, urteilt Simon. Doch ich sehe das

anders. »Er war im Bademantel. Es war ihm peinlich«, erkläre ich ihm. Nach reiflicher Überlegung gibt Simon mir recht. So langsam beginne ich klarzusehen!

Sie wissen, dass Sie über vierzig sind, wenn...

... kaum noch jemand doppelt so alt ist wie Sie.

... Sie ohne ein anständiges Mittagessen um spätestens 14 Uhr wie verrückt zittern vor Hunger – und zwar unabhängig davon, wann Sie gefrühstückt haben.

... der Schulfreund mit dem Babyface, von dem Sie sich nie vorstellen konnten, dass er einmal so alt aussieht, wie er wirklich ist, tatsächlich so alt aussieht, wie er ist.

... die einzigen Songs, die Sie komplett auswendig können, mindestens zwanzig Jahre alt sind.

... die meisten Schwangeren wirklich wahnsinnig jung aussehen.

... Sie inzwischen mit Thanksgiving warm geworden sind – trotz seiner blutigen Geschichte.

20

So schließen Sie Freundschaften

Ein wesentlicher Vorteil, nicht mehr so neurotisch zu sein, besteht darin, dass man viel leichter Freundschaften schließt. Nicht beim Shoppen, sondern auch, was Menschen angeht, gehörte ich früher zu denjenigen, die erst einmal alle Optionen kennen mussten, bevor sie sich entscheiden konnten. Nur, dass ich eben im Vorfeld nicht alle verfügbaren Schuhe sichten, sondern alle verfügbaren Leute treffen musste, bevor ich mich entschließen konnte, mich mit jemandem anzufreunden.

Ich brauchte eine Weile, um zu begreifen, dass Menschen im Gegensatz zu Turnschuhen beleidigt sind, wenn man lange nicht zugreift. Mit über vierzig habe ich verstanden, dass es ein Geschenk ist, jemanden toll zu finden – und das ganz unabhängig vom sonstigen Angebot.

Nicht nur ich tue mich inzwischen leichter, Freundschaften zu schließen, sondern auch viele andere in meiner Altersgruppe. Das hat auch biologische Gründe. Da wir in dieser Lebensphase am gewissenhaftesten sind (was auch Eigenschaften wie »sehr fleißig und ordentlich« mit einschließt), ist es einfacher, sich mit Leuten über vierzig zu verabreden, nicht zuletzt weil man davon ausgehen kann, dass sie den

Termin auch einhalten werden. Selbst meine unzuverlässigsten Freunde wirken heute deutlich verantwortungsbewusster und solider.

Menschen über vierzig sind generell einfacher im Umgang als Jüngere: Allein, dass wir es geschafft haben, so alt zu werden, dass wir dieselben Songs, Frisuren, neuen Technologien und weltpolitischen Tragödien miterlebt haben, schafft eine Verbundenheit, die es in unseren Zwanzigern und Dreißigern einfach noch nicht gab.

Unterm Strich heißt das, es ist einfach angenehmer, Zeit mit Gleichaltrigen zu verbringen. Auf meinem zwanzigjährigen Klassentreffen waren meine ehemaligen Mitschüler sehr wettbewerbsorientiert und auch ein wenig kühl. Zum dreißigjährigen Klassentreffen bin ich gar nicht mehr hingegangen – wenn auch deshalb, weil ich im Ausland lebe. Aber was ich den Vorbereitungen, begeisterten Mails und schönen Schnappschüssen entnehmen konnte, war, dass die ganze Atmosphäre deutlich freundlicher gewesen ist: Die Leute waren viel netter zueinander. Sie hatten es nicht mehr nötig, sich als jemand auszugeben, der sie gar nicht sind, und wollten die gemeinsame Zeit einfach nur genießen. (Wir alle wissen inzwischen, dass ein großer Trost des Älterwerdens darin besteht, dass man es mit seinen Freunden gemeinsam erlebt.)

Während sich mit Anfang vierzig so was wie eine »Jetzt-oder-nie«-Panik bemerkbar macht, fühlt man sich mit Ende vierzig gelassener. Leute, die nervös waren, weil sie keine Kinder, nicht den richtigen Job oder nicht den richtigen Partner hatten, haben inzwischen entweder eine zufriedenstellende Lösung gefunden oder sich neu orientiert. Vielleicht leben sie nicht das Leben, von dem sie einst geträumt haben, aber dafür eines, mit dem sie zufrieden sind und das sie lieb gewonnen haben.

Dadurch, dass wir weniger neurotisch sind, sehen wir auch, wie viel wir gemeinsam haben. Wir teilen das Gruppengefühl, weil wir um unsere gemeinsamen Erfahrungen wissen. Nach Jahren, in denen wir uns außergewöhnlich, unsicher oder außen vor gefühlt haben, merken wir, dass wir ziemlich viel mit anderen gemein haben. Das ist zwar ein wenig enttäuschend, aber gleichzeitig auch eine große Erleichterung.

Auch vom französischen Freundschaftsmodell habe ich so einiges gelernt

Amerikanische Freundschaften werden oft schnell geschlossen: Im Nu trifft man sich auf einen Kaffee oder zum Mittagessen und schon bald darauf zum Abendessen. Wohnt jemand nebenan oder hat Kinder, die auf dieselbe Schule wie die eigenen gehen, und findet man sich einigermaßen nett, ist es nur natürlich, sich zum Kaffeetrinken zu verabreden. Alles Übrige ergibt sich daraus.

Das funktioniert immer so. Als mir die Haare nach der Chemotherapie nachwuchsen, trug ich für eine Weile eine Jean-Seberg-Frisur. Eine ebenfalls in Paris lebende Amerikanerin, die ich eines Abends traf – und die den Grund für meine Frisur nicht kannte –, mailte mir bald darauf und schrieb: »Ich hab dich gesehen und dachte: ›Die Frau will ich kennenlernen, die sieht cool aus.‹« Und schon trafen wir uns.

In Frankreich funktioniert das anders. Bloße Nachbarschaft bedeutet nicht, dass man sich auch sonst näherkommt. Nach zehn Jahren kenne ich die meisten meiner Nachbarn noch nicht mal mit Namen und sieze das Paar von nebenan nach wie vor. Dass man die Leute höflich auf Abstand hält, damit sie nicht in die eigene Privatsphäre eindringen, oder damit man sich ihnen gegenüber nicht verpflichtet fühlen muss, ist typisch französisch. Man legt einfach nicht so viel Wert auf Smalltalk. Hat man keine Lust, mit jemandem zu reden, redet man einfach nicht mit ihm.

Manchmal schließen auch Franzosen schnell Freundschaften. Doch in der Regel geht man hier vorsichtiger vor. Es ist mehr als nur eine Frisur vonnöten, um etwas ins Rollen zu bringen. Man kann einen Menschen bereits seit Monaten oder Jahren kennen und sich immer sympathischer werden, ohne vorzuschlagen, sich auch mal alleine zu treffen. Zwischen der ersten Begegnung und der ersten Tasse Kaffee zu zweit können durchaus Jahre vergehen.

Zunächst fand ich dieses deutlich langsamere französische Tempo seltsam. Als sich endlich mal jemand so weit für mich erwärmen konnte, dass er mir die Freundschaft anbot, war ich sauer, dass sich die Person so lange Zeit gelassen hatte. Ich unterstellte ihr, dass sie auch erst mal gucken wollte, was sonst noch alles so im Angebot war: Vielleicht findet sich ja noch was Besseres?

Dabei lernte sie mich einfach bloß nach und nach kennen. Inzwischen habe ich gemerkt, dass diese langsamere Herangehensweise in Sachen Freundschaft meinem »Löffelgehirn« sehr entgegenkommt. Ich habe damit begonnen, die französische Methode auch auf Beziehungen zu Nichtfranzosen anzuwenden, selbst wenn ich spüre, wie seltsam das manche Amerikaner finden. Obwohl ich mich inzwischen besser auf meine Menschenkenntnis verlassen kann, bedeutet dieses langsamere Vorgehen auch, dass ich mich nicht mehr auf adrenalingeschwängerte erste Eindrücke verlassen oder mich in Freundschaften stürzen muss, bevor ich überhaupt so weit bin. Ich kann die Leute jetzt in Ruhe kennenlernen und gucken, ob mein erster Eindruck richtig war.

Die französischen Freundschaftsregeln passen auch zu meiner Neigung, relativ unverblümt zu sein. Amerikanische Freundschaften erfordern meist viel Bestätigung: Man will sich im anderen gespiegelt sehen. Hat eine Freundin mit Problemen oder Rückschlägen zu kämpfen, gilt es, dafür zu sorgen, dass sie sich besser fühlt. Dafür hat man mildernde Umstände aufzuzählen, sie an ihre guten Eigenschaften zu erinnern und ihr Selbstvertrauen wieder aufzubauen, so Raymonde Carroll.

In Frankreich hingegen wird erwartet, dass man seiner Freundin die Wahrheit sagt. »Meine Freunde sind dafür da, mir klar und deutlich zu sagen, was ich mir selbst nur ungern eingestehe«, schreibt Carroll. »Aus Zuneigung zu mir rütteln sie mich auf, und zwar ohne mich zu verurteilen.« Anschließend bedankt man sich bei ihnen für ihre unverblümte Art, indem man sagt: »Jetzt geht es mir schon viel besser, ich wusste, es wird mal wieder Zeit, dass du mir so richtig den Kopf wäschst.«

Auch über die Entwicklung, die eine Freundschaft nehmen kann, gibt es unterschiedliche Erwartungen. Es gibt amerikanische Freundschaften, die lange halten, andere sind relativ zerbrechlich: Ich traf mich auf einen Drink mit der Frau, die meine Frisur mochte. Dabei vertraute sie mir ihre gesamte

Lebensgeschichte an. Trotzdem haben wir uns danach nie mehr nur zu zweit getroffen. Selbst wenn man irgendwann mal mit jemandem zu Abend isst, kann die Freundschaft abrupt enden, sobald einer von beiden umzieht, ein Kind bekommt oder einfach bloß von irgendeiner Kleinigkeit enttäuscht oder genervt ist. (Kein Wunder, dass ich mir ständig wie bei einem Vorstellungsgespräch vorkam, denn genau das war es auch.) Normalerweise erwarten wir Ausgewogenheit und Gegenseitigkeit, reagieren beunruhigt, wenn einer öfter zum Abendessen einlädt oder um mehr Gefälligkeiten bittet als wir. Freunde haben in einer Notsituation füreinander da zu sein, dürfen aber auch nicht zu viel verlangen, weil sie sonst riskieren, den anderen zu überfordern oder zu vergraulen.

Auch Franzosen mögen den Kontakt zu Leuten verlieren, die umziehen oder den Job wechseln. Auch bei ihnen besteht das Risiko eines Bruchs. Aber wer die lange Probezeit bestanden hat und zur *copine* geworden ist, bleibt in der Regel eine Freundin fürs Leben. Denn an diesem Punkt kennt man sich wirklich in- und auswendig. Der Ausleseprozess war so streng, dass man sich der anderen ein Leben lang sicher sein kann.

Das fühlt sich verlässlicher an. Freundschaft geht hier mit einer Art Kündigungsschutz einher.

Mit der Zeit habe ich wahre Freunde gefunden, und die Beziehung zu bereits bestehenden ist enger geworden. Meine sozialen Ängste haben sich zwar nicht vollends gelegt und werden durchaus manchmal bemerkt (zum Glück darf man als Ausländer gern etwas seltsam sein). Aber das kommt inzwischen deutlich seltener vor. Wenn ich heute jemanden treffe, und eine Stimme in meinem Kopf sagt: »Worüber sollen wir uns bloß drei Stunden lang unterhalten? Was, wenn sie merkt, wie wenig liebenswert ich bin?«, bringe ich sie einfach zum Schweigen und treffe mich trotzdem mit derjenigen. Ich verlasse mich einfach darauf, dass ich auch gute Eigenschaften besitze und die anderen nicht ständig becircen muss, um gemocht zu werden.

Jetzt, wo ich gelassener bin als früher, habe ich gemerkt, dass es in meiner Umgebung Menschen gibt, die noch viel stärkere soziale Ängste haben als ich. Eine Bekannte gesteht mir beim Mittagessen, dass sie sich mit Büchern leichtertut als mit Menschen: Das meiste, was sie über Menschen wisse, habe sie aus Romanen, die im 19. Jahrhundert verfasst wurden. Immer, wenn sie sich mit jemandem treffe, versuche sie herauszufinden, welche Jane-Austen-Figur am ehesten auf die Person zutreffe.

Ich habe gelernt, dass meine Freunde ein paar Grundvoraussetzungen erfüllen müssen. Am wichtigsten ist mir Sinn für Humor. (Die Jane-Austen-Leserin hat welchen, und trotz ihrer Ängste haben wir uns angefreundet.)

Das bedeutet nicht, dass ich ständig lustige Monologe oder geistreiche Bemerkungen erwarte. Man kann ernsthaft sein und trotzdem Sinn für Humor haben. Nur, dass ich es heutzutage merke, wenn jemand gar keinen Humor hat. Diese Eigenschaft ist alles andere als nebensächlich. Es geht nämlich nicht nur darum, lachen zu können. Ein humorloser Mensch kreist hauptsächlich um sich selbst und hat keinerlei Abstand zu der Situation, in der er sich gerade befindet – geschweige denn zu sich selbst. Manchmal treffe ich Leute, die beeindruckend und intelligent sind, die ich aber nicht noch mal treffen möchte. Im Nachhinein wird mir dann meist klar, was der Grund war: Die Person hatte einfach keinen Humor.

Ich habe auch gelernt, darauf zu achten, ob jemand zuhören kann – eine ganz einfache Fähigkeit, die aber nicht immer vorhanden ist. (Simon sagt manchmal über ältere Leute: »Die sind nicht schwerhörig, die können bloß schwer zuhören.«

Jetzt, wo ich viel entspannter im Umgang mit anderen bin, klammere ich auch nicht mehr so sehr. Ich weiß, dass nicht jeder für immer in meinem Leben bleiben wird. Es gibt Menschen, mit denen man einen fantastischen Abend oder mehrere unvergessliche Tage verbracht hat. Doch inzwischen leben sie in Hongkong, so dass man sie nie mehr sehen wird. So ist das Leben nun mal.

Außerdem bin ich heute besser darin, Leute zu entdecken, die aus demselben Holz geschnitzt sind wie ich. Jerry Seinfeld hat einmal gesagt, dass er sich bei den Emmy Awards immer am meisten auf den Moment freut, wenn die Comedy-Autoren auf die Bühne kommen, um ihre Preise entgegenzunehmen. »Da stehen sie dann, diese gnomenhaften Idioten, die alle irgendwie daneben aussehen. Und ich denke mir: ›Das bin ja ich! Genau so bin ich auch. Das sind meine Leute.«

Meine Leute sind ehemalige Außenseiter, die gerne lesen und schreiben. Und davon gibt es erstaunlich viele. Eines Tages schlage ich zwei neuen Freundinnen spontan vor, zusammen übers Wochenende wegzufahren. Sie sagen beide Ja, und wir verbringen drei Tage in einem Hotel. Wir gehen zusammen essen und schwimmen und reden auf einem unserer Zimmer bis spät in die Nacht. Wir erzählen uns, wie es war, in der Pubertät nirgendwo so richtig dazuzugehören, bis wir endlich das Leben gefunden haben, das zu uns passt. Ein Lied, das wir an diesem Wochenende mehrmals gemeinsam anstimmen.

Wir machen einander Geständnisse. Eine meiner neuen Freundinnen enthüllt, dass sie das Masturbieren von einem Holocaustüberlebenden gelernt hat. (Das war allerdings alles ganz harmlos: Der Überlebende unterrichtete Sexualkunde an ihrer Schule.) Ich erzähle meinen Freundinnen, dass ich auf dem College mal die Aufgabe hatte, einen Film zu drehen. Ich beschloss, einen Dokumentarfilm über mich zu machen, und interviewte Leute aus meinem Wohnheim, fragte, was sie so von mir hielten.

Ich ging fest davon aus, dass meine Freundinnen mich dafür verurteilen würden. Das war sicherlich ein bisschen zu aufrichtig, was meine schlechten Eigenschaften betrifft. Doch es geschah genau das Gegenteil.

»Oh, meine Liebe, das ist so typisch für dich!«, sagte die eine voller Zuneigung. Und da merkte ich, dass sie mich, auch wenn ich bei dieser Geschichte nicht besonders gut wegkomme, genau dafür mögen, dass ich sie ihnen erzählt habe. Perfektion ist keine Grundvoraussetzung für Freundschaften, aber dass man den Leuten zeigt, wer man wirklich ist, schon.

Sie wissen, dass Sie über vierzig sind, wenn...

… Sie in der Lage sind, anderen vorurteilsfrei zuzuhören.

… Sie nicht mehr bereit sind, sich ewig lang einseitiges Gejammer über Beziehungsprobleme anzuhören und auch nicht mehr automatisch jeden Quatsch glauben. Erzählen Sie jetzt, wie Ihnen Unrecht getan wurde, dann nie ohne hinzuzufügen: »Ich erzähle das Ganze natürlich nur aus meiner Perspektive.«

… Sie nicht mehr darauf bestehen, dass Ihre Freunde genau denselben Geschmack haben müssen wie Sie selbst.

… Sie wissen, dass zu den Menschen, mit denen Sie sich gern umgeben, auch solche zählen, die Ihnen extrem viel bedeuten. Sie können sich an die Dinge erinnern, von denen sie erzählt haben. Sie wissen sie aufrichtig zu schätzen und werden stets Zeit für sie haben.

… Sie von genau diesen Leuten nicht immer geschätzt werden.

… Sie nicht mehr unbedingt zu den Coolen zählen wollen, sondern einfach nur Ihren *eigenen* Leuten.

21

So lernen Sie, Nein zu sagen

Es ist toll, endlich enge Freunde zu haben. Wenn ich doch nur Zeit hätte, sie zu treffen!

Sollte es ein Wort geben, mit dem sich das heutige Leben von Leuten in den Vierzigern beschreiben lässt, dann ist es »beschäftigt.« Noch nie musste ich so viele Dinge auf einmal erledigen. Meine derzeitige Aufgabenliste umfasst elf Seiten voller dringlicher (»Hilfe, Versicherung verlängern!«), ehrgeiziger (»Stefan Zweig lesen!«) und lähmender Aktionen (»Familienfotos ausdrucken und einkleben«). Unzählige E-Mails wollen beantwortet und noch mehr Dankesschreiben verfasst werden. Bekannte von Bekannten, die nach Paris kommen, möchten wissen, wo sie essen gehen sollen und ob wir uns auf einen Drink treffen können. Selbst simpelste Aufgaben nehmen mindestens zwanzig Minuten in Anspruch, die ich einfach nicht habe – vom Haushalt ganz zu schweigen.

Ich weiß, ich jammere auf hohem Niveau. Ich kann froh sein, solche Probleme zu haben! Doch der niederländische Ökonom Lans Bovenberg hat recht, wenn er diese neue Phase als »Rushhour des Lebens« beschreibt, in der Arbeit und Kindererziehung viel Engagement erfordern, und in der sich manche auch noch um die alt gewordenen Eltern kümmern müssen. (»Meine Mum glaubt, sie ist schwanger«, berichtet mir eine Freundin aus Connecticut. »Sie lebt in einem Seniorenheim und sagt immer, ›Das ist kein guter Ort, um Kinder großzuziehen.‹«)

Psychologen nennen dieses ständige Beschäftigtsein »Rollenüberforderung« und sagen, dass sie Schwierigkeiten haben, Menschen in der Lebensmitte für klinische Studien zu rekrutieren (Studenten und ältere Leute haben deutlich mehr Freizeit). Wir waren schon seit Jahren nicht mehr im Kino.

Ich kann nicht behaupten, dass ich das alles elegant gewuppt kriege. Als ich meine Tochter schimpfe, weil sie in der Küche singt, statt mir beim Aufräumen zu helfen, sagt sie nur, mir fehle es an Lebensfreude. Ich bin schockiert, verstehe aber, was sie meint. Es fällt schwer, *joie de vivre* zu verströmen, wenn ich an einem einzigen Vormittag einen Klempner wegen einer verstopften Toilette organisieren, einen Kieferorthopäden finden und mehrere Geburtstagsgeschenke besorgen muss, während natürlich auch noch jede Menge Deadlines auf mich warten.

Wer all das bewältigen möchte, muss ständig Prioritäten setzen. Und wissen, wann er Nein sagen muss. Die Fähigkeit, alles Mögliche – angefangen von Verabredungen zum Spielen bis hin zu Aufträgen als Freiberufler – abzusagen, ist mit die wichtigste Fähigkeit dieses Lebensjahrzehnts. Ohne sie ist man langweiligen Gesprächen und unangenehmem Schriftkram hilflos ausgesetzt. Wenn ständiges Beschäftigtsein der Fluch für Menschen in den Vierzigern ist, ist Neinsagen die beste Verteidigungsstrategie dagegen.

Dass ich das nicht besonders gut kann, merke ich, als ich

eines eiskalten Winterabends vor einem Haus stehe, in dem eine amerikanische Foodbloggerin, die ich kaum kenne, eine Party gibt.

Ich bin nicht besonders scharf auf diese Feier. Ich brüte eine Erkältung aus und würde den Abend lieber mit meiner Familie verbringen. Aber die Party will ich auch nicht verpassen. Was, wenn dort etwas ganz Tolles passiert? Was, wenn ich Nein sage, und die Bloggerin meint, ich wäre mir zu fein für sie? Da in der Einladung kein Türcode genannt wurde, den man braucht, um sich Zutritt zu den meisten Pariser Gebäuden zu verschaffen, ging ich davon aus, dass die Bloggerin in einer Villa lebt, die auf die Straße hinausgeht. So eine Villa will ich keinesfalls verpassen. Außerdem wird das Essen mit Sicherheit köstlich sein.

Als ich die angegebene Adresse erreicht habe, finde ich mich vor einem typischen Pariser Wohnhaus wieder, das einen Türcode erfordert. Eine geschlagene Dreiviertelstunde stehe ich schniefend und frierend auf der Straße herum. Ich kann die Feiernden durchs Fenster sehen, die aber nicht hören können, wie ich nach ihnen rufe. Weil sie ein Fest gibt, geht die Bloggerin nicht ans Telefon. Warum hat sie mich überhaupt eingeladen? Ich hab sie bloß einmal getroffen. Da verstehe ich: Ich gehöre jetzt zu denjenigen, mit denen man sich anfreunden will.

Irgendwann tritt ein Mann auf ihren Balkon, um eine Zigarette zu rauchen. Er ruft mir den Türcode zu. Oben begrüßt mich die Bloggerin, zeigt auf ein paar traurig aussehende Häppchen auf Papptellern und geht wieder. Die Gäste sind überwiegend amerikanische Expats mittleren Alters mit der deprimierenden Ausstrahlung von Leuten, die zwar aus Sicht der Daheimgebliebenen ein glamouröses Leben führen, aber in Wahrheit frustriert sind oder aber nicht wissen, was sie sonst tun sollen.

Eine Frau schildert mir detailliert die Sprachtherapie ihres Sohnes. Eine andere stellt sich aggressiv als *An-dreh-ah* vor, als wäre ich daran schuld, dass ihr Name so oft falsch ausgesprochen wird. Um mich dann unverblümt zu fragen: »Und, was ist deine Geschichte?«

Ich hole meinen Mantel und ergreife die Flucht, verabschiede mich weder von *An-dreh-ah* noch von der Bloggerin. Am nächsten Tag habe ich ein furchtbar schlechtes Gewissen. Was, wenn ich mit meinem überstürzten Aufbruch alles noch verschlimmert habe? Soll ich der Bloggerin eine Entschuldigungsmail schicken?

»Weißt du, was ich denke, wenn ich so was höre?«, sagt Simon. »Wie anstrengend diese ständigen inneren Monologe für dich sein müssen!«

Da merke ich, dass ich lernen muss, Ja zu dem zu sagen, was ich tun will, und Nein zu allem anderen wie auch zu dieser Party. Doch woher soll ich schon im Vorfeld wissen, was ich will und was nicht? Was, wenn ich die wunderbare Soiree in der Villa verpasse, was wenn ich zu oft Nein sage und irgendwann gar nicht mehr eingeladen werde?

Langsam, aber sicher lerne ich ein paar wichtige Lektionen, sowohl mein Privat- als auch mein Berufsleben betreffend:

Kennen Sie Ihre Gewohnheiten. Wenn eine Verabredung zum Mittagessen den ganzen Tagesplan durcheinanderbringt, sollten Sie sich generell nie zum Mittagessen verabreden. Reservieren Sie Zeitfenster, die nur Ihnen gehören. Wenn meine Kinder um neun ins Bett gehen, bleiben mir noch zwei Stunden, bevor ich selbst schlafen gehen muss. Mir das immer wieder klar zu machen, statt es nur vage zu ahnen, hilft mir dabei, solche Zeiten für mich zu reservieren.

Überlegen Sie, welche Zugeständnisse Sie machen. Der britische Ökonom Tim Harford erklärt, dass man, wenn man zu etwas Ja sagt, gleichzeitig zu etwas anderem Nein sagt, das man im selben Zeitraum hätte erledigen können: Soll ich eine Buchkritik schreiben und dafür die Arbeit an meinem eigenen Buch hintanstellen? Soll ich vor Studenten einen Vortrag halten und dafür die Gutenachtgeschichte meines Sohnes ausfallen lassen? Soll ich an dieser Diskussion teilnehmen, anstatt mit meiner Frau zu Abend zu essen und dabei gute Gespräche zu führen? Er empfiehlt, zukünftige Pläne einem ganz einfachen Test zu unterziehen: Müsste ich das noch heute tun, würde ich zusagen?«

Folgen Sie Ihrem Herzen. Wenn Sie sich zwischen verschiedenen Möglichkeiten entscheiden müssen, dann achten Sie auf das, was Ihnen Kraft gibt und das, was Sie schon beim Gedanken daran erschöpft. (Das habe ich von der Lebensberaterin Janet Orth gelernt.) Natürlich geht das nicht immer, manche Dinge muss man einfach erledigen. Aber sonst lohnt es sich, sich auf die Dinge zu konzentrieren, die einem Energie schenken. Selbst als Erwachsener ist es absolut in Ordnung, sich für das zu entscheiden, was mehr Spaß verspricht.

Kleinigkeiten nach Möglichkeit sofort erledigen. Denn je länger man sie aufschiebt, desto mehr Raum nehmen sie ein.

Menschen – ja sogar Institutionen – sind in der Regel flexibel. »Ich habe meinen Terminplan ständig um anderer Leute Einladungen herumgestrickt«, erzählt mir eine Lehrerin über vierzig aus Vermont. »Aber damit ist jetzt Schluss! Ich habe gemerkt, dass man meist viel mehr Verhandlungsspielraum hat, als man denkt.« Wenn Ihnen ein bestimmter Vorschlag nicht passt, machen Sie doch einfach einen Gegenvorschlag, der mit weniger Stress für Sie verbunden ist.

Ein Bekannter, der als freier Journalist arbeitet, erzählt, dass er immer, wenn er nicht weiß, ob er einen Auftrag annehmen soll oder nicht, das Doppelte des angebotenen Honorars verlangt. Um dann festzustellen, dass sich der Auftraggeber in mehr als fünfzig Prozent der Fälle darauf einlässt. Außerdem findet er so heraus, wie sehr sein Gegenüber mit ihm zusammenarbeiten möchte.

Lassen Sie sich nicht vom Internet auffressen. Es hilft, sich Grenzen zu setzen. Ein Kinderbuchautor erklärt, dass er nur donnerstags Mails beantwortet. Ein anderer Autor sagt, er gehe generell nie zwischen neun Uhr morgens und fünf Uhr nachmittags online. (»Denn wenn ich etwas nachschaue, ist im Nu eine Stunde um.«)

Langfristig denken hilft auch. Die britische Autorin Zadie Smith schaffte sich ein Klapphandy an und installierte eine Software auf ihrem Computer, die das Internet blockiert. Und zwar als sie merkte, dass sie nicht sechsundachtzig werden will, »um dann zu erkennen, dass ich einen Großteil meines Lebens mit Mr Jobs, mit seinem Universum, mit seinem

Handy und mit seinen Apps verbracht habe. Ich habe andere Dinge mit meinem Leben vor.«

Räumen Sie Ihren eigenen Projekten oberste Priorität ein. Denn wenn Sie es nicht tun, tut es niemand. Leute kommen mit Problemen zu Ihnen und suggerieren, dass Sie die Einzige sind, die sie lösen können. Das ist aber in der Regel nicht so. Wenn das Problem nicht gerade lebensbedrohlich oder der Fragende ein sehr enger Freund ist, sollten Sie sich deswegen nicht von Ihrer eigenen Arbeit abbringen lassen. Bieten Sie nicht aus einem schlechten Gewissen heraus an, fremder Leute nebensächliche, nervige Pflichten zu erledigen. Natürlich dürfen Sie anderen Gefallen tun, aber Sie entscheiden, welche das sind.

Es ist okay, ein wenig rücksichtslos zu sein. Als eine Nachbarin wollte, dass ich ihr den winzigen Abstellraum, der zu meiner Wohnung gehört, verkaufe, damit sie sich eine Badewanne einbauen lassen kann, steckte ich in einem Dilemma: Ich brauchte den Raum, aber sie brauchte es bestimmt, baden zu können. Da fragte ich einen Freund um Rat – der gar nicht fassen konnte, dass ich einen Verkauf auch nur in Erwägung zog. »Ich an deiner Stelle würde einfach sagen: ›Tut mir leid, aber ich möchte meinen Abstellraum behalten‹«, schlug er vor. Und genau das tat ich auch.

Machen Sie einen Plan. Das erschwert es anderen, Sie von Ihren Zielen abzubringen. Außerdem merken Sie so eher, was Sie wollen und was nicht. Der chinesische General Sunzi hat einmal gesagt, dass nichts je nach Plan laufe, man ohne Plan jedoch mit Sicherheit scheitern werde.

Sagen Sie auf eine nette Art Nein. Begründen Sie Ihre

Absage aufrichtig und mit wenigen Worten. »Das würde ich gern, aber ich habe zu viel zu tun« ist absolut ausreichend, außerdem stimmt es auch. Wenn anderen diese Antwort nicht gefällt, oder wenn diese Sie absichtlich missverstehen wollen, ist das nicht Ihr Problem. Manchmal wissen sie Ihre Unverblümtheit sogar zu schätzen, selbst wenn Sie absagen. »Vielen Dank, es ist wichtig, auch mal Nein sagen zu können, und das hast du gerade eindrucksvoll unter Beweis gestellt!«, schrieb einmal eine Bekannte, nachdem ich ihr gesagt hatte, ich müsse einer gemeinsamen Freundin helfen.

Tun Sie einfach öfter, was Sie wollen. Zum vierzigsten Geburtstag einer Freundin gibt es ein köstliches libanesisches Buffet. Ich leere meinen ersten Teller und gestehe dann meinem Pariser Freund Julien, dass ich gern noch Nachschlag hätte, aber nicht unhöflich sein will. Nicht alle haben schon gegessen.

Julien kontert mit einer Lektion, die nicht nur das Buffet betrifft (und mir außerdem klarmacht, dass wir uns gerade anfreunden). »Tu, wonach dir ist, tu, was du willst«, sagt er. »Wenn du das machst, ist allen geholfen, und alles flutscht.« Natürlich gibt es Menschen, denen man das nicht zweimal sagen muss. Aber für diejenigen unter uns, die sich schon bei kleinsten Grenzüberschreitungen Gedanken machen, ist es sehr befreiend. Niemand ist am Boden zerstört, nur weil man nicht zu seiner Party kommt. Und wenn man kommt, freuen sie sich, dass einem das Buffet so gut schmeckt. Hört man endlich damit auf, sich besorgt zu fragen, ob man andere beleidigt oder gegen irgendwelche Regeln verstößt, läuft es paradoxerweise in der Regel glatter.

Vergessen Sie nicht, dass auch diese Lebensphase irgendwann einmal vorbei ist. Als ich eine Kalifornierin in den Fünfzigern fragte, was sich bei ihr in den letzten zehn Jahren verändert hat, sagt sie, dass sie zum ersten Mal seit vielen Jahren endlich Zeit für sich hat: Eines ihrer Kinder ist mit der Schule fertig, und das andere steht auch kurz vor dem Abschluss. Sie weiß gar nicht so recht, was sie mit sich anfangen soll.

Dieses Problem werde ich in zehn Jahren ganz bestimmt nicht haben. Ich werde Dankesschreiben wie in der Obama-Ära verschicken und noch mal kurz zu diesem Buffet zurückkehren.

Sie sind über vierzig, wenn…

… Sie wissen, wie man jemanden enttäuscht.

… Sie aufhören, Zeit mit Leuten zu verbringen,
in deren Gegenwart Sie sich schlecht fühlen.

… Sie wissen, dass jemand, der Zeit mit Ihnen
verbringen will, vermutlich aufrichtige Zuneigung
für Sie empfindet.

… Sie so wenig Zeit haben, dass Sie Ihren Schlaf
opfern, obwohl Sie Schlaf brauchen, um alles
gewuppt zu kriegen. Wenn Sie aufgrund dieser
Zwickmühle total unproduktiv werden.

… Sie wissen, dass die meisten Eheprobleme von
zu wenig Sex oder zu wenig Schlaf herrühren.

… Sie wissen, dass schon kleinste Veränderungen
enorm viel ändern können.

22

So behalten Sie Ihre Familie im Griff

Seit ich vierzig bin, habe ich das Gefühl, viele Probleme so langsam geknackt zu haben. Doch obwohl ich gerade vier Tage damit verbracht habe, vor russischen Müttern in Moskau zu sprechen, gibt es paradoxerweise noch einen Lebensbereich, mit dem ich mich nach wie vor schwertue, und das ist die Kindererziehung.

Jetzt, wo meine Kinder älter und selbstständiger sind: Wie stark soll ich da noch Einfluss auf sie nehmen? Ab wann sollte ich ihre Vorlieben einfach respektieren und loslassen? Hier ein paar ganz konkrete Beispiele: Soll ich darauf bestehen, dass mein jüngerer Sohn doch noch mal von meinem Rührei probiert, obwohl er es widerlich findet? Soll ich einen Zwilling in die Klasse seines Bruders versetzen lassen, die einen besseren Lehrer zu haben scheint, obwohl dieser Bruder darauf besteht, sie alleine zu besuchen?

Es gibt aber auch noch weitreichendere Fragen: Ich wollte ursprünglich in vielen verschiedenen Ländern wohnen, solange meine Kinder noch klein sind, unter anderem auch mal wieder in Amerika. Doch weder sie noch mein Mann sind auch nur ansatzweise dazu bereit. Wenn ich vorschlage, in ein anderes Land zu ziehen, stellen sich alle auf die Hinterbeine, Simon eingeschlossen. Ich mag zwar die Königin in der Familie sein, aber es steht immer noch vier zu eins.

Da ist es auch nicht sehr hilfreich, dass ich eine ahnungslose Ausländerin bin, der man nicht einmal zutraut, Viertklässlern Nachhilfe zu geben. Um meinen Ruf zu verbessern, gehe ich mit Bean zum *Salon du Livre*, eine riesige, einmal im Jahr in Paris stattfindende Buchmesse, auf der auch mein französischer Verlag einen Stand hat. Man hat zwei Signierstunden für mich eingeplant. Bestimmt wird Bean schwer beeindruckt sein, wenn sie erst mal meine Fans kennengelernt hat.

Wir sitzen beide an einem langen, schmalen Tisch, neben uns weitere Autoren. Ein Stapel mit meinen Büchern liegt vor uns sowie ein Kärtchen mit meinem Namen.

Die französischsprachige Afrikanerin zu meiner Linken bewirbt ihre Lebensgeschichte. Zu meiner Rechten sitzt ein berühmter französischer Ernährungsberater. Vor beiden stehen die Fans Schlange.

Ein paar Leute fragen mich, wo es zur Toilette geht. Aber zwei geschlagene Stunden lang kommt kein einziger Mensch vorbei, um mein Buch zu kaufen oder es von mir signieren zu lassen. Ich finde das nicht schlimm, weil ich weiß, dass das auf manchen Veranstaltungen einfach so ist. Doch Bean ist schockiert. Es war eine ziemlich große Sache für sie, mitkommen und neben mir sitzen zu dürfen.

»Niemand will dein Buch lesen?«, flüstert sie. Mein Ruf außerhalb unserer Familie war ihr bisher nicht bekannt gewesen. Jetzt sehe ich ihr an, dass sie mich auch in der wahren Welt für einen Loser hält. Es scheint sinnlos zu sein, sie vom Gegenteil überzeugen zu wollen.

Nicht nur ich fühle mich meiner Familie gegenüber machtlos. Meine Freundin Florence, die ebenfalls drei Kinder hat, sagt, für sie sei das Familienleben eine Art Qualle: Man könne sie zwar in eine bestimmte Richtung schubsen, sie aber zu nichts zwingen und auch nicht stoppen.

Meine Kinder sind noch nie in einem amerikanischen Zeltlager gewesen. Dafür ist Amerika auf ganz andere Weise in ihr Leben getreten. Über meinen nichtamerikanischen Mann haben sie die Filme der Marx Brothers kennengelernt, die ich noch nie gesehen habe. Jetzt laufen sie durch unsere Wohnung, tun so, als würden sie dicke Zigarren paffen und singen: »Was immer es ist, ich bin dagegen.«

Sie mögen nicht alle meine Interessen teilen, doch ich teile ihre. Ich verbringe ziemlich viel Zeit damit, Profifußballern bei der Arbeit zuzusehen. Ich zucke nicht mal mit der Wimper, wenn sie *football* statt *soccer* dazu sagen. Als mein jüngerer Sohn meinte, er sei traurig, »weil Samuel Eto langsam alt wird«, wusste ich, dass er den kamerunischen Stürmer um die dreißig meint.

»Wie heißt die Mannschaft gleich wieder, die in Mosambik einmarschiert ist?«, fragte er mich neulich.

»Portugal«, erwiderte ich. »Und das ist keine Mannschaft, sondern ein Land.«

Dafür besitze ich wegen meiner Lebenserfahrung und der angeblich damit einhergehenden Weisheit so was wie »Soft Power«. Doch selbst die wird oft auf eine harte Probe gestellt. Als ich Bean zur Aufnahmeprüfung für ein zweisprachiges Gymnasium begleite, ist sie sichtlich nervös.

»Was, wenn ich nicht genommen werde?«, fragt sie. Ich

merke, dass nun mein Rat als Erwachsene gefragt ist. Vermutlich sollte ich etwas sagen, das sie ermutigt und tröstet. Und weil sie sehr kritisch ist, sollte es auch noch wahr sein.

»Du bist gut vorbereitet. Und selbst wenn du nicht genommen wirst, werden wir das auch überleben«, sage ich.

»Das wollte ich jetzt eigentlich nicht hören.«

»Du wirst genommen werden, du wirst das ganz wunderbar hinkriegen?«, versuche ich es erneut.

Sie musterte mich skeptisch. Auch das ist anscheinend nicht gewünscht.

»Es ist egal, ob du genommen wirst oder nicht!«, mache ich einen neuen Anlauf.

Bean sieht mich sowohl verächtlich als auch angewidert an. Sie merkt, dass diese Sätze nichts als versuchte Korbwürfe sind: Mit jedem neuen Satz versuche ich einen Treffer zu landen.

Während wir uns der Schule nähern, fällt mir plötzlich noch was Besseres ein.

»Sei einfach du selbst!«, sage ich. »Konzentrier dich auf die Gedanken ›Ich bin gut, ich bin ich, alles ist bestens.‹«

»Das sagst du doch nur, weil du meine Mutter bist«, sagt sie, was stimmt.

Schließlich frage ich sie: »Na gut, was willst du denn dann hören?«

»Egal, was passiert: Es ist okay«, gibt sie zurück.

»So was hab ich doch schon ganz am Anfang gesagt.«

»Ich weiß«, erwidert sie.

Ich merke, dass sie immer noch nervös ist, dass sie sich etwas wünscht, was die Franzosen *technique* nennen – eine praktische Lösung für ihr Problem. Amerikaner sagen gern *Life Hack* dazu.

»Konzentrier dich einfach auf deine Atmung«, schlage ich vor.

»Wenn ich mich auf meine Atmung konzentriere, atme ich so.« Sie gibt vor zu hyperventilieren.

»Wenn du genommen werden sollst, wirst du auch genommen«, sage ich. Sie sieht mich zweifelnd an. Ich gebe nichts als Binsenweisheiten von mir, und das merkt sie genau.

Als wir nur noch einen Block von der Schule entfernt sind, hellt sich ihre Miene auf einmal auf, und sie hüpft die Straße hinunter. Mir fällt wieder ein, wie abrupt die Stimmung bei Kindern umschlagen kann, was mich auf eine weitere Idee bringt.

»Genieß einfach die Prüfung und amüsier dich«, sage ich. Diese *technique* gefällt ihr, aber sie kennt sie bereits. Außerdem lässt sie sich in puncto *joie de vivre* nichts von mir sagen.

Als wir die Schule erreichen, stehen nervöse Kinder mit ihren Eltern davor. Ich überlege schon, Bean zu sagen, dass sie sie fertigmachen soll. Stattdessen mache ich einen letzten Vorschlag: »Vertrau auf dich.« Sie sieht mich an, und zum ersten Mal schweigt sie. Dann wird sie aufgerufen und betritt die Schule, ohne sich noch einmal umzusehen.

Zwei Stunden später taucht Bean wieder auf. Sie strahlt und sagt, alles sei bestens gelaufen.

»Ich hab einfach immer an das gedacht, was du mir gesagt hast«, meint sie.

Äh, an was davon genau?

»Dass ich auf mich vertrauen soll«, erwidert sie, als sei das völlig klar. Und genau das scheint sie auch getan zu haben.

Obwohl ich es nur knapp geschafft habe, merke ich, dass es den anderen genauso geht: Kindererziehung beginnt als sehr konkretes Projekt. Man hat jede Menge Ideen, wie man seine Kinder erziehen möchte. Bis man dann eines Tages mit dieser Qualle von Familie dasteht, die sich einfach nicht kontrollieren lässt. Alles, was man tun kann, ist, für eine angenehme Betriebstemperatur zu sorgen und ihr einen Schubs in die richtige Richtung zu geben.

Ich habe damit begonnen, einige meiner Ratschläge selbst zu beherzigen und mehr auf mich zu vertrauen. Statt die Mutterrolle einzunehmen, versuche ich einfach, ich selbst zu sein. Und was immer ich da versuche – es genügt. Als mich mein Kind wieder einmal tadelt, weil ich das Geschlecht eines französischen Substantivs verwechselt habe (»Es heißt *le réfrigérateur*, Mommy!«), lenke ich einfach vom Thema ab.

»Weißt du, warum ich ursprünglich nach Frankeich gekommen bin?«, frage ich. »Ich dachte, es könnte interessant sein, im Ausland zu leben. Ich wollte reisen und Abenteuer erleben. Und stell dir vor, was dann passiert ist: Ich erlebe Abenteuer, sogar in diesem Moment.«

Bean, die ganz Französin ist, was ihre Redegewandtheit betrifft, erläutert mir ihre Gefühle.

»Manchmal schäme ich mich für dich, aber im Grunde nicht wirklich für dich. Es ist noch nie vorgekommen, dass ich dich nicht zur Mutter haben wollte.«

Und als ich sie frage, was sie werden wolle, wenn sie mal

groß sei, sagt sie, als wäre es das Selbstverständlichste von der Welt: »Anwältin vielleicht. Vielleicht aber auch Schriftstellerin wie du.«

Sie wissen, dass Sie über vierzig sind, wenn...

... Sie auf ein Neugeborenes nicht mehr mit »Ich will auch noch eins!« oder mit »Ich kann nicht fassen, dass sich die Leute das immer noch antun« reagieren, sondern mit »Ah, der Kreislauf des Lebens!«

... Sie sich innerhalb von ein, zwei Jahren von einer älteren jungen Mutter in eine Mami mittleren Alters verwandelt haben.

... Sie sich das High-School-Foto einer Freundin auf Facebook ansehen und diese für ihre Tochter im Teenageralter halten.

... Sie vor Ihren Kindern fluchen, sie aber nicht vor Ihnen fluchen dürften.

... Sie nach wie vor verhüten, obwohl es vermutlich überflüssig sein dürfte.

23

So gehen Sie mit Angst um

Es ist ein ganz normales Abendessen, bis jemand aufsteht, auf sein Handy schaut und sagt: »Ich glaube, im Stade de France hat es eine Explosion gegeben.«

Simon ist nicht dabei, weil er als Journalist im Stade de France ist, um sich das Spiel Frankreich gegen Deutschland anzusehen. Alle greifen zu ihren Handys. Ich sage etwas, das ich noch bei keinem Pariser Abendessen gesagt habe, und das ich sogar in diesem Moment kaum über die Lippen bringe: »Könnten wir bitte den Fernseher anmachen?«

Bald darauf starren Leute auf ihre Handys und nennen die Namen vertrauter Cafés, in denen es Schießereien gegeben haben soll. Alles zwischen der Wohnung, in der wir gerade zu Abend gegessen haben, und meiner Wohnung. An einigen davon bin ich vor gerade mal einer Stunde auf dem Weg hierher vorbeigekommen. Wir hören, dass im Bataclan Geiseln genommen worden sind. Als ich heute noch daran vorbeilief, um mit meinem älteren Sohn zum Augenarzt zu gehen, stand ein großer weißer Tourbus davor. Von dort aus sind es zu Fuß gerade mal sechs Minuten bis zu uns nach Hause, wo meine Kinder mit der Babysitterin sind.

Niemand im französischen Fernsehen – und auch sonst

kein Sender, den wir einstellen – weiß, was da gerade passiert. Doch unsere Stadt scheint angegriffen zu werden. Die Gäste durchforsten Twitter-Meldungen und rufen die Anzahl der bisherigen Toten in den Raum. Im Bataclan sollen es Dutzende Geiseln sein. Was ist mit dem Fußballstadion?

Zu meiner Überraschung kann ich Simon auf dem Handy erreichen. Er sagt, die Explosionen hätten *vor* dem Stade de France stattgefunden. Er befindet sich im Pressebereich des Stadions, twittert und wird gerade von einem niederländischen Radiosender interviewt. In diesem Moment ist er ein verängstigter Pariser, aber eben auch ein Journalist, der plötzlich im Mittelpunkt des Weltgeschehens steht. Bald werden wir alle im Fernsehen hören, wie er verkündet, dass das Spiel trotz mehrerer Explosionen weitergehe, dass die Fans die französischen Tore bejubelt und sogar »die Welle« gemacht hätten.

Er hat mit unserer Babysitterin telefoniert, die sagt, die Kinder seien bereits vor Beginn der Anschläge eingeschlafen und seitdem auch nicht aufgewacht. Da das Bataclan belagert wird und Schützen frei herumlaufen, beschließe ich zu bleiben, wo ich bin. Simon will abwarten. »Das Wichtigste für unsere Familie ist zu überleben. Die Kinder sind in der Wohnung höchstwahrscheinlich in Sicherheit. Lass uns kein Risiko eingehen.«

Niemand weiß, was gerade vor dem Stadion passiert, geschweige denn, was in und um Paris als Nächstes passieren wird. Der Gastgeber, ein Italiener, vermutete, dass dieselben Schützen in verschiedenen Cafés um sich schießen würden. Wo sind die jetzt genau?

Ein Freund in New York, der ein Sicherheitstraining absolviert hat, erfährt über Twitter, dass Simon im Stadion ist. Er simst mir Anweisungen zu, was Simon tun solle, falls er unter Beschuss geriete. »Er soll sich so flach wie möglich auf den Boden legen. Wenn er kriechen muss, dann ganz flach.« Ich leite die Anweisungen an Simon weiter. Normalerweise hält er mich für übertrieben vorsichtig. Wird er das jetzt auch so sehen? (Wie er mir später sagt, hat er die Nachricht nie erhalten.)

Ein Paar, das ebenfalls zum Abendessen gekommen ist, versucht seine halbwüchsigen Kinder zu erreichen. Ich rufe unsere Babysitterin an, simse meinem Bruder und beantworte die nette Nachricht eines Mannes, den ich nur über Twitter kenne. Zwei andere Gäste bekommen SMS von ihren Expartnern, die wissen wollen, ob sie wohlauf sind.

»Das hier ist noch viel schlimmer als *Charlie Hebdo*«, sage ich. Damit meine ich den Anschlag auf die gleichnamige Satirezeitschrift vor zehn Monaten, ebenfalls ganz in der Nähe unserer Wohnung, gefolgt von dem auf einen koscheren Supermarkt, bei dem siebzehn Menschen ermordet wurden. Keiner sagt etwas darauf. Anscheinend ist ihnen das Ausmaß der heutigen Anschläge bereits bewusst.

Die *BBC* zeigt eine Karte, auf der die beiden Schauplätze der Schießereien markiert sind. Sie zeigt mehr oder weniger mein Viertel. Nicht nur Paris ist in den Nachrichten – sondern mein kleiner Teil davon, ein ehemaliges Arbeiterviertel, das gerade von »bourgeoisen Bohemiens« wie mir überrannt wird.

Franzosen twittern *#portesouvertes*, um den auf der Straße

Gestrandeten zu helfen. Das klingt großzügig, aber auch riskant: Wer macht jetzt schon Fremden die Tür auf? Die Polizei warnt davor, aus dem Haus zu gehen.

Meine Gastgeber bereiten Schlafgelegenheiten vor. Das Paar überlegt, ob es nach Hause fahren kann. Den Kindern geht es gut, aber sie sind allein daheim. Simon ist nach wie vor im Stadion.

Der französische Präsident, der dem Spiel Frankreich gegen Deutschland ebenfalls beiwohnt, sagt, die französischen Grenzen seien geschlossen worden. Ich lerne das französische Wort für Ausgangssperre: *couvre-feu*. In den Nachrichten wird gemeldet, dass im Bataclan unter Umständen Dutzende ermordet worden sind. Die Zahlen übersteigen jedes Fassungsvermögen.

Simon war im Stadion in Sicherheit, fährt jedoch jetzt mit Freunden zurück nach Hause, ins Herz von Paris. Meine Kinder schlafen, im Gegensatz zur Babysitterin. Ein Gedanke geht mir nicht mehr aus dem Kopf: »Was soll ich ihnen bloß sagen, wenn sie morgen aufwachen?«

Letztlich muss ich meinen Kindern nicht von den Anschlägen erzählen, weil es die Babysitterin bereits getan hat. Nachdem sie auf unserem Sofa übernachtet hat, sitzt sie bei uns im Wohnzimmer, als die Kinder aufwachen. Simon ist auch zu Hause, er ist gegen zwei mit einem Taxi eingetroffen. Ich komme heim, als sie gerade frühstücken. Ich habe kaum geschlafen. (Seit dieser Nacht stehen Concealer und Schlaftabletten mit auf der Liste von Gegenständen, die ich ständig bei mir trage.) Wir beschließen, dass die Kinder so lange Zeichentrickfilme gucken dürfen, wie sie wollen. In Paris ist alles ruhig, aber wir haben Angst, das Haus zu verlassen.

Nach und nach erfahre ich, dass Bekannte noch viel näher an den Schießereien dran waren als ich. Meine Freundin Carmela aß gerade zu Hause mit ihren Töchter zu Abend, als sie draußen Schüsse hörten. Noch ganz unter dem Eindruck der *Charlie-Hebdo*-Schüsse sagte ihre Achtjährige sofort:»Mommy, ist das ein Anschlag?«

»Nein, bestimmt nicht«, erwiderte Carmela ... um aus dem Fenster zu gucken und Leichen vor dem Café Le Carillon an der Ecke zu sehen.

Simon bewältigt seine Angst wie alles andere auch: Er schreibt darüber. Indem ich seine Texte lese, weiß ich, was in ihm vorgeht.»Ich bin pessimistisch«, schreibt er in einem Artikel.»Ich befürchte, Angst und Gefahr werden bald völlig normal sein. Ich weiß nur nicht, wie ich das meinen Kindern erklären soll.«

Französische Zeitungen bringen Beiträge zu dem Thema, wie man mit Kindern über die Anschläge sprechen sollte. Ihr Rat lautet, aufrichtig sein. Das könnte auch von Françoise Dolto stammen, von der Psychoanalytikerin, die das französische Äquivalent von Dr. Spock ist. Dolto war fest davon überzeugt, dass Eltern ihren Kindern in einfachen Worten die Wahrheit sagen und ihnen dabei helfen sollten, sie zu verarbeiten – und zwar auch in schlimmen Zeiten. Kinder müssen nicht ständig glücklich sein, hat sie gesagt, sollten aber wissen, was gerade los ist. Genau wie für Erwachsene ist es auch für sie und ihre Gesundheit unverzichtbar, die Welt so sehen, wie sie ist.

Im Moment gibt es ganz schön viel Realität zu verarbeiten. Den Kindern liegen die gleichen Fragen auf den Lippen wie auch uns Erwachsenen: Wird es weitere Anschläge geben?

Die Kinderbeilage einer französischen Zeitung versucht das zu erklären: »Was da passiert ist, ist sehr traurig und sehr schwierig, trotzdem sind solche Anschläge immer noch äußerst selten. Noch können wir allerdings nicht versprechen, dass es keine weiteren geben wird.«

»Kinder leben schließlich nicht auf einem anderen Planeten«, erklärt mir der Herausgeber einer weiteren Kinderbeilage. »Sie leben in derselben Welt wie wir.«

Bean sagt, sie habe das Gefühl, dass so etwas Schreckliches schon mal vorgekommen sei. Dass Kinder immer wieder mit solchen Ereignissen konfrontiert würden. Sie fragt, ob es »normal« sei, wenn innerhalb eines einzigen Jahres gleich zwei Terroranschläge im eigenen Viertel stattfänden. Und wie viele Anschläge es in meiner Nachbarschaft gegeben habe, als ich klein war.

Ich weiß, dass ich ihr die Wahrheit sagen sollte, doch ich zögere, »keine« zu sagen. Denn das passiert uns jetzt allen zum allerersten Mal.

24

So finden Sie heraus, woher Sie kommen

Schon bald, nachdem diese Männer einen Anschlag auf mein Viertel verübt haben, entwickle ich ein glühendes Interesse für meinen eigenen Stammbaum. Ich war schon immer neugierig auf meine Vorfahren, habe aber nie groß nach ihnen recherchiert, weil ich viel zu sehr damit beschäftigt war, zu arbeiten und Kinder großzuziehen.

Jetzt bin ich auf einmal regelrecht besessen davon. Schon bald verbringe ich jeden Arbeitstag und so gut wie jedes Wochenende damit, meinen Familienstammbaum zu ergründen.

Keine Ahnung, warum. Vielleicht, weil Soldaten durch Paris patrouillieren und ich Angst habe, meine Kinder zur Schule zu schicken. Dass ich »Madame« genannt werde, ist mir inzwischen völlig egal, stattdessen habe ich Angst, das Café, in dem ich sitze, könnte angegriffen werden. Meine Mutter bombardiert mich mit SMS, drängt mich, wieder nach Hause zu kommen. Die Vergangenheit wirkt auf einmal vergleichsweise sicher.

Die Anschläge haben mich auch wieder daran erinnert, dass ich mich um meine Familiengeschichte kümmern muss, wenn ich wirklich mehr wissen will. Meine Großeltern sind tot, und die Generation meiner Eltern wird immer gebrechlicher. Soweit ich weiß, interessiert sich in meiner Verwandtschaft sonst niemand für unsere Vorfahren und auch nicht für die damit verbundenen schlechten Nachrichten. Wenn ich unsere Familiengeschichte nicht aufdecke, ist sie vielleicht für immer verloren.

Ich habe Fortschritte im Erwachsenwerden gemacht. Inzwischen erkenne ich Narzissten, bevor sie mein Leben ruinieren. Aber ohne konkrete Informationen über meine Vergangenheit fühle ich mich wie ein im Weltall dahintreibender Astronaut. Nach vielen Stunden auf Stammbaumwebseiten habe ich wenigstens ein bisschen festen Boden unter den Füßen. Wie ich inzwischen weiß, ist es ein Merkmal von Weisheit, die eigenen Wurzeln zu kennen. Das hilft dabei, sich in einem größeren Kontext zu verorten, und gibt Anhaltspunkte darüber, warum wir sind, wer wir sind.

Allerdings sind mir meine Vorfahren nach wie vor fremd. Ich sehe ihnen zwar ähnlich, doch sie haben fast alle jemanden aus ihrem Ort geheiratet, sind Kaufleute oder kleine Geschäftsleute geworden und in den amerikanischen Städten – manchmal sogar in den Stadtvierteln – geblieben, in denen sie bereits aufgewachsen sind. Ich habe dagegen Sprachen studiert, einen Briten geheiratet und bin nach Frankreich gezogen.

Ist meine Wanderlust eine genetische Abweichung, oder gibt es da etwas bei meinen Vorfahren, was sie erklären könnte? Hat unsere niemals erzählte Familiengeschichte Spuren im Hier und Heute, ja bei mir, hinterlassen?

Ein paar Hinweise habe ich, darunter einige Seiten mit

Notizen, die ich mir schon vor Jahren nach Gesprächen mit meinen Großeltern gemacht habe. Und wenige Jahre vor dem Tod meiner Großmutter hatte diese, als ich nach in Russland gebliebenen Verwandten gefragt hatte, aus ihrem begehbaren Kleiderschrank drei sepiafarbene Fotos zutage gefördert, die auf der Rückseite auf Russisch beschriftet waren. Sie meinte, das seien Fotos von irgendwelchen Verwandten. Ich legte sie in eine Mappe und nahm sie mit nach Frankreich.

Schnell stelle ich fest, dass der Ort in Russland, aus dem meine Urgroßeltern stammen – und den meine Großmutter unter dem Namen »Minski Giberniya« kannte – in Wahrheit Minsk Gubernia ist. Und das ist keine Stadt, sondern ein Verwaltungsbezirk, der die Stadt Minsk, aber auch mehrere Hundert Städte und Dörfer der näheren Umgebung, mit einschloss.

Langsam kristallisiert sich auch heraus, warum meine Familie so von Kleidung besessen ist: Das liegt uns einfach im Blut. Einer Tabelle, auf die ich im Internet stoße und die mit »Berufe der jüdischen Bevölkerung von Minsk Gubernia« überschrieben ist, entnehme ich, dass dort mehr Menschen »in der Textilherstellung« arbeiteten als in jedem anderen Beruf. Nachdem ich das herausgefunden habe, stelle ich fest, dass drei meiner Urgroßväter Schneider waren.

Meine Mutter schlägt vor, dass ich ihren Cousin Barry kontaktieren solle, einen gut aussehenden Rentner in den Siebzigern, der bis vor kurzem selbst Herrenschneider war. Inzwischen lebt er in einer Wohnanlage an der Küste Floridas. Meine Mutter und er stehen sich nicht besonders nahe, aber sie meint, er wisse viel über unsere Familie.

Als ich Barry anrufe, ist er freundlich, aber auch misstrauisch, meint, er stelle gerade selbst unseren Familienstammbaum zusammen. Ich solle ihm die Informationen doch einfach schicken, die ich hätte. Es fühlt sich an, als wären wir
beide Reporter, die einer sensationellen Nachricht auf der
Spur sind. Seinen Stammbaum will er mir nicht schicken. Um
mich abzulenken, erzählt er mir endlos von seinem Vater,
einem netten Mann, der ebenfalls Schneider war, aber kein
Blutsverwandter von mir ist.

Als ich endlich eine Kopie von Barrys Familienstammbaum in Händen halte (meine Mutter findet einen in ihrer
Schublade), verstehe ich seine Heimlichtuerei erst recht nicht.
Es handelt sich nur um ein handgemaltes Schaubild, in dem
hauptsächlich die Geburts- und Jahrestage von Barrys Kindern und Enkeln verzeichnet sind. Ich komme nicht in seinem Stammbaum vor, merkwürdigerweise nicht einmal die
Familie von Barrys Schwester. Der »Familienstammbaum« ist
bloß ein Schaubild mit den Leuten, die Barry mag.

Je mehr Verwandte ich anrufe, desto mehr unangenehme
Dinge finde ich heraus. Don, ein pensionierter Verwaltungs-
angestellter, den ich nur wenige Male getroffen habe, staunt,
dass er überhaupt von einem Familienmitglied kontaktiert
wird.

»Keiner meiner direkten Cousins ist daran interessiert, den
Kontakt aufrechtzuerhalten«, sagt er betrübt. »Die Familie ist
irgendwie zerbrochen.«

Don ist der Erste, der mir bestätigt, dass unser Clan ungewöhnlich wenig Interesse an der eigenen Geschichte hat.

»Das ist eine Familie, die die Vergangenheit größtenteils

abgeschrieben hat«, sagt er. »Beziehungsweise sie verleugnet. Sie weiß nichts und will nicht darüber reden.«

Ich spreche mit weiteren Verwandten und staune, wie das gesamte Leben bestimmter Personen in gerade mal ein, zwei Sätzen zusammengefasst wird: Ein Urgroßonkel »tanzte auf Bar Mitzwas immer mit sämtlichen Frauen«. Seine Gemahlin »servierte Krabbencocktails in Einmachgläsern«.

Und die können noch froh sein – immerhin reden wir nach wie vor über sie. »Fast jeder geschichtliche Akteur ist in Vergessenheit geraten«, sagt mein Mann, der meine Recherchen amüsiert verfolgt. Es ist ernüchternd zu sehen, dass für alle meine Vorfahren Sterbeurkunden ausgestellt worden sind. Das macht einem wieder bewusst, dass wir alle irgendwann sterben werden, und zwar ohne Ausnahme.

Vieles aus unserer Familiengeschichte ist verloren, anderes hat Spuren hinterlassen. Meine Cousine Donna erwähnt, dass damals in Minsk Gubernia eine der Schwestern meiner Urgroßmutter Rose von einem russischen Kosaken entführt worden ist. Anschließend hat man nie mehr was von ihr gehört. Donna geht davon aus, dass ich die Geschichte bereits kenne – aber wer hätte sie mir schon erzählen sollen?

»Das war noch zur Zarenzeit. Meine Mutter hat erzählt, dass es ein berittener Soldat war. Und meine Großmutter, dass ihre Schwester sehr schön gewesen sei.« Jane, eine weitere Cousine, sagt, dass sie diese Geschichte ebenfalls kenne.

Wusste meine reizende Großmutter aus South Carolina, dass eine ihrer Tanten entführt worden war? Meine Mutter meint, sie habe nie etwas davon erwähnt. Aber wegen der Liste mit Geschwistern, die mir meine Großmutter diktiert hat, kann ich herausfinden, welche ihrer Tanten einst entführt worden war: Esther. Meine Großmutter ist nach ihr benannt worden.

Ich breche Barrys Widerstand, indem ich ihm Kopien von den sepiafarbenen Fotos sowie einen alten Familienstammbaum schicke, den meine Großmutter einmal erstellt hat und der fünf Generationen zurückreicht. Endlich sieht er keine Rivalin mehr in mir und ruft mich bald regelmäßig an, damit wir unsere neuesten Erkenntnisse austauschen können.

Bei einem dieser Anrufe enthüllt er, dass er die silbernen Kerzenständer habe, die Rose aus Russland mitgebracht hat. Er schickt mir sogar ein Foto davon. Sie sind poliert und stehen auf seinem Esstisch in Florida.

Ich rufe meine Mutter an, um sie über diese Entwicklungen zu informieren, doch sie interessiert sich nicht für Familiengeschichte.

»Sieh zu, dass du an die Kerzenständer kommst!«, sagt sie. (Sie ist fest davon überzeugt, dass Barrys Kinder sie bestimmt nicht haben wollen.)

Ich bin regelrecht besessen von den Verwandten, die auf diesen sepiafarbenen Fotos zu sehen sind. Meine Großmutter meinte, sie habe »den Kontakt zu ihnen verloren«. Wer waren diese Leute, und was ist mit ihnen passiert? Vermutlich bin ich der einzige Mensch auf der Welt, der sich dafür interessiert, und plötzlich habe ich das Gefühl, dass es meine Aufgabe ist, die Erinnerung an sie lebendig zu halten.

»Endlich interessierst du dich für Geschichte«, sagt Simon, ein studierter Historiker.

»Ja, weil es um *meine* Geschichte geht«, sage ich.

Online erstelle ich einen Familienstammbaum und dränge meine Verwandten, sämtliche Details hinzuzufügen, an die sie sich noch erinnern können. Als ich den Stammbaum mit einem russischen Volkszählungsdokument aus dem späten 19. Jahrhundert vergleiche, bin ich mir ziemlich sicher, dass ich weiß, welches unser Dorf in der Umgebung von Minsk ist. Es heißt Krasnoluki. Es dürfte mindestens fünfzig Jahre her sein, dass irgendjemand aus unserer Familie dieses Wort ausgesprochen hat.

Ich bin begeistert und maile diesen aufregenden Fund all meinen Cousins und Cousinen. Keine Reaktion.

Etwas ganz Ähnliches geschieht, als ich vorschlage, uns im Hier und Heute zu treffen. Niemand ist wild darauf, Zeit mit mir zu verbringen. So kommt es, dass ich nach stundenlangen Telefonaten mit verschiedensten Verwandten bemerken muss, dass sich so gut wie niemand auch nur einmal nach mir erkundigt hat. Niemand wollte wissen, wie alt meine Kinder sind, was ich beruflich mache oder warum ich aus Frankreich anrufe. Falls sie je von meiner Arbeit gehört haben, erwähnen sie es nicht.

Vielleicht sind sie ja bloß schüchtern? Deshalb frage ich am Ende eines dieser Telefonate eine Cousine, ob sie noch irgendwelche Fragen hat. Ob es etwas gibt, das sie gern über mich oder mein Leben wissen würde.

»Eigentlich nicht«, lautet ihre Antwort.

Nach mehr als einem Monat intensiver Recherchen dämmert mir, dass ich dem Stammbaumforscherparadox zum Opfer gefallen bin: Ich bin dermaßen besessen von meinen Vorfahren, dass ich meine direkte Familie vernachlässige. Während ich mich in mein Arbeitszimmer eingeschlossen habe, um mit Verwandten zu telefonieren und mich mit Ahnenforschungswebseiten zu beschäftigen, hat Simon sich um den Haushalt und die Familienmahlzeiten gekümmert.

Langsam nervt ihn das, außerdem findet er meine amateurhaften Recherchen überflüssig: Seiner Meinung nach neigen Familien dazu, ihre Geschichte größer zu machen, als sie eigentlich ist, und alles Unangenehme einfach auszublenden.

»In jeder Familie gibt es irgendeinen über dreiundachtzig, der bereit ist, jede Menge falsche Erinnerungen und Lügen zu verkünden«, sagt er eines Abends beim Zubettgehen. »Und eines Tages wird man sich sogar noch daran falsch erinnern.« (Er versichert mir, dass das natürlich für seine eigenen Vorfahren, Intellektuelle aus Litauen, nicht gilt.)

Sollten meine Entdeckungen ein Versuch sein, meine Familiengeschichte größer zu machen, als sie eigentlich ist, weiß ich nicht, ob ich die echte Version kennenlernen will. Denn je weiter ich in der Zeit zurückkreise, desto niedriger ist der soziale Status meiner Vorfahren und desto unglamouröser ihr Leben. Ich dachte, wir wären damals in Russland wenigstens Schneider gewesen. Doch Don sagt, mein Ur-Urgroßvater habe als »Kesselflicker« gearbeitet.

»Er hat unter der Woche die Dörfer abgeklappert, um Töpfe und Pfannen zu reparieren, und ist anschließend wieder in die Stadt zurückgekehrt«, sagte Don. (Und er muss es wissen, weil er als Kind mit der Tochter des Kesselflickers zusammengelebt hat.)

Auch unter meinen noch lebenden Verwandten kann ich keinerlei Nobelpreisträger entdecken. Viele meiner Cousins arbeiten als heutige Kesselflicker, sprich, sie reparieren Computer im Osten der Vereinigten Staaten.

Zum Glück erfahre ich, dass Simons Familie auch nicht glanzvoller ist als meine: Einer seiner Cousins erzählt mir, dass die meisten Männer väterlicherseits keine Gelehrten, sondern Holzhändler waren.

Einen Verwandten finde ich, mit dem ich mich identifizieren kann: Es ist Benjamin, mein Urgroßvater mütterlicherseits, der 1906 mit neunzehn nach New York kam. (Rose, seine Frau und Cousine ersten Grades sollte ihm bald nachfolgen.) Die Cousinen meiner Mutter sagen, Benjamin sei Kosmopolit gewesen und habe seine Wahlheimat als einziges großes Abenteuer betrachtet. »Er war ein neugieriger Mann und wollte unbedingt Amerikaner sein. Er hat zeitlebens dazugelernt, um sich genau darin zu üben«, erklärt mir Don. Er erwähnt auch, dass Benjamin täglich die *New York Times* las und stets ein kleines Notizbuch dabeihatte, um Beobachtungen, Aphorismen und Witze hineinzuschreiben.

Ha, da haben wir es: Ich habe auch immer ein Notizbuch dabei, um meine Beobachtungen zu Frankreich darin festzuhalten. Benjamin ist nur für ein Achtel meiner DNA verantwortlich, aber als ich das höre, habe ich das Gefühl, endlich festen Boden unter den Füßen zu haben. Ich spüre, dass seine Notizbücher in direkter Linie mit meinen verbunden sind.

Außerdem hat Benjamin es genossen, Ausländer zu sein. Er konnte viele Sprachen – meine Großmutter meinte, er habe unter anderem fließend Russisch und Jiddisch gesprochen. Als Benjamin nach Amerika kam, hätten Rose und er auch in der Nähe von Verwandten in New York bleiben können. Doch genau wie ich wollte er sich lieber ganz woanders niederlassen, so dass er in South Carolina landete.

Ganz im Gegensatz zu mir war Benjamin allerdings ausgewandert, weil er musste. Während er in Amerika immer wohlhabender wurde, hörte er nicht auf, sich Sorgen um die Menschen zu machen, die er zurückgelassen hatte. Don sagt, Benjamin habe die ganzen Zwanzigerjahre über Kontakt zu seiner Familie in Russland gehalten. Vermutlich hätte er sie nur zu gern alle nach Amerika geholt. Ich finde heraus, dass die sepiafarbenen Fotos Benjamins und Roses Geschwister zeigen. Die Beschriftung auf der Rückseite stammt von seiner Schwester Rachel, und dort steht: »Sieh hin und erinnre dich«, und das gleich mehrfach, so als wüsste sie, dass sie ihn vermutlich nie mehr wiedersehen wird.

In den Dreißigern hielt Benjamin wenigstens sporadisch Kontakt zu seiner Familie. Doch laut meiner Großmutter hieß es immer, wenn Pakete nach Russland gingen: »Wir schicken das und hoffen, dass es ankommt. Aber sicher sein können wir uns nicht.«

Das letzte der sepiafarbenen Fotos ist auf den 27. Januar 1938 datiert. Darauf schauen drei attraktive Frauen mittleren Alters in Minsk nachdenklich in die Kamera – vermutlich vor der Kulisse eines Fotostudios. Die russische Beschriftung auf der Rückseite besagt, dass es sich dabei um Benjamins und Roses Schwestern handelt. Die Frauen dürften auch Männer und Kinder gehabt haben.

Benjamin und Rose hatten zum damaligen Zeitpunkt vier

Kinder und lebten in einem von ihnen geschaffenen amerikanischen Kokon. In einem Brief an meine Großmutter Esther von 1936, als diese an der University of Richmond studierte, schrieb Benjamin: »Alles, was wir für dich wollen, ist, dass du mit den intelligentesten Menschen deines Alters in Kontakt kommst, das Studentenleben genießt und deinen Horizont generell erweiterst.« In einem Postskriptum fügte er noch hinzu: »Dein Schlafanzug geht am Montag in die Post.« In meiner Familie ist Kleidung untrennbar mit Liebe verbunden.

Bald darauf lernte Esther meinen Großvater Albert kennen. Albert sollte mir später erzählen, dass seine ebenfalls aus Russland ausgewanderten Eltern nicht sehr mitteilsam waren. In einem Brief aus dem Jahr 1938 an Esther bewundert er ihre Eltern Benjamin und Rose für ihren Optimismus und ihre Fröhlichkeit. Das scheint ihn auch an Esther zu faszinieren: »Du kannst sehr stolz darauf sein, so wunderbare Eltern zu haben, die so freundlich, natürlich und witzig sind, die sich so verhalten, als wären sie verliebt wie am ersten Tag«, schrieb er ihr.

Als Esther und Albert im März 1939 in South Carolina heirateten, ernannte der *Columbia Record* Esther »zur Braut des Monats«. Er berichtete von den vielen Geschenken und erwähnt auch das Streichsextett, das auf ihrer Hochzeit spielte. Auf dem Hochzeitsgruppenbild, das sich in meinem Besitz befindet, trägt Esther ein maßgeschneidertes Kleid (»Weißer eigens importierter Marquisette mit Spitze«) und strahlt vor Glück. Sie und mein Großvater – der so hochgewachsen und gut aussehend ist wie ein Hollywoodschönling – sollten bald darauf eine Hochzeitsreise nach Kuba unternehmen, um dann in Miami ein Art-déco-Apartment zu beziehen.

Auch Benjamin lächelt auf dem Hochzeitsfoto, trotzdem sehe ich eine gewisse Sorge in seinem Blick. Es dürfte lange her sein, dass er etwas von seinen Verwandten aus Russland gehört hat. Nur wenige Wochen zuvor ist Deutschland in die Tschechoslowakei einmarschiert. In einem halben Jahr ist Polen dran, und Minsk liegt nur wenige Kilometer östlich von der polnischen Grenze.

Etwa ein Jahr nach der Hochzeit meiner Großmutter starb Benjamin ganz plötzlich zu Hause. Auf dem Totenschein wurde »Koronarthrombose« als Todesursache vermerkt. Doch ich erfahre, dass man sich das bei uns in der Familie anders erzählt.

»Meine Mutter hat immer gesagt, dass ihm die Nazis das Herz gebrochen haben. Er war dieser Unmenschlichkeit einfach nicht gewachsen«, erzählt mir Don. »Meine Mutter und deine Großmutter hatten zahlreiche Meinungsverschiedenheiten, aber in diesem Punkt waren sie sich ausnahmsweise einmal einig.«

Vermutlich ist es nur gut, dass Benjamin nicht mehr erleben musste, was dann kam. Im Juni 1941 wurde Minsk von der deutschen Wehrmacht besetzt. Im Juli zwängte sie rund 100 000 Juden in ein Ghetto am Rande der Stadt. Zwischen August 1941 und Juli 1942 ermordete sie die meisten Ghettobewohner.

Als ich auf die Webseite von Ellis Island zurückkehre und dort den Namen meiner Urgroßmutter Rose in einer anderen

Schreibweise eingebe, finde ich endlich etwas. Sie sollte ihrer Tochter – also meiner Großmutter – irgendwann erzählen, dass sie aus der »Gegend von Minsk« stamme. Aber als sie im New Yorker Hafen ankam, vielleicht mit den erwähnten, in einen weißrussischen Schal gewickelten silbernen Kerzenständern, nannte sie einem der Einwanderungsbeamten einen konkreteren Ort: Krasnoluki. So steht es auch in den Schiffspapieren.

Die Juden aus Krasnoluki kamen nicht ins Ghetto nach Minsk. Laut Unterlagen der Gedenkstätte Yad Vashem trieben deutsche Soldaten und Weißrussen am 6. März 1942 275 von ihnen in einem Gebäude zusammen und zwangen sie, zum Steinbruch einer Steinfabrik zu laufen. Darunter vermutlich Eltern mit ihren Kindern und alte Menschen. Jeder, der es nicht mehr bis zum Steinbruch schaffte, wurde auf dem Weg dorthin ermordet. Kaum hatten die Übrigen den Steinbruch erreicht, wurden sie von den deutschen Soldaten – mit Hilfe der Weißrussen – nach und nach erschossen. Anwohner vergruben sie.

Das Ganze war also ein einziges Blutbad – so ähnlich wie das in der Konzerthalle unweit meiner Pariser Wohnung, wenn auch in einem viel größeren Maßstab.

Als ich Verwandten eine weitere Mail schicke, um sie darüber zu informieren, rechne ich schon gar nicht mehr mit einer Antwort. In all den Monaten meiner Ahnenforschung habe ich gelernt, dass viele meiner Entdeckungen nur einen einzigen Menschen interessieren, nämlich mich. Und da ich erwachsen bin, heißt das, dass ich die Fakten selbst aufnehmen und ihnen eine Bedeutung geben kann. Selbst wenn das

Publikum nur aus einer einzigen Person, sprich mir, besteht, genügt das vollkommen.

Je mehr ich über meine Familiengeschichte erfahre, desto sympathischer wird mir der Kokon aus guten Nachrichten, in dem ich aufgewachsen bin. Wozu Krasnoluki erwähnen – einen Ort, an dem halbwüchsige Mädchen von Reitern entführt und Familien zusammengetrieben und erschossen wurden? Was will man damit schon groß anfangen? Da konzentriert man sich doch lieber auf Hochzeitskleider und Kreuzfahrtschiffe und genießt seinen Kokon, solange es noch geht. Warum nicht einfach sagen, man stamme »aus dem Raum Minsk«? Alle außer mir sind ganz wunderbar ohne solche Details zurechtgekommen.

Meine Großmutter war einer der fröhlichsten Menschen, die ich kenne, und auch einer der dankbarsten, wie mir inzwischen klar ist. Sie hat immer wieder gesagt, wie glücklich sie sich schätzen kann. Ich glaube nicht, dass sie im Stillen über ihre verlorenen Verwandten nachgegrübelt hat. Aber sie hat ihre Fotos in einem Fach ihres Schranks aufbewahrt. Und ihr Leben lang gewusst, dass es eine Parallelwelt voller Unglück gab, in die man gestürzt werden konnte. Eine, die ihre Tanten und deren Familien verschluckt hat. Esthers Optimismus war nicht naiv, sondern ein Protestakt gegen so ein Schicksal.

Meine Mutter kam im Oktober 1941 zur Welt, als die Judenverfolgung in Minsk gerade ihren Höhepunkt erreichte. Und irgendwann ist diese Hintergrundgeschichte – die Ermordung unserer Verwandten – in Vergessenheit geraten. Was meine Mutter stattdessen geerbt hat, ist ein starkes Bedürfnis, die Dinge positiv zu sehen, ein Gespür dafür, dass das Gegenteil gefährlich ist. Sie hat gelernt, nie darüber zu reden, nicht einmal andeutungsweise. Am besten man bleibt schön an der Oberfläche und hält alles Negative fern, denn je tiefer man gräbt, desto schrecklichere Dinge findet man.

Dann kam ich zur Welt. Und konnte einfach nicht verstehen, warum wir nie richtig redeten. Meine Großmutter sagte immer, dass ich eines Tages noch ein Buch schreiben werde. Vielleicht hat sie auf dieses hier gehofft.

Jetzt, wo ich unsere Familiengeschichte kenne, hätte ich gern etwas daraus, das man anfassen kann. Als Barry anruft, um mir eine weitere Anekdote über seinen Vater zu erzählen, nehme ich all meinen Mut zusammen und bitte ihn um die Kerzenständer. Ich sage ihm, dass es mir viel bedeuten würde, etwas zu besitzen, was meine Urgroßmutter vor mehr als hundert Jahren aus Krasnoluki mitgebracht hat.

Barry verstummt. Und noch während er schweigt, verstehe ich, dass ich sie vermutlich nie bekommen werde. »Du hast den Samen gepflanzt, den Anstoß gegeben«, sagt er. »Ich sag dir noch Bescheid.«

Sie wissen, dass Sie über vierzig sind, wenn...

... Ihre pensionierten Eltern Sie mitten an einem Arbeitstag anrufen und auf ein längeres Gespräch hoffen.

... Sie sie nicht mehr für Ihre Fehler verantwortlich machen.

... es bestimmte Familienmitglieder gibt, mit denen Sie nicht mehr sprechen – nicht weil Sie Streit mit ihnen hätten, sondern weil Sie gemerkt haben, dass Sie sie einfach nicht mögen.

... Ihnen klar wird, dass es nur noch eine Generation gibt, die wahrscheinlich vor Ihnen sterben wird.

... Sie wissen, dass das die Generation Ihrer Eltern ist.

... Sie begreifen, dass es niemanden interessiert, ob Sie sich erwachsen fühlen oder nicht. Sie sind es einfach – allein schon, weil Sie schon so lange auf dieser Welt sind.

25

So bleiben Sie verheiratet

Ich kann es kaum erwarten, Simon zu erzählen, was ich alles über meine Vorfahren und meine Familie herausgefunden habe. Endlich habe ich das Rätsel meiner Herkunft geknackt.

Aber er interessiert sich nicht dafür. Er leidet neuerdings an Schlafstörungen, deshalb möchte er sich abends entspannen. Als ich vor dem Zubettgehen mit meinen Ausführungen beginne, unterbricht er mich. »Keine neuen Themen nach zehn Uhr abends!«

Doch es gab schon Schlimmeres: Vor mehreren Jahren fand mich ein älterer Herr auf einer Hochzeitsfeier schmollend in der Ecke vor und erklärte mir, Simon und ich befänden uns gerade in einem SEM – einem schrecklich emotionsgeladenen Moment. Inzwischen gibt es keine SEMs mehr. Ab vierzig kommen einem solche heftigen Auseinandersetzungen einfach nur noch sinnlos und kräftezehrend vor. Man kennt die immer gleichen Vorwürfe inzwischen so gut, dass man sie in einem Zehntel der ursprünglichen Zeit abspulen kann.

Dafür taucht ab vierzig ein ganz anderes Problem auf: Keine der ursprünglichen Schwächen des Partners konnte ihm ausgetrieben werden. Das Streiten dauert zwar nicht mehr so lange, dafür staunt man genervt, dass man immer wieder über dasselbe streitet. Deshalb wundere ich mich, als mir meine französische Freundin Claire eines Tages beim Mittagessen erzählt, ihr Mann habe keine Schwächen.

Das finde ich seltsam. Ich kenne Claires Mann ein wenig und könnte mühelos fünf, sechs Dinge aufzählen. Außerdem ist Claire nicht gerade ein Mauerblümchen, sondern eine der meinungsstärksten Persönlichkeiten, die ich kenne.

Eine andere Freundin, die auch dabei ist, weiß Ähnliches von ihrem französischen Ex zu berichten: »›Ich liebe dich wegen deiner Fehler‹, hat er immer gesagt.«

Ich bin neugierig, aber auch misstrauisch: Die Scheidungsrate in Frankreich ist hoch, und obwohl dieser Freund die Schwächen meiner Freundin geliebt haben mag, ist ihre Beziehung gescheitert. Aber vielleicht lässt sich ja trotzdem was daraus lernen? Hat die französische Herangehensweise in puncto Paarbeziehungen etwas, das auch Simon und mir helfen könnte?

Ich bin mit der modernen amerikanischen Vorstellung aufgewachsen, dass die Ehe der Selbstverwirklichung dient. Und die ist noch verhältnismäßig neu: Bis etwa 1850 heirateten Amerikaner, um Grundbedürfnisse zu sichern. Gemeinsam mit dem Ehepartner konnte man Nahrungsmittel anbauen und Eindringlinge fernhalten, so Forscher unter der Leitung des Psychologen Eli Finkel.

Mit der Industrialisierung änderte sich das. Sobald die Leute sich ihre Kleidung nicht mehr selbst nähen oder ihre Butter nicht mehr selbst schleudern mussten, konnten sie auch aus »sentimentalen« Gründen heiraten, aus Liebe, Leidenschaft und einem Zusammengehörigkeitsgefühl heraus.

Die »Selbstverwirklichungs-Ära« begann Mitte der 1960er-Jahre und hält laut Finkel nach wie vor an. Wir heiraten immer noch aus Liebe und dem Wunsch heraus, zusammen zu sein – und natürlich, um uns die Miete zu teilen. Aber darüber hinaus erwarten wir, dass uns der Partner bei unserem persönlichen Wachstum unterstützt, unser Selbstwertgefühl stärkt und uns für »gegenseitigen Erfahrungsaustausch« zur Verfügung steht.

Als ich geheiratet habe, bin ich selbstverständlich von diesem Modell persönlichen Wachstums ausgegangen (auch wenn meine Strategie darin bestand, jemanden zu heiraten, der sich bereits verwirklicht hat, um ihn dann jahrelang um Rat zu bitten). Die französische Anthropologin Raymonde Carroll schreibt, dass Amerikaner ihren Partner als eine Art Therapeuten und Trainer betrachten, »der mich dazu ermutigen sollte, über mich hinauszuwachsen und mich bei meinen Bemühungen zu unterstützen hat«. Umgekehrt muss ich auch ihm »bei seinen kühnsten Unternehmungen helfen, selbst wenn ich die Einzige sein sollte, die das tut – vorausgesetzt, sie machen ihn glücklich«.

Darüber hinaus ist ein amerikanisches Paar eine soziale Einheit. Es erwartet, als Paar eingeladen zu werden, und will möglichst wenig Zeit getrennt voneinander verbringen. Im amerikanischen Kontext, so Carroll, »wird es als Ablehnung empfunden, wenn der Partner nicht eingeladen wird, als persönliche Zurückweisung«.

Wenn das funktioniert, prima! Gute »Selbstverwirklichungs-Ehen« sind befriedigender als Ehen aus früheren Zeiten«, so Finkel. Aber um sich gegenseitig bei der Selbstverwirklichung zu unterstützen, muss man viel Zeit und Aufmerksamkeit aufeinander verwenden. Doch aufgrund längerer Arbeitszeiten und der gestiegenen Anforderungen an die Kinderbetreuung verbringen amerikanische Paare deutlich weniger Zeit allein miteinander als früher. Und selbst während dieser Zweisamkeit sind sie viel gestresster und mehr durch Medien abgelenkt als früher.

Das Selbstverwirklichungsmodell ist nicht besonders nachsichtig: Unterstützt einen der Partner nicht bei der Selbstverwirklichung, hat man das Recht, ihn zu verlassen. Eine Kalifornierin erzählte mir mal relativ ungerührt, sie lasse sich scheiden, »weil er nicht meine besten Eigenschaften in mir hervorbringt«. Freunde und Verwandte hielten das für einen durchaus nachvollziehbaren Grund.

Ich gehe davon aus, dass alle gern eine Selbstverwirklichungs-Beziehung führen möchten. Aber als ich das meinen französischen Freunden beschreibe, finden sie es nur bizarr.

»Für meine Selbstverwirklichung bin ich ganz allein zuständig«, sagt Delphine, eine Wissenschaftlerin mit zwei halbwüchsigen Söhnen.

Delphine liebt ihren Mann und sagt, sie führten ein erfülltes Leben. Trotzdem hat ihr jeweiliges Berufs- und Sozialleben nur wenig miteinander zu tun. Als wir uns eines Nachmittags zum Kaffee treffen, wird sie anschließend mit einer anderen Freundin ins Theater gehen. Das tut sie oft, da sich ihr Mann nicht besonders für Theater interessiert.

»Fast könnte man sagen, dass wir völlig nebeneinanderher leben, was unsere Interessen und die Selbstverwirklichung anbelangt«, sagt sie. »Ich erzähle ihm nicht besonders viel von meiner Arbeit oder von meinen Vorlieben, und er genauso wenig, weil er sehr in seiner Tätigkeit aufgeht, und ich mich nicht so sehr dafür interessiere.«

Das Paar hat nicht mal viele gemeinsame Freunde. »Wir teilen eher den Alltag als unsere Interessen«, erklärt sie. »Das klingt irgendwie schräg, aber so ist es nun mal.«

Delphine möchte sich durchaus selbst verwirklichen. Sie hat jede Menge Pläne und Projekte sowie einen anspruchsvollen Job. Wie viele Franzosen aus der Mittelschicht geht sie allerdings nicht davon aus, dass ihr Partner eine wichtige Rolle dabei spiele. Persönliches Wachstum ist ihr eigenes Ziel und nicht das, was ihre Ehe zusammenhält. Paaren, die fast alles gemeinsam machen, steht sie eher misstrauisch gegenüber. »Die bilden dann sozusagen eine Einheit, und jeder andere fühlt sich ausgeschlossen.«

Wonach halten französische Paare also beim Partner Ausschau? Statt den anderen bei seiner Selbstverwirklichung zu unterstützen, betrachten sie sich eher als zwei Puzzleteile, die entweder zusammenpassen oder eben nicht. Und um zu wissen, ob man zusammenpasst, muss man sich selbst, aber auch den anderen genau kennen.

Normalerweise geben Franzosen weniger moralische Gründe wie »Er war ein Arschloch« für das Scheitern ihrer Beziehung an, sondern beschreiben eher, wie sich zwei Menschen wegen ihrer unterschiedlichen Charaktere überworfen haben.

Fast jede französische Promifrau in einem gewissen Alter scheint einen Exmann zu haben, bei dem sie nach und nach gemerkt hat, dass es einfach nicht *passt*. »Ich brauchte einen Mann mit einer weiblichen Seite, der mit meiner Weiblichkeit harmoniert«, so die Radio- und Fernsehmoderatorin Alessandra Sublet in einer Talkshow.

Um zu wissen, was zu einem passt und was nicht, muss man die Eigenschaften des Partners sehr gut kennen. Tatsächlich ist die Herangehensweise der Franzosen an die Ehe so ähnlich wie die an die Kindererziehung: So wie man sein Kind auch beobachten sollte, um dessen Angewohnheiten und Vorlieben kennenzulernen, sollte man auch den eigenen Partner gründlich beobachten. Fast so, wie es schon der Dermatologe Irwin Braverman vorgeschlagen hat, betrachtet man ihn so lange aus der Nähe, bis man immer mehr an ihm entdeckt.

Auf Französisch werden Menschen sowohl mit ihren *qualités* – also mit ihren positiven Eigenschaften – als auch mit ihren *défauts* – mit ihren Fehlern – beschrieben. Man geht allerdings davon aus, dass beides untrennbar miteinander verbunden ist: Die *défauts* sind sozusagen die Kehrseite der *qualités*. Es besteht jederzeit das Risiko oder die Möglichkeit, dass das eine ins andere umschlägt.

Delphine sagt, die größte Schwäche ihres Mannes sei, dass er ein *rêveur* sei – ein Träumer. (Simon würde ihn vermutlich als Fantasten bezeichnen.) Es frustriert sie, dass immer sie diejenige ist, die die Steuererklärung macht, die Rechnungen bezahlt und sonstigen Papierkram erledigt.

Doch dieser *défaut* sei eben auch eine seiner Stärken: Als

Träumer »bringt er viel Fantasie in unsere Beziehung ein, vor allem in das Leben unserer Söhne.« Er liebt Comics und Zeichentrickfilme und schaut sie gemeinsam mit den Kindern an. »Würden sie nur von mir erzogen, wäre das langweilig«, gesteht Delphine. »Insofern ist es sehr gut für unsere Kinder, dass wir so verschieden sind.«

Nach französischer Manier verliebt man sich nicht nur in die guten Eigenschaften eines Menschen oder in das Idealbild, dem er nahekommt. Sondern in die einzigartige Mischung aus *qualités* und *défauts*, die sich ohnehin nicht getrennt voneinander betrachten lassen und gemeinsam seinen *caractère* bilden, seinen Charakter. Mit anderen Worten, man verliebt sich in eine bestimmte Kombination aus Eigenschaften. Und die Schwächen des anderen gehören zu diesem Gesamtpaket einfach dazu.

Natürlich können auch Franzosen unerbittlich sein, wenn es darum geht, was man beim anderen noch akzeptiert und was nicht. Sie haben strenge Schönheitsnormen, so dass es schon mal vorkommt, dass Übergewichtige einfach keinen Job finden. Es gibt auch ziemlich rigide Vorstellungen davon, wie man etwas zu tun hat. Fast das ganze Land isst um ein Uhr zu Mittag. Eine Amerikanerin, die in Paris ein Abendessen gab, sagte, sie habe mal versucht, alle Speisen wie bei einem Picknick gleichzeitig aufzutischen. Doch ihre französischen Gäste hätten sie doch wieder nur in verschiedene Gänge aufgeteilt und Käse und Salat zum Schluss gegessen.

Aber Franzosen können erstaunlich großzügig sein. Sie gehen meist davon aus, dass jeder Mensch liebenswert ist, selbst wenn er hochgradig unvollkommen ist – ganz einfach, weil er er selbst ist. (In Frankreich »können sogar die ›schrecklichsten‹ Leute – Verbrecher, Mörder und so weiter – Freunde haben«, schreibt Raymonde Carroll.) Nicht nur der eigene Partner ist eine Mischung aus *qualités* und *défauts*, sondern auch alle anderen.

Als mir meine Freundin Claire also sagte, ihr Mann habe keine Schwächen, meinte sie nicht, dass sie nichts an ihm auszusetzen hat. Sondern dass sie in der Lage ist, auch die Kehrseite eines jeden *défaut* zu sehen, der einfach zu dem Gesamtpaket gehört, das sie liebt. So gesehen gibt es gar keine Schwächen.

Ich habe versucht, das bei Simon genauso zu sehen. Vielleicht ist das die Lösung, wenn man mit über vierzig verheiratet bleiben will. Momentan liebe ich ihn wegen seiner *qualités*, doch seine *défauts* treiben mich nach wie vor in den Wahnsinn. Ich weiß durchaus, dass er klug und gleichzeitig ein Gefühlsmensch ist. Ich weiß aber auch, dass er nicht mit einem Dosenöffner umgehen kann, noch nie freiwillig eine Zeitung weggeworfen hat und immer, wenn etwas schiefläuft, denkt, dass es nie mehr wieder gut wird.

Aber habe ich ihn auch bewusst ganz aus der Nähe gründlich betrachtet, um zu gucken, wie er wirklich ist? Habe ich versucht, ihn so lange zu beobachten, bis ich immer wieder etwas Neues an ihm entdecke? Eigentlich nicht. Ich habe mich auf seine äußere Fassade beschränkt, sehe ihn abwechselnd als überlebensgroßen Intellektuellen und als mürrisches, unfähiges Kleinkind.

Ich habe mir auch noch nie überlegt, dass seine positiven

und negativen Eigenschaften irgendwie zusammenhängen könnten, dass ich ihn nicht trotz, sondern wegen seiner Fehler lieben könnte. Warum probiere ich es nicht einmal aus und schaue, was passiert? Vielleicht bewirkt diese winzige Veränderung ja einen Riesenunterschied?

Ich fange damit an, Simon zu beobachten, und höre ihm sorgfältig zu. Wenn einem der Mann schon beim ersten Date sagt, was er will, wird Simon mir das vielleicht vierzehn Jahre später immer noch sagen.

Ich merke schnell, dass fast alle seine *défauts* mit seinen *qualités* zusammenhängen. Natürlich liegen bei uns in der Wohnung überall Bücher und Zeitungen herum, aber er liebt es nun mal, zu lesen und zu schreiben. Das ist zwar keine besonders weltbewegende Erkenntnis, aber indem ich mir das vor Augen führe, tue ich mich deutlich leichter, die Papierstapel auf unserem Esstisch zu tolerieren.

Als ich ihn einmal aus Versehen zu früh wecke, denkt er, dass das nun immer so weitergehen wird (er ist dann wieder in seinem »Rutschen-Modus«, wie ich das insgeheim nenne). Aber genau das bedeutet auch, dass er als Kolumnist von aktuellen Verhältnissen auf die Zukunft schließen kann.

All seine Persönlichkeitsaspekte scheinen ausschließlich paarweise vorzukommen. Es stimmt schon, dass er keinerlei praktische Fähigkeiten besitzt. (Als er es einmal nicht schaffte, ein Streichholz zu entflammen, musste ich die Kerzen auf meinem Geburtstagskuchen selbst anzünden und dann schnell wieder zum Tisch zurückrennen, damit er ihn mir bringen konnte.) Aber damals, als die meisten von uns gelernt haben, Luftballons aufzublasen und Lebensmitteleinkäufe richtig einzupacken (er legt die Erdbeeren ganz unten in die Tüte), hat Simon gelesen. Als ich ihn etwas über den Bosnienkrieg frage, kann er mir den gesamten Konflikt verständlich erklären – und zwar völlig aus dem Stegreif.

Ich weiß gar nicht, ob Simon das Bedürfnis hat, persönlich zu wachsen. Unsere mit Büchern vollgestopfte Wohnung erinnert verdächtig an die Wohnung, in der er aufgewachsen ist. Außerdem vertritt er ungefähr dieselben Werte und politischen Ansichten wie seine Eltern und hat auf Babyfotos bereits mehr oder weniger das gleiche Gesicht wie heute.

Er ist auch nicht auf dem Selbstfindungstrip. Sobald ich das Wort Psychotherapie auch nur in den Mund nehme, zitiert er aus einem britischen Roman, in dem eine Mutter sich weigert, sich vom Sohn dessen Träume beschreiben zu lassen: »Es gibt nur eines, was noch todlangweiliger ist, als sich die Träume anderer Leute anzuhören, und das ist, sich die Probleme anderer Leute anzuhören«, lauten ihre Worte.

Doch wie sich herausstellt, hat auch Simon Bedürfnisse. Jetzt, wo ich ihm genauer zuhöre, merke ich endlich, dass er mir seit vierzehn Jahren mehr oder weniger dasselbe zu sagen versucht: *Ich will arbeiten.* Das ist sozusagen sein Mantra. Er sagt es in unterschiedlichen Abstufungen von Verbitterung und Wut. Er will mich nicht in seine Arbeit einbeziehen, er will nur, dass ich ihm nicht im Weg bin oder dass ich mich eine Weile um die Kinder kümmere. Zum Glück habe ich ihn nie gezwungen, sich meine Träume anzuhören. Dafür habe ich ihn so sehr mit der Erwartung befrachtet, er möge sich um mein persönliches Wachstum kümmern, dass ich ihm kaum noch Freiräume gelassen habe.

Da er als Autor arbeitet, gehe ich ins Internet und lese einige seiner Kolumnen. Wie sich herausstellt, finden sich dort die wichtigsten Informationen zur Psyche meines Mannes. In einem Artikel für ein Männermagazin beschreibt er sein Wochenende in einer Wunschwelt: »Man wacht mittags auf, eng an Scarlett Johansson geschmiegt. Irgendwann lädt man sie auf einen ausgiebigen Brunch mit Zeitungslektüre ein. Und überlegt in Ruhe, wie man den Nachmittag verbringen könnte ... Als sich Scarlett dann gegen Sonntagmittag verabschiedet, klingelt das Handy: Salma Hayek ist dran.« Simon liebt unser Leben und unsere Familie. Doch im Gegensatz zu mir sieht er immer auch den Preis, den er dafür zahlt. In seinen Vierzigern versucht er, sich nun mit dem zufriedenzugeben, was er hat.

Es macht mir Sorgen, dass wir nie über solche Themen sprechen. Beim amerikanischen Beziehungsmodell wird Transparenz großgeschrieben, und ich finde, dass Menschen in gesunden Beziehungen keine Geheimnisse voreinander haben sollten. Trotzdem scheinen Paare in Frankreich davon auszugehen, dass sich ein bisschen Distanz und geheimnisvolle Aura nur positiv auf eine Beziehung auswirken können. Eine französische Freundin erzählt mir, dass sie ihrem Mann bestimmte Erlebnisse in der Arbeit verschweigt, damit sie ihn mit diesen Anekdoten überraschen kann, wenn sie gemeinsame Freunde treffen.

Auch ich wende diese *technique* an. Als ich einen meiner Söhne auf einen Schulausflug begleite, erzählt mir ein Mädchen aus seiner Klasse völlig unvermittelt, dass ihre Eltern geschieden sind, und dass ihre Mutter – die Élodie heißt – eine

Frau geheiratet hat, die ebenfalls Élodie heißt. »Ich hab jetzt also zwei Mütter, die beide Élodie heißen.«

So eine Anekdote hätte ich Simon normalerweise sofort erzählt, zumindest vor zehn Uhr abends. Stattdessen hebe ich sie mir auf und gebe sie zum Besten, als wir eine Woche später mit Freunden ausgehen. Simon ist wenig beeindruckt von der Geschichte mit den zwei Élodies. Sie verleiht mir keine geheimnisvolle Aura. Aber zumindest hatte ich eine Geschichte parat, die er noch nicht kannte.

Alles in allem glaube ich, dass ihm unsere Geschichte gefällt: Als Puzzleteile passen wir ziemlich gut zusammen.

Sie wissen, dass Sie und Ihr Partner über vierzig sind, wenn …

… Sie das wahre Alter Ihres Ehepartners verheimlichen.

… Ihnen die Geschichte Ihres Kennenlernens wie ein Märchen vorkommt.

… Ihnen früher nur ein paar wenige Hochzeitsfotos gefallen haben, während Ihnen jetzt alle gefallen, weil Sie so jung darauf aussehen.

… es viele Jahre her ist, dass Sie zu einer Hochzeit eingeladen waren.

… Sie gemerkt haben, dass »Seelenverwandtschaft« nichts ist, was von Anfang an da ist, sondern eine Auszeichnung, die man sich nach und nach verdienen muss.

Fazit

SO LEBEN SIE WIE EINE FEMME LIBRE

In Frankreich gibt es den Begriff der *femme libre* – der »freien Frau«. Kaum kenne ich den Begriff, begegnet er mir überall.

»Wann hast du dich zum ersten Mal *libre* gefühlt?«, fragt eine französische Frauenzeitschrift jede Woche eine andere Prominente. Eine 39-jährige Schauspielerin erzählt *Le Monde*, dass sie jetzt öfter komplexere Charaktere spiele und nicht mehr nur die hübsche Blondine, »außerdem fühle ich mich jetzt viel mehr *libre*, nicht mehr so eingeschränkt. Es ist nicht mehr so anstrengend, ich selbst sein zu dürfen.«

Es gibt auch ein paar junge *femmes libres*, aber die meisten sind um die vierzig oder älter. In ihren Sechzigern sei auch die britische Schauspielerin Jane Birkin eine *»femme libre*, die schon immer auf ihre Unabhängigkeit und ihre Unverblümtheit Wert gelegt hat«, verkündet das Editorial des *L'Express Styles*. Mit siebzig könne Catherine Deneuve »einfach alles und ist mehr *libre* als je zuvor: Die Schauspielerin überrascht uns immer wieder«, schreibt die französische *Vanity Fair*.

In Frankreich können auch Männer *libre* sein, sie werden dann dafür gelobt, Freidenker zu sein. Dennoch hat *homme libre* einfach nicht dieselbe kulturelle Bedeutung. Der Begriff bezeichnet eher Männer, die gerade aus dem Gefängnis entlassen wurden.

Dafür könnte ich Dutzende französischer Bücher aufzählen – viele davon Autobiographien und Biographien –, die ein *femme libre* im Titel tragen. Wenn in Frankreich eine Frau eines bestimmten Typus stirbt – häufig eine Schriftstellerin, Politaktivistin oder beliebte Künstlerin –, kann man fest davon ausgehen, dass die Zeitungen den Tod einer *femme libre* verkünden.

Obwohl der Begriff in Frankreich allgegenwärtig ist, wird nur selten darüber gesprochen, was *femme libre* eigentlich bedeutet. Ich nehme an, er hat einen politischen Hintergrund. 1832 stellte ein französisches Pamphlet mit dem Titel »*La femme libre*« die gewagte Behauptung auf, dass Frauen keine Befehle von ihren Ehemännern entgegennehmen sollten. Als Simone de Beauvoir 1949 »Das andere Geschlecht« veröffentlichte, bezog sich der Begriff bereits auf eine Frau mit klaren Meinungen zu aktuellen Themen, die nicht frivol ist. »Eine freie Frau ist das genaue Gegenteil eines leichten Mädchens«, schrieb de Beauvoir.

Heutige freie Frauen müssen nicht politisch sein, sondern sind eher so was wie Freigeister ohne esoterischen Beigeschmack. In Frankreich befinden sich zwanzig-, dreißigjährige Frauen in einer Lebensphase, in der sie tun, was man von ihnen erwartet. Ab vierzig werden sie dann zunehmend »frei« und tun, was ihnen wirklich entspricht.

Die über sechzigjährige Nachrichtenmoderatorin Claire Chazal sagt, ihr Liebesleben – einschließlich ihrer Beziehung zu einem deutlich jüngeren Mann – sei ein Ausdruck von *liberté.* »Das ist der Wunsch, unabhängig zu sein und tun und lassen zu können, was ich will – vielleicht auch mit einer gehörigen Portion Egoismus.«

Es gibt auch eine amerikanische Version davon, mit dem Alter zunehmend frei zu werden, doch die geht anders, die ist extremer. Die freigeistige ältere Angloamerikanerin dürfte eher für sich in Anspruch nehmen, sämtliche soziale Normen abzulegen und zu sagen, dass es ihr völlig egal sei, was andere von ihr halten. In dem allseits geliebten britischen Gedicht »*Warning*« von Jenny Joseph warnt eine Frau davor, dass sie im Alter hemmungslos Würste in sich hineinstopfen, rumspucken und sich überall hinplumpsen lassen werde, wenn sie müde sei. Außerdem werde sie natürlich Lila tragen.

Das mag befreiend sein, klingt aber nicht unbedingt wie etwas, worauf man sich freuen könnte. Es ist, als hätte die Welt beschlossen, dass man ohnehin keine Rolle mehr spiele, also bohrt man in der Nase und trägt Lila.

Die französische *femme libre* hingegen ist eine Mischung aus Freiheit und Konventionen. Sie kann unliebsame Entscheidungen treffen und bildet sich ihre eigene Meinung, verstößt aber nicht gegen sämtliche sozialen Normen und lässt sich auch nicht gehen. (Französische Frauen, die als *libre* gelten, sind oft recht elegant, auch wenn das kein Muss ist.) Die Freiheit einer *femme libre* bezieht sich eher auf ihr Innenleben. Sie kennt sich sehr genau und hat ihren Alltag geschickt um ihre Bedürfnisse herum organisiert. Sie hat das Gefühl, immer noch eine Rolle in zahlreichen Lebensbereichen zu spielen, und sie trägt kein Lila.

Und obwohl die »freie« Zeit des Lebens auch in der englischsprachigen Welt Erwähnung findet, wird sie nicht so hymnisch gefeiert wie in Frankreich. Sie ist kein feststehender Begriff und hat auch nicht so viele Vorbilder. Als der französische Ökonom Dominique Strauss-Kahn beschuldigt wurde, ein Zimmermädchen sexuell belästigt zu haben, rechtfertigte sich seine Frau – die bekannte Journalistin Anne Sinclair – dafür, dass sie zu ihm hielt.

»Ich bin weder eine Heilige noch ein Opfer. Ich bin eine *femme libre*«, sagte sie der französischen *Elle*. »Ich habe die Freiheit, mir selbst eine Meinung zu bilden, selbst zu entscheiden, was ich tue, und das mache ich vollkommen unabhängig.« Sie hatte auch die Freiheit, ihre Meinung zu ändern: Später ließ sich das Paar doch scheiden. Eine Biographie aus dem Jahr 2015 trug den Titel: *Anne Sinclair: une femme libre.*

Es ist, als gäbe es hier in Frankreich noch eine andere Lebensphase, die erwachsene Frauen anstreben. Und wenn sie sie erreichen, werden sie dafür gefeiert. Als ich eines Morgens im Radio höre, wie eine junge Sängerin interviewt wird, fragt der Moderator: »Wie würden Sie gern von anderen beschrieben werden?« Ich ahne schon, was kommt: »Keine Ahnung, als *femme libre* vielleicht?« *Libre* zu werden ist in Frankreich das Weiblichkeitsideal schlechthin.

Es hat etwas sehr Erwachsenes, eine »freie Frau« zu sein, denn sie besitzt Würde und Entschlossenheit. Sie kann sich durchsetzen, trotzdem nimmt sie sich nicht zu ernst. Sie fühlt sich wohl in ihrem Körper und kann auch genießen.

Etwas, wonach man durchaus streben kann – auch wenn man keine Französin ist.

Ich bin noch keine *femme libre* (ich bilde mir ein, dass ich dafür noch zu jung bin), mache aber Fortschritte. Es belastet mich nicht mehr, *madame* genannt zu werden. Ich habe mich daran gewöhnt. Als ich neulich zu einem Business Lunch ging, war ich zehn Jahre älter als alle anderen. Doch anstatt in Selbstmitleid zu schwelgen, ermahnte ich mich, »mich wohl in meiner jetzigen Lebensphase zu fühlen« und sie auszufüllen.

Insgeheim bin ich nach wie vor Amerikanerin. Ich kann mir nicht vorstellen, mir im Auto in der Parkgarage Strapse auszuziehen, bevor ich zu meinem Mann nach Hause gehe, wie diese französische Großmutter über sechzig. Nicht zuletzt deswegen, weil ich gar kein Auto habe, und weil mein Mann Strapse ohnehin nicht bemerken würde. Ich tue mich auch noch schwer damit, mir vorzustellen, wie ich mit sechzig sein werde. Aber in einer Hinsicht will ich frei sein, das weiß ich genau: Nämlich darin, selbst zu entscheiden, wie ich älter werde. Und dazu gehört hoffentlich auch, dass ich meinen Körper annehmen kann.

Mit über vierzig habe ich viel über mich dazugelernt. Ich kann jetzt akzeptieren, dass ich ein »Löffelgehirn« habe, das Zeit braucht, um die Dinge in sich reinzuschaufeln. Und die CIA hat immer noch nicht versucht, mich anzuwerben.

Dafür gehöre ich jetzt in sämtlichen Lebensbereichen zu der ersten Art Shopperin (außer vielleicht wenn es wirklich ums Einkaufen geht, denn ich bin nach wie vor eine Meisterin im Umtauschen). Wenn ich jetzt auf einen Menschen, einen Ort oder einen Job stoße, der mir gefällt, bin ich damit zufrieden und bleibe auch dabei.

Wie viele meiner Altersgenossen habe ich aufgehört, mir zu wünschen, jemand anders zu sein, mit anderen Begabungen oder einer anderen Erziehung. Ich bin in einer Boutique aufgewachsen? Meine Eltern haben beim Abendessen nicht über Politik und Philosophie diskutiert? Und wenn schon! Ich habe gelernt, das zu nutzen, was mir mitgegeben wurde, und die Stabilität, Besonderheit und Wärme meiner Familie zu schätzen. Wie sagte die brasilianische Redakteurin gleich wieder? *Respektieren Sie Ihre Arbeit. Verändern Sie sie. Wachsen Sie daran. Das ist Reife!*

Ich weiß inzwischen, dass auch Menschen, die in einem Professorenhaushalt aufgewachsen sind, Probleme haben. (»Ständig ging es nur um Sozialismus«, erzählte mir eine Akademikertochter über ihre Kindheit.) Simon gab neulich zu, dass in seiner Jungend beim Abendessen zwar endlos über Geschichte und Geschichtsphilosophie gesprochen wurde, es aber auch ständig Streit gab, wer wem aus der Familie was angetan hatte.

Schopenhauer hat recht gehabt, wenn er sagt, »dass die ersten vierzig Jahre unseres Lebens den Text liefern«. Haben wir dann in der Lebensmitte ausreichend Daten und Distanz, können wir unser Leben genauer unter die Lupe nehmen und immer mehr darin entdecken. Auch wie viel wir mit anderen gemeinsam haben. Wir tun uns viel leichter, eine bestimmte Atmosphäre oder Mahlzeit zu teilen, und nicht nur das! Was alles gleich viel schöner macht.

Ich habe gemerkt, dass ich nicht die Einzige bin, die sich schwertut, die Dekade, in der sie lebt, richtig einzuschätzen. Das geht immer erst mit einem gewissen zeitlichen Abstand.

Aber jetzt, wo ich den Großteil der Vierziger hinter mich gebracht habe, glaube ich doch zu wissen, was es heißt, erwachsen zu sein:

- Auch in Gesellschaft anderer man selbst zu bleiben.
- Die Menschen nur so nahe an sich heranzulassen, wie es einem zusagt.
- Sich um andere zu kümmern.
- Sie wegen ihrer Fehler zu lieben.
- Etwas richtig gut zu können.
- Die eigenen Werte und das eigene Wissen weiterzugeben.
- Ehrlich zu sein.
- Staunen zu können.
- Zu verstehen, was gerade los ist, und es benennen zu können.
- Die eigenen blinden Flecken zu kennen.
- Ein wenig weise zu sein.
- Den, der man sein will, mit dem, der man ist, in Einklang zu bringen.
- Zu wissen, wohin man gehört.
- Selbst zu entscheiden, was eine Rolle spielt und was nicht.
- Sich nicht mehr darauf zu verlassen, dass Erwachsene einem schon alles erklären und einen retten werden.
- Es irgendwie gewuppt zu kriegen.
- Es zu versuchen.

Es gibt verschiedene Phasen beim Erwachsenwerden. Anfangs ist man es eindeutig noch nicht. Dann ist man sich sicher, dass es Erwachsensein gar nicht gibt, dass das nur ein Märchen ist. Bis man eines Tages mit über vierzig schließlich selbst dazugehört.

Und das fühlt sich kein bisschen so an, wie man sich das immer vorgestellt hat. Man ist nicht allwissend, nicht allmächtig und auch nicht überlebensgroß. Man ist bescheiden, zuverlässig und winzig. Aber man ist endlich man selbst. Und in diesem Moment kommt einem der Gedanke, dass das doch das schönste Alter überhaupt ist.

Sie wissen, dass Sie Ende vierzig sind, wenn...

...niemand mehr staunt, dass Sie drei Kinder haben.

...Sie bereits auf mehreren fünfzigsten Geburtstagen waren.

...Freunde anfangen, darüber zu reden, wo sie nach Ende ihrer beruflichen Laufbahn gerne leben würden.

...Sie angefangen haben, sich auszumalen, wo Sie einmal leben wollen, wenn Ihre Kinder ausgezogen sind.

...Sie fünfzig kein bisschen alt finden.

...Sie sich rundum wohlfühlen.

...Sie vor unwichtigen Entscheidungen immer noch wie gelähmt sein können.

...Sie sich ab und zu wieder genauso unsicher wie mit Anfang zwanzig fühlen.

... Sie das Gefühl haben, dass die Zeit viel zu schnell vergeht und an Ihnen vorbeirast wie Sterne in einem Science-Fiction-Film.

... Sie sich nicht mehr an alles aus den letzten zehn Jahren erinnern können.

... Sie immer noch das Gefühl haben, dass das »Ihr Tag« ist.

... Ihnen klar wird, dass Sie Vierzigjährige schon sehr bald sehr jung finden werden.

Literaturverzeichnis

Einleitung: Bonjour, Madame

Agarwal, Sumit, John C. Driscoll, Xavier Gabaix und David Laibson. »The Age of Reason: Financial Decisions over the Life-Cycle with Implications for Regulation.« *Brookings Papers on Economic Activity,* 19. Oktober 2009.

Ashford, Kate. »Your ›High-Earning Years‹: Salary Secrets for Your 20s, 30s and 40s.« Forbes.com, 13. Januar 2014.

Barnes, Jonathan, ed. *Complete Works of Aristotle, Volume 2, The Revised Oxford Translation.* Princeton University Press Princeton, NJ, 1984.

Brandes, Stanley. *Forty: The Age and the Symbol.* University of Tennessee Press, Knoxville 1985.

Brim, Orville Gilbert, Carol D. Ryff und Ronald C. Kessler. *How Healthy Are We? A National Study of Well-Being at Midlife.* University of Chicago Press, Chicago 2004.

Chopik, William J. und Shinobu Kitayama. »Personality Change Across the Life Span: Insights from a Cross-cultural, Longitudinal Study.« *Journal of Personality,* 23. Juni 2017.

Chudacoff, Howard P. *How Old Are You?* Princeton University Press, Princeton, NJ 1989.

Cohen, Patricia. »The Advantages of the Middle-Aged Brain.« *Time,* 12. Januar 2012.

—. *In Our Prime: The Invention of Middle Age.* Scribner, New York 2012.

Donnellan, M. Brent und Richard E. Lucas. »Age Differences in the Big Five Across the Life Span: Evidence from Two National Samples.« *Psychology and Aging* 3 (23. September 2008): 558–66.

Gratton, Lynda und Andrew Scott. *The 100-Year Life: Living and Working in an Age of Longevity.* Bloomsbury Information, London 2016.

—. »Each Generation Is Living Longer Than the Next (on Average).« www.100yearlife.com.

Grossmann, Igor, Jinkyung Na, Michael E. W. Varnum, Denise C. Park, Shinobu Kitayama und Richard E. Nisbett. »Reasoning About Social Conflicts Improves into Old Age.« *Proceedings of the National Academy of Sciences of the United States of America* 107, no. 16 (2010): 7246–50.

Hartshorne, Joshua K. und Laura T. Germine. »When Does Cognitive Functioning Peak? The Asynchronous Rise and Fall of Different Cognitive Abilities Across the Life Span.« *Psychological Science* 26, no. 4 (2015): 433–43.

Karlamangla A. S., M. E. Lachman, W. Han, M. Huang und G. A. Greendale. »Evidence for Cognitive Aging in Midlife Women: Study of Women's Health Across the Nation.« *PLOS ONE* 12, no. 1 (2017).

Knight, India. *In Your Prime*. Penguin Books, London 2015.

Lachman, Margie E. »Mind the Gap in the Middle: A Call to Study Midlife.« *Research in Human Development* 12, nos. 3–4 (2015): 327–34. 02

Lachman, Margie E., Salom Teshale und Stefan Agrigoroaei. »Midlife as a Pivotal Period in the Life Course: Balancing Growth and Decline at the Crossroads of Youth and Old Age.« *International Journal of Behavioral Development* 39, no. 1 (2015): 20–31.

»Looking for the One, Part 1: The Anxiety.« Dear Sugar Radio, podcast episode 39, 15. Januar 2016. www.wbur.org/news/2016/01/15/dear-sugar-episode-thirty-nine.

Menting, Ann Marie, ed. »The Wonders of the Middle-Aged Brain.« *On the Brain: The Harvard Mahoney Neuroscience Institute Letter* 19, no. 3 (Herbst 2013).

Mortality.org

Mintz, Steven. *The Prime of Life: A History of Modern Adulthood*. Belknap Press of Harvard University Press, Cambridge, MA, 2015.

Oeppen, Jim und James W. Vaupel. »Broken Limits to Life Expectancy.« *Science* 296 (10. Mai 2002).

Roberts, Brent W. und Daniel Mroczek. »Personality Trait Change in Adulthood.« *Current Directions in Psychological Science* 17, vol. 1 (2008): 31–35.

Strauch, Barbara. Da geht noch was: Die überraschenden Fähigkeiten des erwachsenen Gehirns. Piper, München 2011.

U.S. Equal Employment Opportunity Commission. »Age Discrimination.« www.eeoc.gov/laws/types/age.cfm.

1. So finden Sie Ihre Berufung

»Air Conditioning.« http://exhibits.lib.usf.edu/exhibits/show/discovering-florida/technology/airconditioning.

Birnbach, Lisa. *The Official Preppy Handbook*. Workman Publishing, New York 1980.

Galbraith, John Kenneth. Der große Crash 1929: Ursachen, Verlauf, Folgen. FinanzBuch Verlag, München 2017.

Rosen, Rebecca. »Keepin' It Cool: How the Air Conditioner Made Modern America.« *Atlantic*, 14. Juli 2011.

Teproff, Carli. »Miami's No. 1. Its prize? The Biggest Gap Between Rich and Poor.« *Miami Herald,* 5. Oktober 2016.

3. So werden Sie vierzig

Popova, Maria. »Seneca on True and False Friendship.« Brainpickings.org.

4. So ziehen Sie Ihre Kinder groß

Donnellan und Lucas. »Age Differences in the Big Five Across the Life Span.«

5. So hören Sie

Dunson, David B., Bernardo Colombo und Donna D. Baird. »Changes with Age in the Level and Duration of Fertility in the Menstrual Cycle.« *Human Reproduction* 17, no. 5 (1. Mai 2002): 1399–1403.

Lachman, Margie E. »Development in Midlife.« *Annual Review of Psychology* 55 (2004): 305–31.

Mathews, T. J. und Brady E. Hamilton. »Mean Age of Mothers Is on the Rise: United States, 2000–2014.« *NCHS Data Brief,* no. 232 (Januar 2016).

Oster, Emily. *Expecting Better*. Penguin Books, New York 2014.

Rothman, K. J., L. A. Wise, H .T. Sørensen, A. H. Riis, E. M. Mikkelsen und E. E. Hatch. »Volitional Determinants and Age-related Decline in Fecundability: A General Population Prospective Cohort Study in Denmark.« *Fertility and Sterility* 99, no. 7 (2013): 1958–64.

Shweder, Richard A. *Welcome to Middle Age! (And Other Cultural Fictions)*. University of Chicago Press, Chicago 1998.

Twenge, Jean. »How Late Can You Wait to Have a Baby?« *Atlantic*, Juli/August 2013.

U.S. Department of Health and Human Services. »Births: Final Data for 2015.« *National Vital Statistics Reports* 66, no. 1 (5. Januar 2017).

6. So haben Sie Sex

Cain, Virginia S., Catherine B. Johannes, Nancy E. Avis, Beth Mohr, Miriam Schocken, Joan Skurnick und Marcia Ory. »Sexual Functioning and Practices in a Multi-Ethnic Study of Midlife Women: Baseline Results from SWAN.« *Journal of Sex Research* 40, no. 3 (August 2003): 266–76.

Carpenter, Laura M., Constance A. Nathanson und Young J. Kim. »Sex After 40?: Gender, Ageism, and Sexual Partnering in Midlife.« *Journal of Aging Studies* 20 (2006): 93–106.

Carpenter, Laura M. und John DeLamater. *Sex for Life: From Virginity to Viagra, How Sexuality Changes Throughout Our Lives.* New York University Press, New York 2012.

Druckerman, Pamela. »French Women Don't Get Fat and Do Get Lucky.« *Washington Post*, 10. Februar 2008.

Lemoine-Darthois, Régine und Elisabeth Weissman. *Un âge nommé désir: Féminité et maturité.* Albin Michel, Paris 2006.

Lindau, Stacy Tessler, L. Philip Schumm, Edward Laumann, Wendy Levinson, Colm A. O'Muircheartaigh und Linda J. Waite. »A Study of Sexuality and Health Among Older Adults in the United States.« *New England Journal of Medicine* 357, no. 8 (23. August 2007): 762–74.

Mercer, Catherine H., Clare Tanton, Philip Prah, Bob Erens, Pam Sonnenberg, Soazig Clifton, Wendy Macdowall, Ruth Lewis, Nigel Field, Jessica Datta, Andrew J. Copas, Andrew Phelps, Kaye Wellings und Anne M. Johnson. »Changes in Sexual Attitudes and Lifestyles in Britain Through the Life Course and over Time: Findings from the National Survey of Sexual Attitudes and Lifestyles (Natsal).« *Lancet* 382 (2013): 1781–86.

Sontag, Susan. »The Double Standard of Aging.« *Saturday Review of the Society*, 23. September 1972.

Thomas, Holly N., Chung-Chou H. Chang, Stacey Dillon und Rachel Hess. »Sexual Activity in Midlife Women: Importance of Sex Matters.« *JAMA Internal Medicine* 174, no. 4 (April 2014): 631–33.

Ussher, Jane M., Janette Perz und Chloe Parton. »Sex and the Menopausal Woman: A Critical Review and Analysis.« *Feminism and Psychology* 24, no. 4 (2015): 449–68.

Wilson, Robert A. *Feminine Forever*. M. Evans and Company, Inc., New York 1966.

9. So werden Sie zur Expertin
Interview mit David O. Russell.

10. So bewältigen Sie die Midlife-Crisis

Barruyer, Cendrine. *»40 ans pourquoi la crise?«* Psychologies.com.
Blanchflower, David G. und Andrew Oswald. »Is Well-Being U-Shaped over the Life Cycle?« NBER Working Paper No. 12935 (Februar 2007). Tagesordnung für die wissenschaftliche Sitzung der British Psycho-Analytical Society am 5. Juni 1957 und Protokolle der Sitzung. Zur Verfügung gestellt durch Joanne Halford, Archivarin am Institute of Psychoanalysis.
Donnellan und Lucas. »Age Differences in the Big Five Across the Life Span.«
Erikson, Erik H. Der vollständige Lebenszyklus. Suhrkamp, Frankfurt 1988.
Finch, David. »Live Long and Prosper? Demographic Trends and Their Implications for Living Standards.« Intergenerational Commission Report, Januar 2017.
Fried, Barbara. *The Middle-Age Crisis*. Harper & Row, New York 1967. »An Intellectual Odyssey: From Alchemy to Science: A Dialogue Between Elliott Jaques and Douglas Kirsner.« Elliott Jaques Trust, 2017.
Jaques, Elliott. »Death and the Mid-life Crisis.« *International Journal of Psycho-Analysis* 46 (Oktober 1965): 502–14.
Karlamangla et al., »Evidence for Cognitive Aging in Midlife Women.«
King, Pearl. »Memories of Dr. Elliott Jaques.« *International Journal of Applied Psychoanalytic Studies* 2, no. 4 (2005): 327–31.
Kirsner, Douglas. »The Intellectual Odyssey of Elliott Jaques: From Alchemy to Science.« www.psychoanalysis-and-therapy.com/human_nature/free-associations/kirsnerjaques.html.
Lachman. »Development in Midlife.«
—. »Mind the Gap in the Middle.«
Lachman et al. »Midlife as a Pivotal Period in the Life Course.«
Lawrence, Barbara S. »The Myth of the Midlife Crisis.« *Sloan Management Review* 21, no. 4 (Sommer 1980): 35.
Lavietes, Stuart. »Elliott Jaques, 86, Scientist Who Coined ›Midlife Crisis.‹ « *New York Times*, 17. März 2003.

»Life Expectancy for Men and Women: 1850 to 2000.« *Life Expectancy Graphs*. http://mappinghistory.uoregon.edu/english/US/US39-01.html. Mortality.org

Muson, Howard. »Society.« *New York Times*, 31. Dezember 1972.

Nickle, Blair Warman und Robert C. Maddox. »Fortysomething: Helping Employees Through the Midlife Crisis.« *Training and Development Journal* 42 (Dezember 1988).

Pitkin, Walter B. *Life Begins at Forty*. McGraw-Hill Book Company, Inc., New York 1932.

Schmeck, Harold M., Jr. »Mid-life Viewed as a Crisis Period.« *New York Times*, November 19, 1972.

Schopenhauer, Arthur. *Essays of Arthur Schopenhauer: Selected and Translated by T. Bailey Saunders*. A. L. Burt, New York 1902. https://archive.org/stream/essaysofarthurs00scho/essaysofarthurs00scho_djvu.txt.

Setiya, Kieran. »The Midlife Crisis.« *Philosopher's Imprint* 14, no. 31 (November 2014).

Sheehy, Gail. Rede zur Abschlussfeier an der University of Vermont, 2016. www.youtube.com/watch?v=5ISkqQ3oAI0.

—. *In der Mitte des Lebens. Die Bewältigung vorhersehbarer Krisen*. Kindler, München 1976.

U.S. Department of Labor. »Age Discrimination.« www.dol.gov/general/topic/discrimination/agedisc.

Wethington, Elaine. »Expecting Stress: Americans and the ›Midlife Crisis.‹ « *Motivation and Emotion* 24, no. 2 (2000).

11. So lernen Sie, *Jung* zu sein

Boynton, Robert S. »In the Jung Archives.« *New York Times*, 11. Januar 2004.

»Carl Gustav Jung: Falling from Favour.« *Economist*, 11. März 2004.

Corbett, Sara. »The Holy Grail of the Unconscious.« *New York Times Magazine*, 16. September 2009.

Goyer, Amy. »The MetLife Study of Gen X: The MTV Generation Moves into Mid-Life,« April 2013.

Jung, Carl G. *Modern Man in Search of a Soul*. Harcourt, Inc., New York 1933.

McGuire, William, ed. *The Freud/Jung Letters: The Correspondence Between Sigmund Freud and C. G. Jung*. Princeton University Press, Princeton, NJ, 1974.

Perry, Christopher. »The Shadow.« Society of Analytical Philosophy. www. thesap.org.uk/resources/articles-on-jungian-psychology-2/about-analy sis-and-therapy/the-shadow/.

Schmidt, Martin. »Individuation.« Society of Analytical Philosophy. www. thesap.org.uk/resources/articles-on-jungian-psychology-2/about-analy sis-and-therapy/individuation/.

Shamdasani, Sonu. »About Jung.« Philemon Foundation. http://philemon foundation.org/about-philemon/about-jung/.

Staude, John-Raphael. *The Adult Development of C. G. Jung.* Routledge & Kegan Paul Ltd., Boston 1981.

Stein, Murray. »Midway on Our Life's Journey…: On Psychological Transfor mation at Midlife.« www.murraystein.com/midway.shtml.

Trilling, Lionel. »The Freud/Jung Letters.« *New York Times*, 21. April 1974.

»Who Is Philemon?« Philemon Foundation. http://philemonfoundation.org/ about-philemon/who-is-philemon.

12. So kleiden Sie sich

Alfano, Jennifer. »Dressing Your Age.« *Harper's Bazaar*, 25. April 2013.

Berest, Anne, Audrey Diwan, Caroline de Maigret und Sophie Mas. *How to Be Parisian Wherever You Are: Liebe Stil und Lässigkeit à la française.* btb, München 2015.

Buisson, Simon. »*Quand Simone Veil enlevait son chignon pour la seule fois en public.*« RTL, 1. Juli 2017.

De la Fressange, Ines mit Sophie Gachet. *Pariser Chic: Der Style-Guide.* Kne sebeck, München 2011.

De Maigret, Caroline. »Style Gurus.« *Madame Figaro*, 24. Januar 2015.

Engeln, Renee. »The Problem with ›Fat Talk‹.« *New York Times*, 13. März 2005.

Miller, Daniel. *Stuff.* Polity Press, Cambridge 2010.

—. *A Theory of Shopping.* Polity Press, Cambridge 1998.

Salk, Rachel H., and Renee Engeln-Maddox. »If You're Fat, Then I'm Humong ous!: Frequency, Content, and Impact of Fat Talk Among College Women.« *Psychology of Women Quarterly* 35, no. 1 (2. März 2011): 18–28

Schwartz, Barry. *Anleitung zur Unzufriedenheit: Warum weniger glücklicher macht,* Econ, München 2004.

Tett, Gillian. »Power with Grace.« *FT Magazine*, 10./11. Dezember 2011.

Thomas, Isabelle und Frédérique Veysset. *Paris in Style.* Der persönliche Fa shionguide. Prestel, München 2013.

13. So altern Sie anmutig

Barrett, Anne E. und Cheryl Robbins. »The Multiple Sources of Women's Aging Anxiety and Their Relationship with Psychological Distress.« *Journal of Aging and Health* 20, no. 1 (Februar 2008).

Chayet, Stéphanie. »*La vie est belle! Rencontre Charlotte Gainsbourg.*« *Elle*, 30. September 2016.

Clarke, Laura Hurd. »Older Women's Bodies and the Self: The Construction of Identity in Later Life.« *Canadian Review of Sociology/Revue canadienne de sociologie* 38 (2001): 441–64.

Diski, Jenny. »However I Smell.« *London Review of Books*, 8. Mai 2014.

Gullette, Margaret Morganroth. *Declining to Decline: Cultural Combat and the Politics of the Midlife*. University Press of Virginia, Charlottesville 1997.

Kuper, Hannah und Sir Michael Marmot. »Intimations of Mortality: Perceived Age of Leaving Middle Age as a Predictor of Future Health Outcomes Within the Whitehall II Study.« *Age and Aging* 32 (2003): 178–84.

Levy, Becca R., Alan B. Zonderman, Martin D. Slade und Luigi Ferrucci. »Age Stereotypes Held Earlier in Life Predict Cardiovascular Events in Later Life.« *Psychological Science* 20, no. 3(2009): 296–98.

Popova, Maria. »Ursula K. Le Guin on Aging and What Beauty Really Means.« Brainpickings.org. www.brainpickings.org/2014/10/21/ursula-le-guin-dogs-cats-dancers-beauty/.

Shweder, Richard A. *Welcome to Middle Age! (And Other Cultural Fictions)*. University of Chicago Press, Chicago 1998.

14. So lernen Sie die Regeln

Babylonian Talmud: Tractate Yebamoth, Folio 54a. www.come-and-hear.com/yebamoth/yebamoth_54.html#54a_2.

Klimek, Klaudia. »Dress British, Think Yiddish: Newest Exhibition of the Vienna Jewish Museum.« *Jewish Journal*, 29. April 2012.

»Peanut Butter Bracha.« Mi Yodeya. https://judaism.stackexchange.com/questions/10218/peanut-butter-bracha.

»Popcorn, Potato Chips, Corn Chips and Pringles: What Bracha?« Matzav.com, 5. Januar 2010.

Kapitel 15: So werden Sie weise

Agarwal, Sumit, John C. Driscoll, Xavier Gabaix und David Laibson. »The Age of Reason: Financial Decisions over the Life-Cycle with Implications for Regulation.« *Brookings Papers on Economic Activity,* 19. Oktober 2009.

Ardelt, Monika. »Being Wise at Any Age.« In *Positive Psychology: Exploring the Best in People. Volume 1: Discovering Human Strengths,* ed. S. Lopez. Westport, CT: Praeger, 2008, 81–108.

—. »Wisdom as Expert Knowledge System: A Critical Review of a Contemporary Operationalization of an Ancient Concept.« *Human Development* 47 (2004): 257–85.

Baltes, Paul B. und Ursula M. Staudinger. »Wisdom: A Metaheuristic (Pragmatic) to Orchestrate Mind and Virtue Toward Excellence.« American Psychologist 55, no. 1 (Januar 2000): 122–36.

Bergsma, Ad und Monika Ardelt. »Self-Reported Wisdom and Happiness: An Empirical Investigation.« *Journal of Happiness Studies* 13 (2012): 481–99.

Carey, Benedict. »Older Really Can Mean Wiser.« *New York Times,* 16. März 2015.

Goldberg, Elkhonon. *Die Weisheitsformel: Wie Sie neue Geisteskraft gewinnen, wenn Sie älter werden,* Hamburg 2017.

Grossmann, Igor, Jinkyung Na, Michael E. W. Varnum, Denise C. Park, Shinobu Kitayama und Richard E. Nisbett. »Reasoning About Social Conflicts Improves into Old Age.« *Proceedings of the National Academy of Sciences of the United States of America* 107, no. 16, 7246–250.

Grossmann, Igor, Jinkyung Na, Michael E. W. Varnum, Shinobu Kitayama, Richard E. Nisbett. »A Route to Well-being: Intelligence Versus Wise Reasoning.« *Journal of Experimental Psychology: General* 142, no. 3 (August 2013): 944–53.

Grossmann, Igor, Mayumi Karasawa, Satoko Izumi, Jinkyung Na, Michael E. W. Varnum, Shinobu Kitayama und Richard E. Nisbett. »Aging and Wisdom: Culture Matters.« *Psychological Science* 23, no. 10 (2012): 1059–66.

Hall, Stephen S. »The Older-and-Wiser Hypothesis.« *New York Times Magazine vom 6. Mai* 2007.

—. *Wisdom: From Philosophy to Neuroscience.* New York: Alfred A. Knopf, 2010.

Hartshorne, Joshua K. und Laura T. Germine. »When Does Cognitive Functioning Peak? The Asynchronous Rise and Fall of Different Cognitive Abilities Across the Life Span.« *Psychological Science* 26, no. 4 (2015): 433–43.

Korkki, Phyllis. »The Science of Older and Wiser.« *New York Times vom 12. März* 2014.

Qvortrup, Matthew. *Angela Merkel: Europe's Most Influential Leader*. London: Gerald Duckworth & Co, 2017.

Sternberg, Robert J. *Wisdom: Its Nature, Origins, and Development*. Cambridge, UK: Cambridge University Press, 1990.

Kapitel 16: So geben Sie Ratschläge

Kalman, Maira. Commencement speech at Rhode Island School of Design, Juni 2013. https://vimeo.com/67575089.

Popova, Maria. »Wendell Berry on Solitude and Why Pride and Despair Are the Two Great Enemies of Creative Work.« www.brainpickings. org/2014/12/17/wendell-berry-pride-despair-solitude/.

Shandling, Garry. *Comedians in Cars Getting Coffee*. http://comediansincars gettingcoffee.com /garry-shandling-its-great-that-garry-shandling-is-still-alive.

Kapitel 18: So finden Sie heraus, was eigentlich los ist

Ekman, Paul, Richard J. Davidson, Matthieu Ricard und B. Alan Wallace. »Buddhist and Psychological Perspectives in Emotions and Well-Being.« *Current Directions in Psychological Science* 14, no. 2 (2005).

Epley, Nicholas. *Machen wir uns nichts vor: Wie wir erkennen, was andere wirklich denken,* Berlin 2014.

Hartshorne und Germine. »When Does Cognitive Functioning Peak?«

Kidd, David Comer und Emanuele Castano. »Reading Literary Fiction Improves Theory of Mind.« *Science*, 3. Oktober 2013.

Jones, Daniel P. und Karen Peart. »Class Helping Future Doctors Learn the Art of Observation,« *Yale News*, 10. April 2009.

»Make Sure You're Not Totally Clueless in Korea.« Seoulistic.com, 8. April 2013.

Moskowitz, Eva S. *In Therapy We Trust*. Baltimore: Johns Hopkins University Press, 2001.

Weir, William. »Yale Medical Students Hone Observational Skills at Museum.« *Hartford Courant*, 10. April 2011.

Kapitel 19: So denken Sie wie die Franzosen

Baudry, Pascal. *French and Americans: The Other Shore*. Übersetzt von Jean-Louis Morhange. Pascal Baudry, 2005.

Carroll, Raymonde. *Cultural Misunderstandings: The French-American Experience*. Übersetzt von Carol Volk. Chicago: University of Chicago Press, 1988.

Cranston, Maurice. *The Noble Savage: Jean-Jacques Rousseau, 1754–1762*. Chicago: University of Chicago Press, 1991.

Galantucci, Bruno und Gareth Roberts. »Do We Notice When Communication Goes Awry? An Investigation of People's Sensitivity to Coherence in Spontaneous Conversation.« *PLOS One* 9, no. 7 (Juli 2014).

Imada, Toshie, Stephanie M. Carlson und Shoji Itakura. »East-West Cultural Differences in Context-Sensitivity Are Evident in Early Childhood.« *Developmental Science* 16, no. 2 (März 2013): 198–208.

Kitayama, Shinobu, Hazel Rose Markus, Hisaya Matsumoto und Vinai Norasakkunkit. »Individual and Collective Processes in the Construction of the Self: Self-Enhancement in the United States and Self-Criticism in Japan.« *Journal of Personality and Social Psychology* 72, no. 6 (1997): 1245–67.

Masuda, Takahiko und Richard E. Nisbett. »Attending Holistically versus Analytically: Comparing the Context Sensitivity of Japanese and Americans.« *Journal of Personality and Social Psychology* 81, no. 5 (2001): 922–34.

Markus, H. R. und S. Kitayama. »Culture and the Self: Implications for Cognition, Emotion, and Motivation.« *Psychological Review* 98, no. 2 (1991): 224–53.

Nisbett, Richard E., Kaiping Peng, Incheol Choi und Ara Norenzayan. »Culture and Systems of Thought: Holistic Versus Analytic Cognition.« *Psychological Review* 108, no. 2 (2000): 291–310.

Kapitel 20: So schließen Sie Freundschaften

Barlow, Julie und Jean-Benoît Nadeau. *The Bonjour Effect*. New York: St. Martin's Press, 2016.

Carroll. *Cultural Misunderstandings*.

Donnellan, M. Brent und Richard E. Lucas. »Age Differences in the Big Five Across the Life Span: Evidence from Two National Samples.« *Psychology and Aging* 3 (23. September 2008): 558–66.

Kapitel 21: So lernen Sie, Nein zu sagen

Bovenberg, Lans. »The Life-Course Perspective and Social Policies: An Overview of the Issues.« OECD, 31. Mai 2007. www.oecd.org/els/soc/38708491. pdf.

Brim, Orville Gilbert, Carol D. Ryff und Ronald C. Kessler. *How Healthy Are We? A National Study of Well-Being at Midlife.* Chicago: University of Chicago Press, 2004.

Harford, Tim. »The Power of Saying ›No‹ « *FT Magazine*, Januar 17/18, 2015.

Kolbert, Elizabeth. »No Time: How Did We Get So Busy?« *New Yorker*, 26. Mai 2014.

Kuper, Simon. »Stuck in the Rush-Hour of Life.« *Financial Times*, 1. Oktober 2010.

Lachman. »Mind the Gap in the Middle.«

Schulte, Brigid. *Overwhelmed*. London, Bloomsbury, 2014.

»Women of the Hour mit Lena Dunham: Zadie Smith,« Podcast Folge 4.

Kapitel 22: So behalten Sie Ihre Familie im Griff

Druckerman, Pamela. »Curling Parents and Little Emperors.« *Harper's Magazine*, August 2015.

—. »We Are the World (Cup).« *New York Times*, 6. Juni 2014.

Ekiel, Erika Brown. »Bringing Up Bébé? No Thanks. I'd Rather Raise a Billionaire.« Forbes.com, 7. März 2012.

Kapitel 23: So gehen Sie mit Angst um

Kuper, Simon. »Paris Witness: Simon Kuper in the Stade de France.« *Financial Times*, 14. November 2015.

Kapitel 24: So finden Sie heraus, woher Sie kommen

Bemporad, Elissa. »Minsk.« www.yivoencyclopedia.org/printarticle.aspx?id=886.

Korkki, Phyllis. The Science of Older and Wiser. *New York Times*, 12. März 2014.

Staudinger, Ursula M. »The Study of Wisdom.« www.ursulastaudinger.com/research-3/the-study-of-wisdom/

United States Holocaust Memorial Museum. Holocaust Encyclopedia, Minsk. www.ushmm.org/wlc/en/article.php?ModuleId=10005187#seealso.

Yad Vashem. »Minsk: Historical Background.« www.yadvashem.org/righte
ous/stories/minsk-historical-background.html.

—. »Online Guide of Murder Sites of Jews in the Former USSR.« www.yad
vashem.org/yv/en/about/institute/killing_sites_catalog_details_full.
asp?region=Minsk.

Yahad in Unum. Zeitzeugen über Minsk.

Kapitel 25: So bleiben Sie verheiratet

Bloch, Lian, Claudia M. Haase und Robert W. Levenson. »Emotional Regulation Predicts Marital Satisfaction: More Than a Wives' Tale.« *Emotion* 14,
no. 1 (Februar 2014): 130–44.

Carroll. *Cultural Misunderstandings*.

Finkel, Eli J. »The All-or-Nothing Marriage.« *New York Times*, 14. February
2014.

Finkel, Eli J., Elaine O. Cheung, Lydia F. Emery, Kathleen L. Carswell und
Grace M. Larson. »The Suffocation Model: Why Marriage in America Is
Becoming an All-or-Nothing Institution.« *Current Directions in Psychologi-
cal Science* 24, no. 3 (2015): 238–44.

Greenspan, Dorie. »The Evening-in-Paris Dinner.« *New York Times Magazine*,
25. Oktober 2017.

Hefez, Serge zusammen mit Danièle Laufer. *Paartanz: Beziehungskrisen als
Chance*. München 2006.

Fazit: So leben Sie wie eine femme libre

André, Christophe. *Unvollkommen, glücklich und frei: Die Kraft des Selbstbe-
wusstseins*. Ostfildern 2007.

Beauvoir, Simone de. *Das andere Geschlecht. Sitte und Sexus der Frau*, Rein-
bek 2000.

Fabre, Clarisse. »*La nouvelle gloire de Virginie Efira.*« *Le Monde*, 12. Mai 2016.

Jeanne-Victoire. *La Femme Libre*, »*Appel aux Femmes,*« 15. August 15, 1832.
http://gallica.bnf.fr/ark:/12148/bpt6k85525j/f4.image.

Loustalot, Ghislain. »*Claire Chazal: Une envie de douceur.*« *Paris Match*, 18.–
24. September 2014.

Sachregister